Jesús Altuna

Ekain und Altxerri

bei San Sebastian

Jesús Altuna

Ekain und Altxerri

bei San Sebastian

Zwei altsteinzeitliche Bilderhöhlen
im spanischen Baskenland

Unter Mitarbeit von Amelia Baldeón und
Koro Mariezkurrena

Mit Fotos von Pedro Diaz de González

Aus dem Spanischen übertragen,
herausgegeben und mit einem Vorwort
von Gerhard Bosinski

Jan Thorbecke Verlag
1996

Die Deutsche Bibliothek – CIP-Einheitsaufnahme
Altuna, Jesús: Ekain und Altxerri bei San Sebastian: zwei altsteinzeitliche Bilderhöhlen im spanischen Baskenland / Jesús Altuna.
Unter Mitarb. von Amelia Baldeón und Koro Mariezkurrena. Mit Fotos von Pedro Diaz de González.
Aus dem Span. übertr., hrsg. und mit einem Vorw. von Gerhard Bosinski. – Sigmaringen: Thorbecke, 1996
    (Thorbecke SPELÄO; 3) ISBN 3-7995-9002-1
NE: GT

SPELÄO 3 – Kunst und Kultur der Altsteinzeit. Herausgegeben von Gerhard Bosinski

© 1996 bei Jan Thorbecke Verlag GmbH & Co., Sigmaringen

Dieses Buch ist aus säurefreiem und alterungsbeständigen Papier hergestellt.

Herstellung und Layout: Norbert Brey
Lektorat: Peter Nittmann
Umschlaggestaltung und Abb. 6: NeufferDesign, Freiburg i. Br.
Kartenzeichnung: Kartographie, Christiane Peh und Gerd Schefcik, Eppelheim
Litho: Magerl, Konstanz
Satz: M. Liehners Hofbuchdruckerei GmbH & Co. Verlagsanstalt, Sigmaringen
Druck und Bindearbeiten: MAME, Tours
Printed in France by Mame Imprimeurs à Tours
ISBN 3-7995-9002-1

INHALT

Vorwort des Herausgebers

Die Höhlenheiligtümer Ekain und Altxerri im Baskenland sind in ihren Darstellungen und sicher auch im Inhalt der Bildergeschichten sehr verschieden. Ekain enthält vor allem Pferdemalereien und -gravierungen. Diese farbigen Bilder gehören zu den schönsten Wiedergaben der Tiere. Die schwarz und rot gemalten, manchmal auch gravierten Darstellungen zeigen die Merkmale der damaligen Pferde – schwarze Stehmähne, dunkle Kopf-Hals-Partie, dunkle Streifen in der Fellzeichnung am Hals und an den Beinen, dunklere Rücken- und hellere Bauchregion, die oft schematisch als »M-Zeichen« wiedergegeben wurden, und anderes. Außerdem sind stilistische Eigenheiten zu verzeichnen, wie das vorspringende Hinterteil und der strickartige Schweif.

Die große Bedeutung des Pferdes im Heiligtum von Ekain wird durch einen großen, schwarz gemalten Pferdekopf im Eingangsbereich der Darstellungen sowie durch einen Felsblock in Form eines Pferdekopfes im zentralen Saal unterstrichen. Möglicherweise war es dieser Felsblock, der zur Auswahl gerade dieser Höhle führte.

Nach dem Pferd sind Bilder vom Wisent in Ekain am zahlreichsten. An beiden Seiten des Eingangs zur wichtigsten Galerie der Höhle gibt es Felsbildungen, die die Form eines Wisent-Rückens aufweisen. Vielleicht war auch dies wichtig bei der Auswahl der Höhle. Die Bilder der Tiere sind dann mit schwarzen Linien vervollständigt worden. Die Wisente sind ebenfalls schwarz gemalt und in einigen Fällen zusätzlich graviert.

Die in Ekain verwendeten Farben waren Holzkohle für schwarze und Eisenoxyde für rote Farbtöne. Sie wurden zu Pulver zerrieben und nach neueren Untersuchungen und Versuchen von Michel Lorblanchet mit dem Mund versprüht. Die Farbschattierungen der Bilder und die genau begrenzten Linien zeugen von einer großen Meisterschaft. Die mit Holzkohle »gemalten« Bilder können heute mit naturwissenschaftlichen Verfahren datiert werden.

Die Pferde, Wisente und die anderen Tiere (Hirsch, Steinbock, Fisch) sind in Ekain in Bildfeldern und -friesen angeordnet, die zu einem zentralen Punkt, zur Nische der Bären, führen. Die beiden an etwas verborgener Stelle, unter einem niedrigen Felsvorsprung gemalten Bären stehen im Mittelpunkt der in Ekain wiedergegebenen Bildergeschichte. Die beiden Bären wurden nicht mit Holzkohle, sondern mit Mangan gemalt, das an einer Stelle der Höhle selbst vorkommt. Der kleinere Bär ist halb aufgerichtet, der größere hat keinen Kopf. Dies gehört zu der erzählten Geschichte und macht uns gleichzeitig klar, daß wir deren Inhalt nicht kennen und nicht verstehen können.

Im Eingangsbereich der Höhle gab es einen Siedlungsplatz. Möglicherweise lebte hier auch die Gruppe, zu der das Höhlenheiligtum gehörte. Unter den Jagdbeuteresten dieser Menschen befinden sich vor allem Knochen von Hirsch und Steinbock; Knochen von Pferd und Wisent, also der im Inneren der Höhle am häufigsten dargestellten Tiere, sind hier kaum vorhanden. Dies verdeutlicht erneut, daß die Tierdarstellungen der altsteinzeitlichen Kunst sicher keinen repräsentativen Querschnitt der tatsächlich gejagten Tiere geben.

Auch in Altxerri liegt im Eingangsbereich der Höhle ein Siedlungsplatz, der allerdings mit Gehängeschutt überdeckt ist und bisher nicht ausgegraben wurde. Doch dürfte hier ebenfalls sicher sein, daß die Anteile der gejagten und der dargestellten Tiere nicht übereinstimmen. An den Wänden dieser Höhle sind vor allem Wisente wiedergegeben. Mit weitem Abstand folgen Ren, Steinbock und das in Altxerri nur selten dargestellte Pferd.

Vielleicht waren viele Bilder in Altxerri ursprünglich schwarz gemalt. Die schwarze Farbe ist jedoch nur bei einigen Bildern und oft nur noch in Resten erhalten. So sind in Altxerri heute meist Gravierungen anzutreffen. Dabei hat man den Farbunterschied zwischen der mit einer dünnen Lehmschicht bedeckten braunen Oberfläche und dem darunterliegenden hellen Fels bewußt und intensiv in die Darstellungen einbezogen. Manchmal wurde durch ein Schraffenfeld ein heller Hintergrund für das gemalte und gravierte Bild geschaffen. In einigen Fällen wurden so hellere Flächen und eine Modellierung innerhalb der Tierkörper erzielt; bei anderen Beispielen wurden große Teile der Innenfläche sorgfältig abgeschabt, wodurch diese Partie der Tiere deutlich und hell hervortritt.

So entstanden in Altxerri einzigartige Bilder, die jedoch außerordentlich fragil und empfindlich sind. Die Darstellungen können leicht abgerieben werden; sie konnten sich nur erhalten, weil die Höhle durch Hangschutt verschüttet wurde und nicht zugänglich war.

Altxerri ist eine Höhle der Wisente. Diese hier vor allem dargestellten Tiere verschwinden manchmal unter den vielen Schraffen, die das zottige Fell der Tiere andeuten. Es sind, wie es scheint, nur männliche Tiere abgebildet. Sie begegnen uns in ganz unterschiedlichen Körperhaltungen: stehend, schreitend, wie vor einem Hindernis scheuend, und mehrfach auch stürzend, mit dem Kopf nach unten.

Die Höhle hat drei Etagen. Fast alle Bilder sind in der mittleren Ebene an den Wänden des Hauptgangs und in einem von dieser Galerie ausgehenden, blind endenden Seitengang im hinteren Teil der Höhle angebracht. Am Ende des mit Darstellungen versehenen Höhlenteils stürzen die Tiere, vor allem Wisente, in einen tiefen Schacht, einer Verbindung zur unteren Etage. Am Grund des Schachts gibt es zwei weitere, nun wieder horizontale Wisentbilder. Die Wände der hier beginnenden tieferen Galerie tragen jedoch keine weiteren Darstellungen.

Im mittleren Teil der Höhle, noch vor dem Beginn der Bilder, öffnet sich hoch über dem Boden der Eingang zu einer oberen Galerie. Sowohl der Abstieg zum Boden des Schachts als auch der Aufstieg zur oberen Etage sind heute wie damals schwierig und nur mit einer guten Ausrüstung zu bewältigen.

In der oberen Galerie ist ein riesiger roter Wisent (?) gemalt. Nur hier, bei der Darstellung des mehr als drei Meter langen Tieres, wurde rote Farbe verwendet. Leider ist die Malerei schlecht erhalten und nicht mehr in allen Einzelheiten zu erkennen. Unweit dieses Bildes steckt ein Rückenwirbel vom Wisent in einer Spalte der Felswand. Fraglos haben die Menschen die Form dieses Knochens gekannt und gewußt, daß er zur Wirbelsäule eines Wisents gehört. Vor dem Bild des mutmaßlichen Wisents lagen Holzkohle- und Knochenstücke, die vermutlich auf eine Feuerstelle verweisen.

In Altxerri wird erneut deutlich, daß die Form und Topographie der Höhle für die zu erzählende Geschichte bewußt ausgewählt und mit in deren Ablauf einbezogen wurden. Dies geschah hier allerdings ganz anders als zum Beispiel in Ekain. Die drei Etagen der Höhle dürften drei verschiedene Ebenen symbolisieren. Die meisten Abbildungen befinden sich in der mittleren Ebene; von hier aus stürzen Tiere zur unteren Ebene. Dominiert wird das Ensemble von dem mutmaßlichen roten Wisent der oberen Ebene.

Jesús Altuna hat die Anregung zu diesem Buch bereitwillig aufgegriffen und mit seiner großen Kenntnis und Erfahrung diese wichtigen Höhlenheiligtümer des Baskenlandes beschrieben. Die Vorbereitungen zu diesem Buch haben viel Freude gemacht.

Für die Schreibarbeiten danke ich Irene Aßmann, für Hilfe bei der Übersetzung der spanischen Texte Hans Stief und für ihre Mitarbeit bei den photographischen Aufnahmen in den Höhlen Petra Schiller.

Gerhard Bosinski

EINLEITUNG

D ieses Buch entstand durch eine Anregung von Gerhard Bosinski. Zwei wichtige Höhlenheiligtümer aus dem Baskenland im östlichen Teil von Kantabrien, die der Fachwelt durch wissenschaftliche Publikationen bekannt sind, sollten einer breiteren Öffentlichkeit zugänglich werden.

Bisher gab es zu beiden Höhlen für ein größeres Publikum nur wenige Informationen. Die Höhlenbilder, die zu Beginn des Jahrhunderts Wissenschaftler und Laien interessierten, sind in jenen Jahren gut beschrieben und verbreitet worden. Dies gilt auch für Bilderhöhlen aus der Mitte des Jahrhunderts. Später entdeckte Höhlen sind jedoch vor allem den Gelehrten bekannt und weit weniger Gemeingut als die früheren Entdeckungen. Dieses Buch, in dem nach 1960 entdeckte Höhlen beschrieben werden, soll diese Lücke schließen.

Auf der anderen Seite sind diese Höhlenheiligtümer der Öffentlichkeit verschlossen, und nur Ekain kann ausnahmsweise und unter strengen Auflagen besucht werden. Altxerri ist ausschließlich Spezialisten der eiszeitlichen Kunst zugänglich. Der angemessene Schutz eines uns aus so früher Zeit überlieferten Denkmals erfordert derartige Maßnahmen. Ein so außergewöhnliches und empfindliches Kulturdenkmal würde durch den Besuch von Touristen in wenigen Jahren stärker leiden als in den Jahrtausenden seit seiner Entstehung.

Die Höhlenheiligtümer der Altsteinzeit kennen wir vor allem aus Südfrankreich und aus Kantabrien. Fundstellen außerhalb dieses Gebietes wie im restlichen Teil der Iberischen Halbinsel, in Italien oder im Ural sind Ausnahmen und wesentlich bescheidener als die Höhlenheiligtümer der Dordogne, der Ariège oder Kantabriens. Deshalb wird diese Kunst auch als »Franko-Kantabrische Kunst« bezeichnet.

Das Baskenland liegt am Kreuzweg zwischen diesen beiden Gebieten; während der Eiszeiten war es der einzig mögliche Verbindungsweg. Eine Verbindung zwischen Asturien und Santander auf der einen Seite und Dordogne und Ariège auf der anderen war nur über das Baskische Becken möglich. Der übrige Teil der Pyrenäenkette mit Bergen von mehr als 3000 m über NN und Gebirgspässen und Sätteln nicht unterhalb von 2000 m NN war mit Gletschern bedeckt. Das Gebiet unterhalb des ewigen Schnees war in dieser Zeit auf die Region unterhalb von 1200 m NN beschränkt.

So ist es nicht überraschend, daß in diesem Gebiet verhältnismäßig viele und wichtige Bilderhöhlen liegen, darunter Ekain und Altxerri. Nun wäre zu fragen, warum diese Höhlenheiligtümer nicht früher entdeckt wurden. Die Antwort ist einfach. Zwar gab es in diesem Gebiet zahlreiche Prospektionen, und es gab Höhlen-Kataloge, in denen viele der entdeckten Höhlen detailliert beschrieben wurden. Doch läßt sich Unbekanntes nicht wiedergeben. In den Kapiteln zur Entdeckung von Ekain und Altxerri wird geschildert, daß die zu den Darstellungen führende Galerie von Ekain völlig unbekannt war. Und in Altxerri war die Höhle insgesamt unbekannt; Hangsedimente und deren üppiger Bewuchs haben den ursprünglichen Eingang völlig verdeckt.

Solche Entdeckungen können auch in Zukunft gemacht werden. Dabei beansprucht die Besonderheit jedes einzelnen Höhlenheiligtums die Aufmerksamkeit aller Interessenten der paläolithischen Höhlenkunst. Es werden Fragen zur Herleitung, Ähnlichkeit und Parallelentwicklung aufgeworfen. Vor den modernen radiometrischen Datierungsmethoden war dies auch die Grundlage für die Chronologiesysteme.

Die Fragen bleiben jedoch. Hat der Künstler, der die Pferde in Ekain gemalt hat, nur in Ekain gearbeitet? Bisher kennen wir kein einziges ähnliches Höhlenheiligtum. War der Künstler, der die so einheitlichen polychromen Wisente an der Decke von Altamira dargestellt hat, nur in Altamira tätig? Hat er nirgends sonst einen weiteren Wisent gemalt? Hat der Künstler, der im Saal der Stiere von Lascaux arbeitete, lediglich diese Stiere gemalt? Haben sich diese Künstler nur mit der Anfertigung der Werke zufriedengegeben? Wo haben sie gelernt, wo geübt?

Dies sind einige von vielen Fragen. Dazu gehört auch und noch immer die Frage nach der Bedeutung der Höhlenkunst selbst. Es sind wohl noch viele Entdeckungen nötig, um diese Fragen eines Tages beantworten zu können.

In diesem Buch werden diese allgemeinen Fragen nicht gestellt. Statt dessen möchten wir uns insbesondere mit einem anderen Aspekt der Höhlenkunst befassen: mit der Art und Weise, in der der Künstler die Wirklichkeit wiedergegeben hat. Ganz offensichtlich kannten die paläolithischen Künstler die von ihnen dargestellten Tiere hervorragend. Sie waren in vielerlei Hinsicht mit den Tieren verbunden und von ihnen abhängig. Von den Huftieren lebten sie, vor den Raubtieren versuchten sie sich zu schützen. Sie kannten das Verhalten der Tiere, deren Körperbau und Bewegungen, ihre Gewohnheiten. Besonders auf diesen Aspekt möchten wir uns konzentrieren. Wir betrachten die Bilder als eine Wiedergabe der Realität, sofern diese dargestellt werden konnte. Dabei sind einige dieser Tiere, wie das Wildpferd des Paläolithikums, in diesem Gebiet heute ausgestorben. Es gibt jedoch noch einige asiatische Wildpferde, fast ausschließlich in zoologischen Gärten, und das Przewalski-Pferd kann in dieser Hinsicht, auch wenn es zu einer anderen Art gehört, nützliche Hinweise geben.

Abschließend möchte ich allen denen aufrichtig danken, die in dieser oder jener Weise dazu beigetragen haben, daß dieses Buch erscheinen konnte. An erster Stelle danke ich Gerhard Bosinski für die Anregung, diese Arbeit als dritten Band der von ihm in Deutschland herausgegebenen Reihe zur altsteinzeitlichen Höhlenkunst zu veröffentlichen. Darüber hinaus danke ich ihm für seine Anregungen und für die Übersetzung der Arbeit. Joachim Bensch, Jan Thorbecke Verlag, danke ich für sein großes Interesse und für die Sorgfalt, mit der diese Edition erfolgte. Meiner Frau Koro Mariezkurrena danke ich für ihre Hilfe und Mitarbeit bei der Fertigstellung der Arbeit sowie für ihre Beteiligung an dem Kapitel über die Grabungsfunde von Ekain. Amelia Baldéon hat bei der Beschreibung der Stein- und Knochenartefakte dieser Ausgrabung mitgearbeitet. Mein Dank gilt auch Javier Fortea für zwei Bilder der Contur découpé von La Viña in Asturien. Javier Salaverria hat die gravierte Schieferplatte von Ekain und auch die Vorlagen für die Karten und Diagramme gezeichnet. Die Zeichnungen der Funde von Ekain stammen von Xabier Baldéon. Francisco Etxeberria und Carlos Galán danke ich für ihre Hilfe beim Abstieg in den Schacht und beim Aufstieg in die obere Galerie von Altxerri, um die dort angebrachten Darstellungen zu photographieren.

Jesús Altuna

Das Baskenland heute und während des Magdalénien

Das Baskenland, in der Sprache seiner Bewohner Euskalerria genannt, liegt geographisch zwischen 43 32'30" und 41 54'34" nördlicher Breite und zwischen den Längengraden 0 43'22" und 3 20'30". Es umfaßt sowohl einen Teil Frankreichs (Euskalerria continental) als auch Spaniens (Euskalerria peninsular) und hat eine Größe von etwas mehr als 20 000 km² (*Abb. 1*).

Die Cordillera Pirenaica, die von Ost nach West verläuft und ihre Fortsetzung in der Cordillera Cantábrica findet, teilt das Baskenland in zwei sehr unterschiedliche Zonen, und zwar in geologischer, klimatischer, landschaftlicher, historischer und sprachlicher Hinsicht. Die beiden Gebirgsketten bilden die Wasserscheide zwischen Atlantik und Mittelmeer; sie spielten sowohl in der Vergangenheit als auch heute noch eine wichtige Rolle in der Gestaltung des Landes.

Nördlich dieser Trennungslinie, die sich nicht weit vom Meer befindet, ist das Klima atlantisch, gemäßigt und feucht. Die Niederschläge liegen je nach Gebiet zwischen 1000 und 2000 mm im Jahr und sind gleichmäßig über das Jahr verteilt. Die Temperaturunterschiede zwischen Sommer und Winter betragen etwa 11 Grad. Kurze, tief eingeschnittene Flüsse, die direkt ins Meer münden, haben eine intensive Erosionstätigkeit entfaltet, die zu engen und labyrinthartigen Tälern führte. Dazwischen gibt es nur wenige und kaum ausgeprägte Ebenen. So öffnet sich das Tal des Urumea erst sieben Kilometer vor seiner Mündung bei San Sebastian zu einer Ebene. In dieser Landschaft liegen die Provinzen Bizkaia, Gipuzkoa, der Nordwesten Navarras, und auf der französischen Seite die drei Provinzen des Euskalerria continental: Laburdi, Baja Navarra und Zuberoa.

Südlich der Wasserscheide befinden sich die vor dem atlantischen Klima abgeschirmten Landesteile mit ihren trockeneren Jahreszeiten. Hier betragen die Niederschläge nur 600 mm im Jahr; sie sind durch die trockenen und heißen Sommer ungleichmäßig über die Monate verteilt, und Temperaturunterschiede von 20 Grad sind keine Seltenheit. Die Flüsse sind hier viel länger und münden in den Ebro in einer Höhe von 300–400 m. Ihre Erosionskraft ist daher viel schwächer, und das von den Flüssen abgelagerte Sediment ist viel mächtiger.

In dieser Region hat sich eine Terrassenlandschaft mit geringerer Vegetation als auf den wenigen und kleinen Ebenen des Nordens herausgebildet. Dies begünstigt die Entdeckung archäologischer Freilandfundplätze, die wir folglich aus diesem Gebiet besser kennen als im Norden. Offene Ebenen sind hier weiträumig und häufig. Flüsse wie Aragon, Arga, Ega und Zadorra fließen träge dahin. In dieser Zone liegen Alava und ein Großteil der Provinz Navarra.

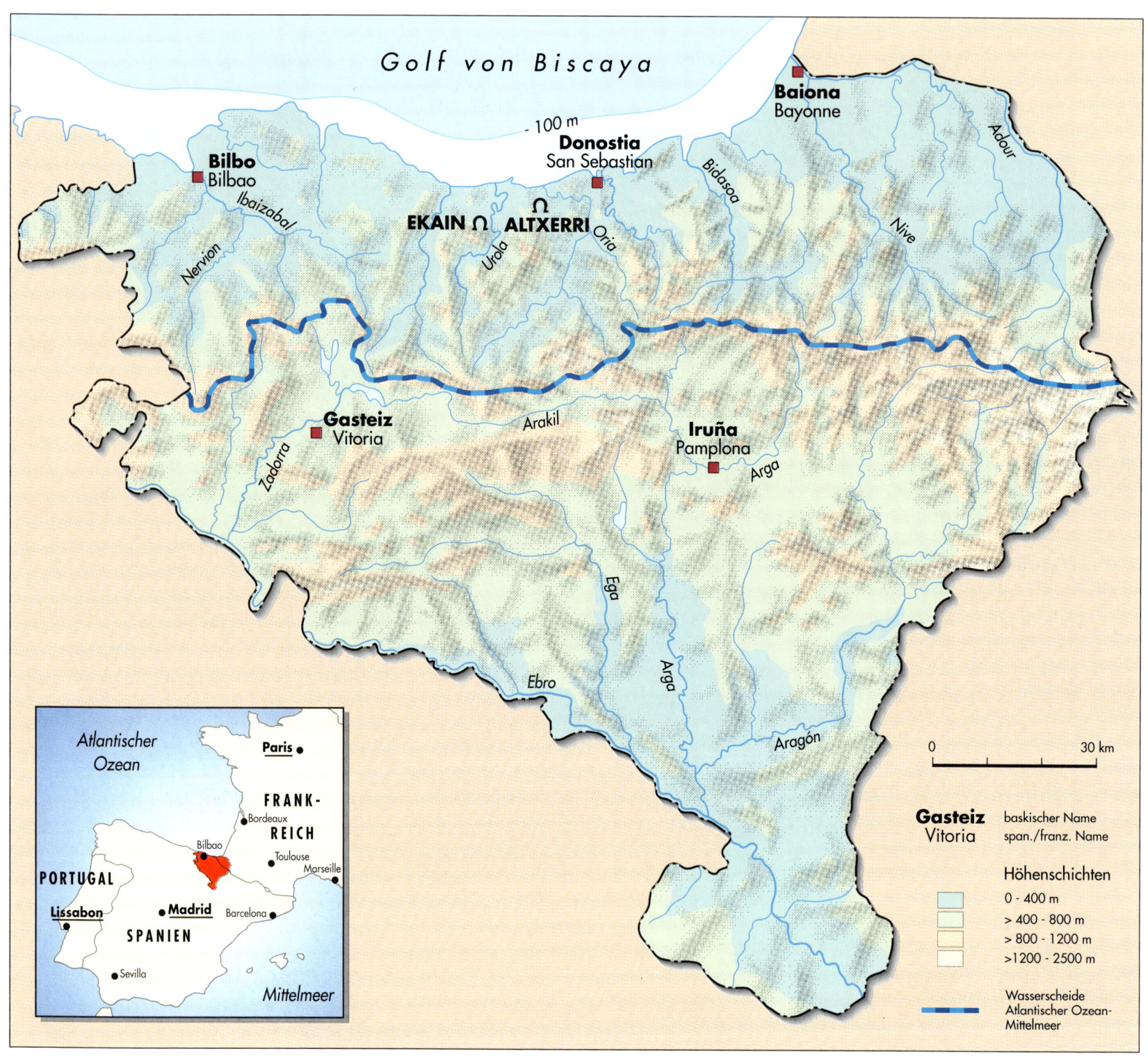

Abb. 1 Das Baskenland im Norden der Iberischen Halbinsel und im äußersten Südwesten Frankreichs

Die Wasserscheide ist aber im Baskenland nicht so hoch wie in den eigentlichen Cordilleras Cantábricas und Pirenaicas, wo sie bei 2000 m NN und darüber liegt. Zwischen diesen beiden Ketten, im Kerngebiet von Euskalerria, erreichen die Gipfel knapp 1500 m NN mit Jochen und Pässen zwischen Nord und Süd von weniger als 650 m Höhe. Dieses Bergland zwischen den Ketten der Pyrenäen im Osten und Kantabriens im Westen wird auch das Baskische Becken genannt.

16

Dieses Becken ist schon immer ein Korridor für die Wanderbewegungen zwischen Kontinentaleuropa und der Iberischen Halbinsel gewesen. Iberien war vom Rest Europas wie abgeschnitten durch die lange Zeit unpassierbaren Pyrenäen. Nur an den beiden Enden der Pyrenäen, das heißt in Euskalerria und Katalonien, gab es jeweils einen Zugang; jener durch das Baskische Becken war einfacher als im Osten, durch Katalonien.

Die Pyrenäen weisen auch im baskischen Teil eine steile Nordseite und eine flachere Südseite auf. Im Norden fallen die Gebirgsflanken jäh ab und laufen dann in die weiten Ebenen Aquitaniens aus. Im Süden hingegen liegen zwei Ketten, zwischen denen sich eine Senke befindet. Der eine Sattel, die Sierras Interiores, ist direkt mit den Pyrenäen verbunden, der andere, die Sierras Exteriores, mit Alaiz, Andia-Urbasa-Entzia, Codes und Toloño. Zwischen diesen beiden Ketten liegt eine Senke, in Aragon das Becken von Jaca mit dem Kanal Berdun, im Baskenland mit den Tälern von Aoiz-Lumbier, Pamplona, Barranca und Llanada Alavesa.

Im Norden des Baskenlands besteht die Vegetation unterhalb von etwa 600 m NN aus Eichen und Kastanien; in den höheren Lagen stehen Buchenwälder. Darüber hinaus kommen im Gefolge Esche, Ahorn, Linde, Ulme, Birke, Stechpalme, Eibe und an feuchten Stellen die Erle vor. Das Abholzen der Wälder hat Heide und Farne ins Kraut schießen lassen. Heute werden aufgrund kurzsichtiger wirtschaftlicher Erwägungen fremde Baumsorten aufgeforstet wie die Monterrey-Kiefer, Lärche, Fichte und die Lawson-Zypresse. Neben der Forstwirtschaft mit schnellwachsenden Bäumen ist der Agrarsektor gegenwärtig vor allem durch die Wiesenwirtschaft für die wichtige Rinderzucht geprägt. In den Dörfern an der Küste spielt der Fischfang eine wichtige Rolle.

Südlich der Wasserscheide ist die Vegetation mediterran mit Hainen von Bergeichen (*Quercus ilex, Quercus pyrennica* beziehungsweise *Quercus faginea*) und Kiefernwäldern mit Aleppo-Kiefer (*Pinus halepensis*). Hinzu kommen verschiedene Büsche und Sträucher wie Kermes-Eiche (*Quercus coccifera*), Rosmarin, Thymian, Wacholder und Ginster, allesamt typische mediterrane Pflanzen. Dabei gibt es natürlich Unterschiede und Abstufungen; dichter an der Wasserscheide hat die Vegetation einen Übergangscharakter, weiter im Süden ist sie stärker mediterran. In diesem Gebiet wird hauptsächlich Getreide angebaut und außerdem bedeutender Weinbau betrieben, mit den berühmten Riojaweinen und jenen aus Navarra. Im südlichsten Teil des Baskenlandes, der Ribera Navarra, gibt es dank der Flüsse und Stauseen des Pyrenäengebiets, wo im Winter viel Schnee liegt, häufig Bewässerungsanbau. Gemüse- und Obstanbau sind hier wichtige Wirtschaftszweige; sie bilden die Grundlage der hier angesiedelten Konservenindustrie.

In den Pyrenäen herrschen Buchen, Fichten und Kiefern (*Pinus silvestris*), zusammen mit Birken und Vogelbeerbäumen sowie Buchsbaum als Unterholz vor; auch hier spielt die Forstwirtschaft eine bedeutende Rolle.

Die Siedlungsweise ist unterschiedlich. Im Einklang mit der traditionellen Rinderhaltung sind im Norden, an der Abdachung zum Atlantik, viele kleine Dörfer über die Täler und Berghänge verstreut (*Abb. 2*), während es im mediterranen Süden geschlossene Ortschaften, umgeben von intensiv landwirtschaftlich genutzten Flächen, gibt (*Abb. 3*).

Die industrielle Entwicklung ist in den Provinzen Bizkaia und Gipuzkoa am stärksten. In Bizkaia waren Eisenverhüttung und Schiffbau bestimmend, doch beide Industriezweige stecken heute in einer Krise. Auch die chemische Industrie spielt hier eine nicht unbeträchtliche Rolle. In

Abb. 2 Ansicht eines Tales (valle de Regil) im atlantischen Teil des Baskenlandes. Die hügelige, von Flußläufen labyrinthartig zerteilte Landschaft und die offene Siedlungsweise mit verstreuten Höfen, wie sie für ein Dorf mit traditioneller Viehzucht typisch ist, werden deutlich.

Gipuzkoa dominieren hingegen der Werkzeugmaschinenbau und die Papierindustrie mit den entsprechenden Zulieferungs- und Verarbeitungsbetrieben. Für die Provinz Gipuzkoa ist besonders hervorzuheben, daß es in den letzten Jahrzehnten durch einen genossenschaftlichen Zusammenschluß gelungen ist, eine bedeutende Elektro- und elektrotechnische Industrie anzusiedeln.

Euskalerria, das Baskenland, besitzt eine eigene Sprache, das Euskara. Anders als die slawischen, germanischen und romanischen Sprachen gehört das Baskische nicht zur indoeuropäischen Sprachfamilie. Baskisch wird heute von etwa einer Million Menschen gesprochen. Das Alter nicht nur dieser Sprache ist recht schwierig zu bestimmen, da es sich völlig im Dunkel der Geschichte verliert. Leichter ist es, für ein bestimmtes Gebiet zu entscheiden, welche der hier vorkommenden Sprachen am ältesten ist. Heute wird im Baskenland außer baskisch auf spanischem Territorium spanisch und im französischen Staatsgebiet französisch gesprochen. Vor der Entstehung dieser beiden romanischen Sprachen sprach man hier baskisch und Latein.

18

Ein Blick in das Wörterbuch zeigt, daß das Lateinische häufig auf das Baskische Einfluß ausgeübt hat, ohne den Umweg über das Spanische oder Französische zu nehmen. Vor der Romanisierung des Landes, die vor allem im Süden und in Aquitanien ausgeprägt, im Gebiet von Gipuzkoa und Bizkaia außer an der Küste jedoch weniger intensiv war, stand das Gebiet im ersten vorchristlichen Jahrtausend unter indoeuropäischem Einfluß. Natürlich unterschied sich das Euskara jener Zeit, aus der wir keinerlei schriftliche Zeugnisse besitzen, vom heutigen Baskisch – etwa in der Weise, wie sich das Italienische vom Latein oder das heutige Griechisch von der Sprache Platons unterscheidet.

Jedenfalls ist die Struktur des Baskischen völlig anders als bei den indoeuropäischen Sprachen. Das Euskara hat seine Grundlage und Wurzeln in einer Sprache, die in diesem Gebiet vor der Zeit der Indoeuropäer gesprochen wurde. Auch sein Wortschatz weist deutliche Unterschiede zu jener Sprachfamilie auf. Dies gilt zum Beispiel für viele Begriffe, welche die Haustiere betreffen und deren Formen und Lebensperioden in den indoeuropäischen Sprachen keine Parallelen haben. Ferner besitzen die Worte für zahlreiche traditionelle Geräte die Wurzel »aitz« = Stein, so zum Beispiel aizkora = Axt, atzur = Hacke, aizto = Messer oder Zulakaitz = Stichel. Dies legt nach Barandiaran die Annahme nahe, daß die Sprache bereits existierte, als diese Geräte noch aus Stein waren.

Abb. 3 Die Siedlungsweise im mediterranen Teil des Baskenlandes mit geschlossenen Dörfern (Astrain, Navarra) umgeben von landwirtschaftlich genutzten Flächen

Abb.4 Der Rückgang der baskischen Sprache. Das große Gebiet mit zahlreichen baskischen Ortsnamen, das Gebiet, in dem im 10. Jahrhundert baskisch gesprochen wurde, und das Gebiet, in dem heute baskisch gesprochen wird.

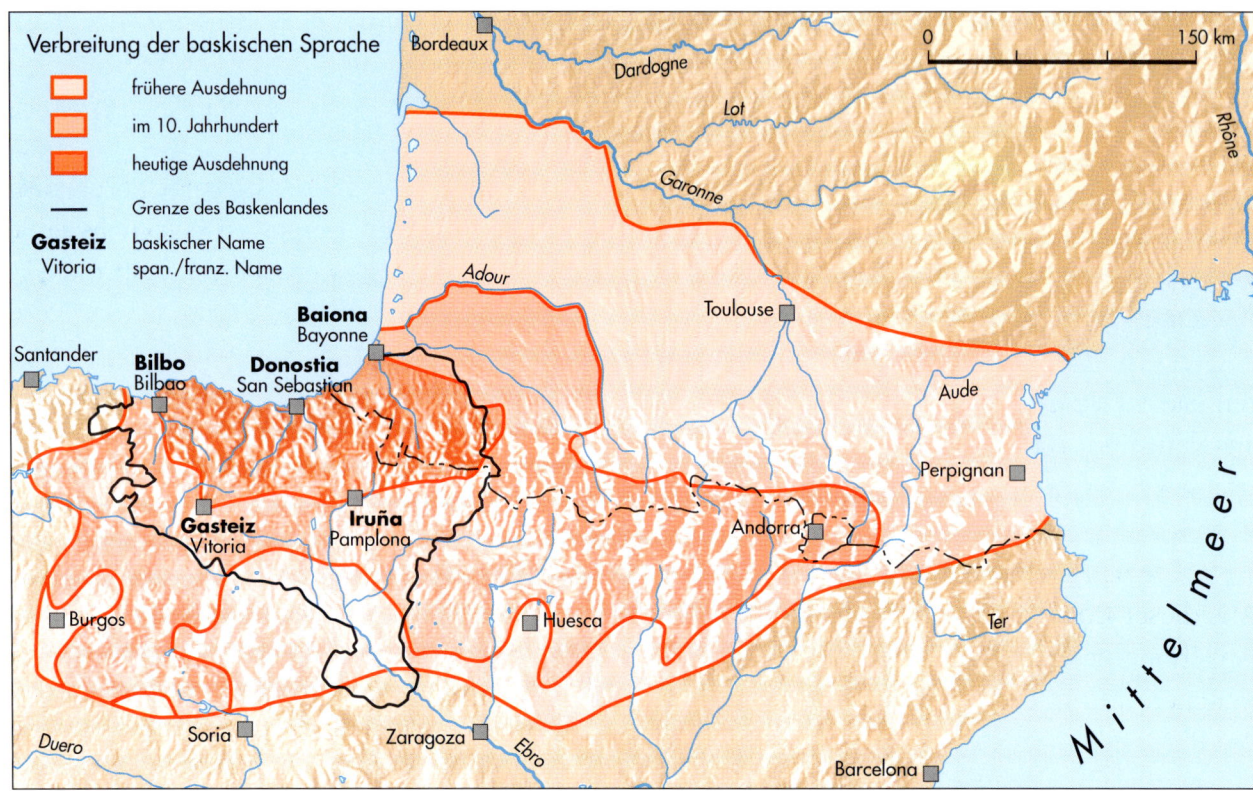

Auf die Frage nach der Verwandtschaft des Baskischen mit anderen Sprachen haben wir keine Antwort; wir können nur unterschiedliche Theorien aufstellen, die sich nicht beweisen lassen. Am unwahrscheinlichsten und praktisch auszuschließen ist eine Ableitung des Baskischen von bestimmten Berbersprachen Nordafrikas; auch eine Verwandtschaft mit den kaukasischen Sprachen ist wenig wahrscheinlich. Häufiger wird eine baskisch-iberische Hypothese vertreten, die eine Verbindung zwischen dem Baskischen und dem Iberischen – der in einigen Gebieten der Iberischen Halbinsel vor der Romanisierung gesprochenen Sprache – herstellt. Die Gegner dieser Ansicht führen ins Feld, daß – wenn eine solche Verwandtschaft bestünde – das Euskara bei der Interpretation der iberischen Texte, die man lesen, aber nicht übersetzen kann, helfen müßte; aber dies ist nicht der Fall. Bis heute ist also keine Verwandtschaft des Baskischen mit anderen Sprachen stichhaltig nachgewiesen.

Ursprünglich wurde Baskisch in einem erheblich größeren Gebiet als heute gesprochen (*Abb. 4*). Wir kennen baskische Wörter für Ortsnamen in ganz Südfrankreich, den Pyrenäen und dem mittleren Ebrotal sowie den angrenzenden Gebieten. Im 10. Jahrhundert dominierte es noch im südlichen Aquitanien und in den Pyrenäen bis nach Andorra sowie auf weiten Strecken entlang dem Ebro und im Bergland südlich von La Rioja. Heute spricht man baskisch im Bogen der Atlantikküste und im Landesinneren im Norden von Navarra, in Gipuzkoa und im Südteil von Bizkaia. Baskisch ist unter den heutigen demokratischen Verhältnissen Pflichtfach an den Schulen und setzt sich allmählich wieder durch.

20

DAS BASKENLAND IM MAGDALÉNIEN

Im Baskenland gibt es wichtige urgeschichtliche Funde, besonders aus der Altsteinzeit (Paläolithikum). Der älteste Abschnitt, das Altpaläolithikum, ist allerdings am wenigsten belegt. Es fehlen vor allem noch Fundstellen im Schichtverband, an denen außer Steinartefakten auch die Tierknochen erhalten sind. Die bisher entdeckten Funde, vor allem Faustkeile aus Quarzit, Ophit oder Feuerstein, sind nicht älter als das Jungacheuléen und gehören in eine Zeit vor etwa 250 000 Jahren. Sie stammen aus Flußterrassen und von den Hochebenen im südlichen Landesteil, aber auch aus dem Küstengebiet im französischen Teil von Euskalerria. In der Höhle von Atapuerca, die nur wenig südlich des Baskenlandes liegt, wurden Steinartefakte, Tierknochen und zahlreiche menschliche Knochen gefunden, die einem wesentlich früheren Abschnitt angehören.

Wesentlich besser sind wir über das Mittelpaläolithikum, die Zeit der Neandertaler, informiert. Aus dieser Epoche gibt es im ganzen Land Fundplätze, sei es im Freiland oder in Höhlen. Einige von ihnen besitzen eine aussagefähige Schichtenfolge, die außer Steinartefakten auch viele Tierknochen und in einigen Fällen Knochen vom Neandertaler enthalten. Die Ausgrabungen an diesen Plätzen haben Wesentliches zur Kenntnis dieser Zeit beigetragen.

Fundstellen aus dem Jungpaläolithikum, vor allem Höhlenfundplätze, sind noch häufiger; sie lieferten Funde aus dem gesamten Zeitabschnitt. Die in den Kalksteinformationen des Landes häufigen Höhlen boten dem Menschen jener Epoche, der sich körperlich nicht mehr von uns unterschied (Cromagnon-Mensch), Obdach während der Kaltphasen der letzten Eiszeit (Würm-Eiszeit).

Das Magdalénien, die jüngste Kultur des Jungpaläolithikums, fällt in die Spätphase der letzten Eiszeit, in die Zeit vor etwa 16 500–11 000 ^{14}C-Jahren vor heute (*Abb. 6*). Die meisten eiszeitlichen Kunstwerke des Baskenlandes, überhaupt des kantabrischen Gebiets, gehören in diesen Zeitraum.

Zwar lag der kälteste Abschnitt der letzten Eiszeit mit der Kultur des Solutréen bereits vor dem Magdalénien, es war jedoch noch recht kalt (Ältere Dryaszeit). Kantabrien hatte damals andere Ausmaße als heute. Die gewaltigen Gletscher der nördlichen Halbkugel hatten viel Wasser gebunden, so daß der Meeresspiegel während des Solutréen etwa 120 m und am Ende des Magdalénien immerhin noch 60 m unter dem heutigen Niveau lag. Entsprechend war die kantabrische Küste 6 bis 10 km weiter vorgelagert.

Auch die Vegetation unterschied sich deutlich von den heutigen Verhältnissen. Die Pollenanalyse (Untersuchung des Blütenstaubs) läßt für die älteren Abschnitte des Magdalénien eine offene Graslandschaft erschließen, in die Kieferngehölze eingestreut waren. Die Untersuchung der Tierknochen (Paläontologie) weist auf einige bemerkenswerte Besonderheiten hin. Zunächst zeigt sie, daß es zwischen der Tierwelt in Kantabrien und in Aquitanien deutliche Unterschiede gab. An den Höhlenfundplätzen Aquitaniens dominiert das Rentier, während im kantabrischen Gebiet Hirsch und Steinbock vorherrschen. Deshalb ist jeder Nachweis einer kaltzeitlichen Steppe oder eines »arktischen« Tieres in Kantabrien sehr wichtig und von großem Interesse; handelt es sich doch um die südliche Grenze des Vorkommens zum Beispiel vom Rentier während der letzten

Abb.5 Die Höhlen Aitzbitarte III (unten) und Aitzbitarte IV (oben), Provinz Gipuzkoa. Beide Höhlen enthalten wichtige Fundschichten des Jungpaläolithikums, besonders des Gravettien (Perigordien), Solutréen und Magdalénien.

Abb.6 Die Gliederung des Magdalénien im Baskenland

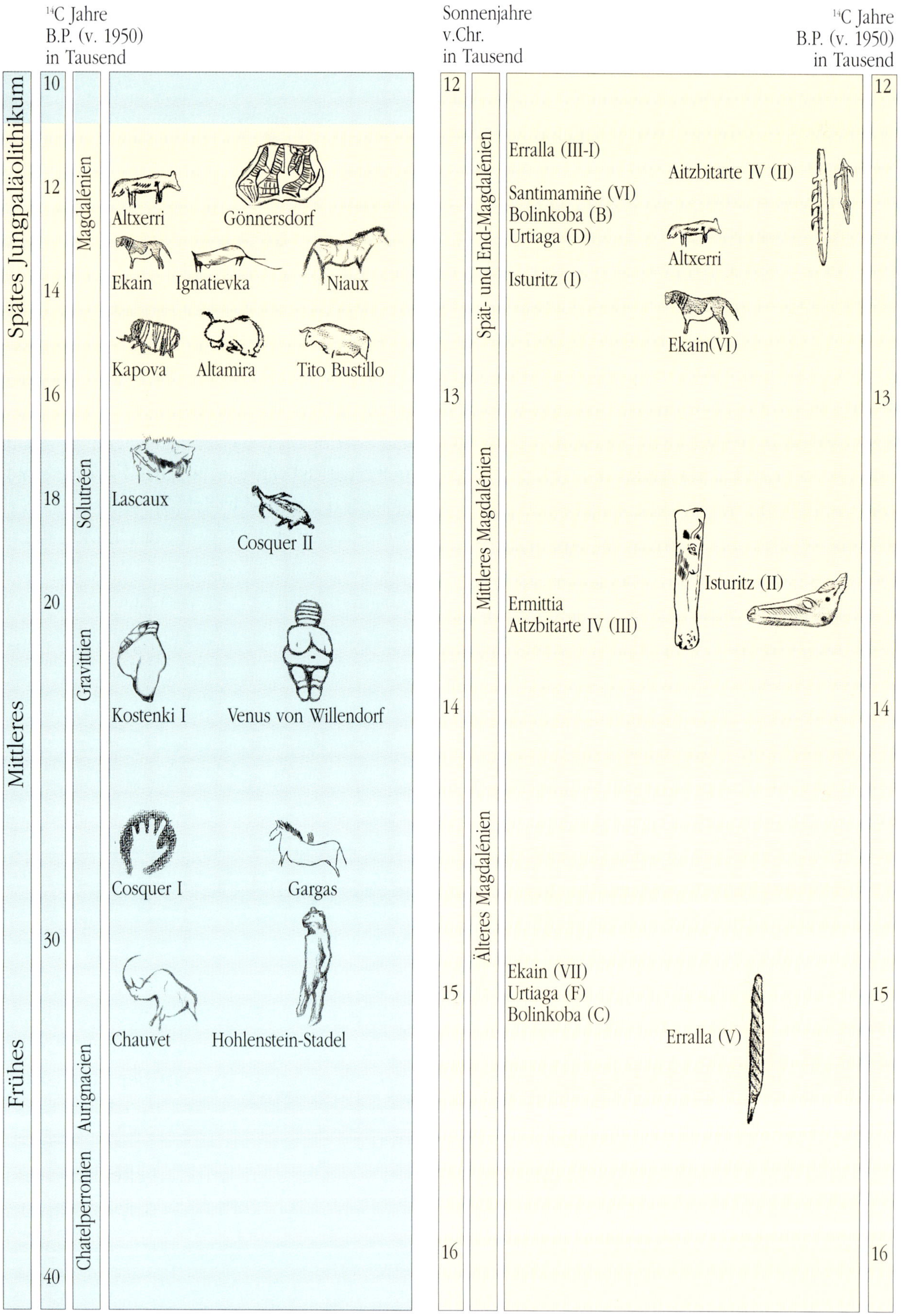

Das Jungpaläolithikum fällt in die Zeit vor etwa 37 000 bis 12 000 ^{14}C-Jahren. Diese ^{14}C-Jahre sind keine Sonnenjahre. Sie werden deshalb als »B. P.« (Before Present = vor 1950) angegeben.

Die von Willard F. Libby nach dem Zweiten Weltkrieg entwickelte ^{14}C-Methode ist das wichtigste radiometrische Datierungsverfahren der Archäologie. Kohlenstoff (C) ist eines der Elemente, die in nahezu allen Materialien vertreten ist, und wird von Pflanzen und Tieren zu Lebzeiten direkt oder über die Nahrungskette in deren organische Substanz eingebaut. Mit dem Tod der Lebewesen endet auch die Kohlenstoffaufnahme, und das Verhältnis der Kohlenstoffisotope verschiebt sich durch natürlichen radioaktiven Zerfall des ^{14}C-Isotops zugunsten des stabilen ^{12}C. Bei einer Halbwertszeit – der Zeit, in der die Hälfte des radioaktiven ^{14}C-Isotops zerfallen ist – von 5730 Jahren läßt sich auf der Basis des meßbaren ^{12}C/^{14}C-Verhältnisses ein ^{14}C-Anteil ermitteln.

Änderungen der ^{14}C-Produktionsrate führten zu natürlichen ^{12}C/^{14}C-Schwankungen, die es verbieten, ^{14}C-Jahre mit Sonnenjahren gleichzusetzen.

Als Eichung und Korrektur der ^{14}C-Jahre dienen vor allem die Jahresringe der Bäume. Für die letzten 10 000 Jahre ist diese »Kalibration« gesichert, und es zeigt sich, daß ein ^{14}C-Alter von z. B. 10 000 B. P. (= vor 1950) einem tatsächlichen Alter (in Sonnenjahren) von 10 000 v. Chr. entspricht. Die ^{14}C-Jahre sind in diesem Zeitraum also etwa 2000 Jahre zu jung. Für weiter zurückliegende Zeiten gibt es noch keine gesicherten Umrechnungen, man kann aber sagen, daß das Jungpaläolithikum in ^{14}C-Jahren von 37 000 B. P.–12 000 B. P. und in absoluten Jahren von 42 000–12 000 v. Chr. dauerte.

Linke Tafel

^{14}C Jahre B.P. (v. 1950) in Tausend

Spätes Jungpaläolithikum – Magdalénien:
- Altxerri
- Gönnersdorf
- Ekain
- Ignatievka
- Niaux
- Kapova
- Altamira
- Tito Bustillo

Mittleres:
- Solutréen: Lascaux, Cosquer II
- Gravittien: Kostenki I, Venus von Willendorf

Frühes:
- Aurignacien: Cosquer I, Gargas
- Chatelperronien: Chauvet, Hohlenstein-Stadel

Rechte Tafel

Sonnenjahre v.Chr. in Tausend — ^{14}C Jahre B.P. (v. 1950) in Tausend

Spät- und End-Magdalénien:
- Erralla (III-I)
- Santimamiñe (VI)
- Bolinkoba (B)
- Urtiaga (D)
- Isturitz (I)
- Aitzbitarte IV (II)
- Altxerri
- Ekain (VI)

Mittleres Magdalénien:
- Ermittia
- Aitzbitarte IV (III)
- Isturitz (II)

Älteres Magdalénien:
- Ekain (VII)
- Urtiaga (F)
- Bolinkoba (C)
- Erralla (V)

22

Eiszeit (*Abb. 7 und 8*). Zuerst bestimmte der Paläontologe E. Harlé aus Bordeaux am Anfang dieses Jahrhunderts Funde aus Höhlen in Gipuzkoa und Santander als Reste vom Rentier. Dies war so ungewöhnlich und erstaunlich, daß man an Importstücke aus Aquitanien dachte. Harlé schloß dies für Rengeweihstücke und auch für einen Mittelfußknochen (*Metapodium*) vom Fundplatz Aitzbitarte IV, der zusammen mit einem Rentierfell transportiert worden sein könnte, keineswegs aus. Für einen in Ojebar gefundenen Oberarmknochen (*Humerus*) wurde dies schon schwieriger. Neue Funde von Rentierknochen in der großen Höhle von Castillo (Santander) machten diese Hypothese immer unwahrscheinlicher, doch fühlten sich Henri Breuil und Hugo Obermaier noch 1935 dazu verpflichtet, einen solchen Import wegen der großen Entfernung zwischen Südfrankreich und Santander ausdrücklich abzulehnen. Seither – und besonders in den letzten dreißig Jahren – hat sich unsere Kenntnis der eiszeitlichen Tierwelt auf der Iberischen Halbinsel enorm verbessert; wir kennen heute zahlreiche Fundplätze des Rentiers und anderer Tiere eines kalten Klimas (*Abb. 8*), so daß eine Rekonstruktion der damaligen Umweltverhältnisse möglich ist. Insbesondere das Rentier wurde in 50 Fundschichten aus 30 kantabrischen Höhlen nachgewiesen; 25 davon gehören in das Magdalénien. Auch in der Höhlenkunst ist das Ren an drei Fundplätzen dargestellt – sechsmal in Altxerri, viermal in Las Monedas und siebenmal in Tito Bustillo.

Andere Tiere, die in Kantabrien während des Magdalénien erscheinen, sind der Schneehase (*Lepus timidus*) und die Saiga-Antilope (*Saiga tatarica*). Bereits früher, im Mittleren Jungpaläolithikum (Gravettien), lebten hier der Vielfraß (*Gulo gulo*) und der Eisfuchs (*Alopex lagopus*), ferner das Mammut (*Mammuthus primigenius*) und das Wollnashorn (*Coelodonta antiquitatis*).

Zusammen mit den nordischen Tieren wie Rentier und Eisfuchs kommen in dieser Zeit auch Kleintiere wie die Nordische Wühlmaus (*Microtus oeconomus*), die Feldmaus (*Microtus arvalis*) und die schmalschädelige Wühlmaus (*Microtus gregalis*) vor. Hier lebten aber auch Reh und Wildschwein, so daß insgesamt eine im heutigen Eurasien nicht mehr vorhandene Tiergesellschaft entstand. Allerdings waren diese Tiere mit Ausnahme der Nordischen Wühlmaus (*Microtus oeconomus*) im Magdalénien Kantabriens selten.

Eine derartige Tiergesellschaft ist ungewöhnlich; sie wurde durch besondere Faktoren verursacht. Einerseits fanden die nordischen Arten wie das Rentier in den weiten Ebenen Aquitaniens in dieser Zeit optimale Lebensmöglichkeiten vor; nach Kantabrien gelangten sie nur ausnahmsweise. Andererseits hatten die Huftiere der gemäßigteren Klimazonen in den kantabrischen Tälern, die ihnen in ihren labyrinthartigen Schluchten geschützte sonnige Stellen mit vereinzeltem Baumbestand boten, ein Refugium. Diese Huftiere konnten nicht in südlichere Gebiete ausweichen, da ihnen im Westteil von Bizkaia sowie in Santander und Asturien die von ewigem Schnee bedeckten kantabrischen Kordilleren den Weg dorthin versperrten. Darüber hinaus bot die südlich anschließende kastilische Hochebene (Meseta) nur die gleichen kalten, ungünstigen Bedingungen wie das Gebiet, aus dem sie geflüchtet waren.

Hirsch und Steinbock waren die häufigsten Tiere; sie, vor allem der Hirsch, gelten in vielen Gebieten Europas als Klimaanzeiger. Hirsch und Rentier sind Antipoden, die ein gemäßigteres beziehungsweise ein kälteres Klima anzeigen. In unserem Fall weist das Vorkommen des Hirsches jedoch nicht auf ein gemäßigtes Klima hin. Wie bereits gesagt, fand das Rentier auf seinen Wanderungen in Aquitanien äußerst günstige Lebensbedingungen vor und erreichte Kantabrien

Abb.7 Die heutige Verbreitung des Rentiers (*Rangifer tarandus*) und der Saiga-Antilope (*Saiga tatarica*) (Verbreitung der Saiga-Antilope nach L. V. Žirnov 1982)

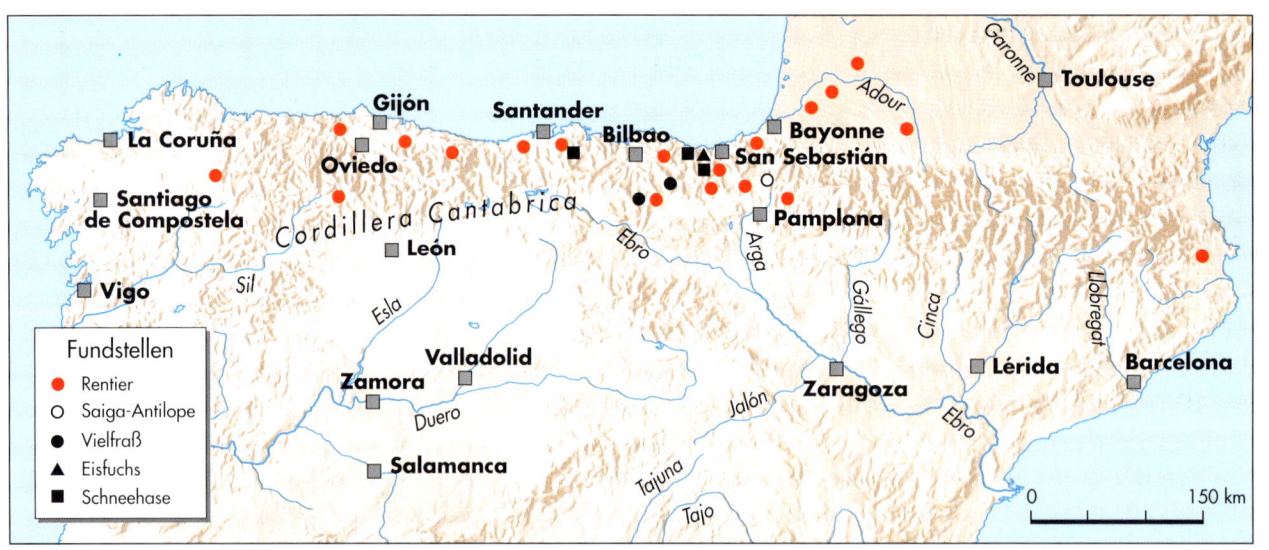

Abb.8 Fundstellen mit Rentierknochen und Knochen anderer »arktischer« Tiere (Saiga-Antilope, Vielfraß, Eisfuchs, Schneehase) im Pyrenäengebiet und in Kantabrien

Rentier:
Baskenland: Zatoia, Abauntz (Provinz Navarra);
Aitzbitarte IV, Torre, Ekain, Ermittia, Erralla, Urtiaga (Gipuzkoa);
Santimamiñe, Lumentxa, Armiña, Atxuri (Bizkaia);
Santander: Morin, Castillo, Valle;
Asturias: La Riera, Cueto de la Mina, Tito Bustillo, La Paloma

Saiga: Abauntz

Vielfraß: Lezetxiki, Mairuelegorreta

Eisfuchs: Amalda

Schneehase: Erralla, Ekain, Urtiaga, Rascaño

Nordpolarmeer

Barentsee

Beringmeer

Pazifischer

Ozean

Indischer Ozean

Stockholm
Helsinki
Kopenhagen
Moskau
Berlin
Warschau
Wolga
Dnjepr
Don
Ural
Donau
Schwarzes Meer
Aralsee
Kaspisches Meer
Tashkent
Bagdad
Teheran
Kairo
Nil
Indus
Delhi
Ganges
Bombay
Ob
Jenisei
Novosibirsk
Baikalsee
Lena
Aldan
Jakutsk
Kolyma
Huang He
Beijing
Seoul
Tokyo
Chang Jiang
Mekong

	Rentier, heutige Verbreitung
	Saiga-Antilope, heutige Verbreitung
	Südgrenze der Verbreitung von Rentier und Saiga-Antilope während des Magdalénien in Europa

nur sporadisch. Der Hirsch wurde jedoch aus den aquitanischen Ebenen vertrieben und fand sein Refugium in den Tälern Kantabriens. Die dortigen Lebensbedingungen waren zwar nicht optimal, reichten aber für sein Überleben aus. In diesem Zusammenhang darf nicht vergessen werden, daß Hirsche heute auch in der offenen Landschaft, so in der schottischen Heide, leben und auch im Wald von Bialowieza in Polen vorkommen, wo es deutlich kälter ist als in den Wäldern Kantabriens.

Auch der Steinbock wurde durch den Schnee aus den Pyrenäen vertrieben und hat sich bis in die aquitanische Ebene ausgebreitet – eine Auswirkung der Klimaverschlechterung.Er ist vor allem ein Tier der Felshänge, und in Kantabrien reichen die Felsen bis ans Meer. Selbst heute lebt das Tier auf den Felsen von Tortosa dicht am Meer. Der Steinbock ist weniger ein Tier des Hochgebirges, sondern lebt an Felshängen. Erst der Mensch hat ihn aus vielen Felsgebieten vertrieben.

Im Magdalénien Kantabriens gründete der Lebensunterhalt der Menschen auf der Jagd nach Hirsch und Steinbock. Im Mittelpaläolithikum und weitgehend auch im ersten Teil des Jungpaläo-lithikums wurden dagegen alle in diesem Gebiet lebenden Huftiere gejagt (*Abb. 9*). Seit dem

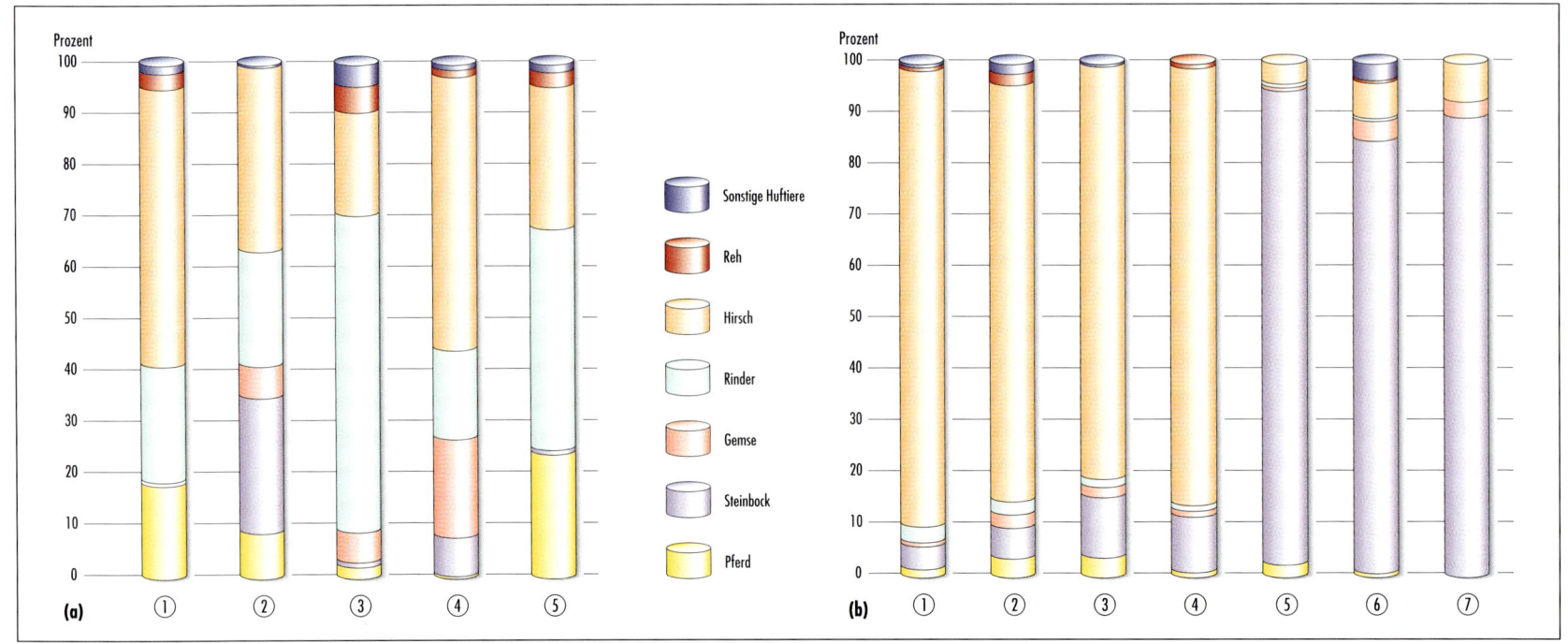

Abb. 9 Die Zusammensetzung der Jagdbeute im Mittelpaläolithikum (a):
① **El Pendo (Schicht 16–8d),**
② **Axlor (Schicht VIII–III),**
③ **Lezetxiki (Schicht VII–V),**
④ **Lezetxiki (Schicht IV),**
⑤ **Morin (Schicht 17)
und im Magdalénien (b):**
① **El Pendo (Schicht 2),**
② **Morin (Schicht 2),**
③ **Tito Burtillo (Schicht I),**
④ **Ekain (Schicht VII),**
⑤ **Rascaño (Schicht 3),**
⑥ **Ermittia (Schicht 3),**
⑦ **Erralla (Schicht V) Magdalénien
Für das Mittelpaläolithikum ist eine »gemischte« Jagdbeute typisch (Abb. 9a), für das Magdalénien dagegen eine »spezialisierte« Jagd auf Hirsch und Steinbock (Abb. 9b).**

Solutréen vor etwa 20 000 ^{14}C-Jahren wird diese Gelegenheitsjagd durch eine Spezialisierung abgelöst, die im Magdalénien ihren Höhepunkt erreicht. Im Küstengebiet und in den Regionen mit einem sanften Geländerelief galt die Jagdspezialisierung dem Hirsch. Gelegentlich führte dies zu einer höchst verfeinerten Spezialisierung, wie wir in dem Kapitel über die Ausgrabungen in Ekain noch sehen werden.

In den Felsregionen wurde vor allem der Steinbock gejagt. Darüber hinaus gibt es Fundplätze, an denen sowohl Hirsch als auch Steinbock als Beutetiere nachgewiesen wurden; entweder während ein und desselben Aufenthalts oder zu unterschiedlichen Zeiten, wie wir bei Ekain sehen werden.

Eine andere, freilich wesentlich begrenztere Quelle für den Lebensunterhalt stellte der Fischfang dar. Gelegentlich an den Fundplätzen entdeckte Fischwirbel bezeugen dies. Außerdem gibt es zum Beispiel in Ekain und Altxerri Darstellungen von Meeresfischen, die auch im Mündungsgebiet der Flüsse leben, sowie von Flußfischen. Das Sammeln von Mollusken läßt sich nicht belegen, da die Küste damals, wie erwähnt, weit von den uns heute bekannten Fundplätzen entfernt war. Dies änderte sich erst, als die Gletscher abschmolzen und riesige Wassermassen in das Meer flossen, so daß der Meeresspiegel anstieg und die Küste näherrückte. So gibt es im Epipaläolithikum, nach dem Magdalénien, an den kantabrischen Küsten die großen Muschelhaufen, Abfälle vom Sammeln der Mollusken.

Das Magdalénien wurde zunächst, das heißt im ersten Drittel unseres Jahrhunderts, nach der von Henri Breuil für das Perigord erarbeiteten Gliederung unterteilt. Später zeigte sich jedoch, daß das Fundmaterial Besonderheiten und Unterschiede im Vergleich zum Perigord aufweist. So fehlen in Kantabrien die ältesten Phasen des Magdalénien (Magdalénien I und II der französischen Gliederung).

26

Das Magdalénien in Kantabrien läßt sich vor allem in zwei große Abschnitte unterteilen: ein Älteres Magdalénien, in dem es noch keine Harpunen – Geschoßspitzen mit Widerhaken – gibt und das mit dem Magdalénien III Frankreichs vergleichbar ist, und ein Jüngeres Magdalénien mit Harpunen, das die Stellung des französischen Magdalénien V und VI einnimmt (*Abb. 6*). Zwischen diesen beiden Perioden gibt es einen heute noch schlecht faßbaren Abschnitt, zu dem einige Fundstellen zu gehören scheinen, an denen Prototypen von Harpunen – Geschoßspitzen mit kleinen, kaum ausgebildeten Widerhaken – auftreten. Durch die Ausgrabungen der letzten Jahre tritt dieser mittlere Abschnitt im Westen Kantabriens deutlicher zutage. Im französischen Teil des Baskenlandes besitzen wir aus dieser Zeit den außergewöhnlichen Fundplatz Isturitz.

Das Ältere Magdalénien ist durch Geschoßspitzen mit einseitig abgeschrägter Basis und einem annähernd quadratischen Querschnitt gekennzeichnet (*Abb. 10*). Der Dekor solcher Spitzen besteht aus Winkelmustern. Außerdem gibt es an beiden Enden zugespitzte Geschoßspitzen mit dreieckigem Querschnitt und einer Verzierung mit Rhomben auf allen drei Flächen. Des weiteren kommen Geschoßspitzen mit rundem Querschnitt vor, deren Basis einseitig abgeschrägt ist; diese Schräge kann ein Drittel oder mehr der Gesamtlänge der Geschoßspitzen ausmachen und diente zur besseren Schäftung der Spitze an dem hölzernen Speerschaft.

Unter den Steinwerkzeugen dominieren entweder Kratzer oder Stichel. Dies scheint nicht zufällig zu sein, sondern hing von der geographischen Lage ab. Es hat heute den Anschein, als kämen im Westteil Kantabriens – in Asturien und Santander – die Kratzer häufiger vor als die Stichel. Im Unterschied dazu dominieren an den baskischen Fundstellen die Stichel. Überall kommen zahlreiche

Abb.10 Geschoßspitzen des Älteren Magdalénien von Erralla

27

kleine »Rückenmesser« vor, langgestreckt-rechteckige Lamellen mit einer gestumpften dickeren Kante, die als Einsätze (mit dem verdickten Rücken nach innen) für Geschoßspitzen und Messer dienten.

Die Kleinkunst ist im Westen Kantabriens besser vertreten als im Osten. Aus den Höhlen Altamira und Castillo in Santander, die auch prachtvolle Werke der Wandkunst besitzen, stammen zahlreiche Beispiele der Kleinkunst, darunter Kopfdarstellungen von Hirschkühen, deren Halspartie mit zahlreichen Linien modelliert ist und die auf Schulterblättern von Hirschen graviert wurden. Im Baskenland wurde ein »Compresseur«, wohl ein Instrument zur Steinbearbeitung, am Fundplatz Bolinkoba gefunden, auf dem drei Steinböcke graviert sind; zwei Tiere scheinen einander zu folgen. Aus dieser Zeit sind über ganz Kantabrien, von Asturien im Westen bis Navarra im Osten, Fundplätze verstreut, unter anderem Las Caldas, La Viña, La Riera, Altamira, El Castillo, El Juyo und El Rascaño sowie, im Baskenland, Bolinkoba, Santimamiñe, Ekain, Erralla, Urtiaga, Ermittia und Abauntz.

Einige dieser Fundplätze haben ältere Siedlungsschichten, die manchmal bis in das Mittelpaläolithikum zurückreichen. Dies zeigt, daß es sich um günstige Siedlungsplätze mit wahrscheinlich guten Möglichkeiten für den Lebensunterhalt (Jagd und Sammeln) handelte. Andere Fundstellen sind erstmals im Magdalénien besiedelt. Dies könnte auf eine Bevölkerungszunahme, verbunden mit einer verbesserten Technologie und einer größeren Zahl von Kunstwerken, hinweisen. Das Ältere Magdalénien Kantabriens gehört etwa in die Zeit vor 16 500–14 000 ^{14}C-Jahren und bestand während der Kaltphase der Älteren Dryaszeit.

Das **Mittlere Magdalénien** umfaßt den Zeitraum vor etwa 14 000–13 000 ^{14}C-Jahren. Bis vor kurzem war dieser Abschnitt in Kantabrien viel schlechter belegt als das Ältere und Jüngere Magdalénien, und es fehlten auch ausreichende Untersuchungen über die Vegetation, die Ablagerungen und die Tierknochen. An vielen Fundplätzen gibt es zwischen dem Älteren und dem Jüngeren Magdalénien fundleere Schichten, das heißt ohne Artefakte und Siedlungsspuren aus dem Mittleren Magdalénien.

Dies hat sich in den letzten Jahren durch wichtige Ausgrabungen in Asturien geändert. Es wurden Siedlungsschichten des Mittleren Magdalénien entdeckt, und die bisher fehlenden Untersuchungen zur Vegetation und Tierwelt konnten nun durchgeführt werden. Die wichtigsten dieser Fundplätze sind La Viña und Las Caldas. Im französischen Baskenland kennen wir aus dieser Zeit den berühmten Fundplatz Isturitz, der außer anderen Fundschichten, die bereits im Mittelpaläolithikum beginnen, eine Siedlungsschicht des Mittleren Magdalénien enthält, aus welcher ein reiches Fundmaterial stammt. Neben vielen Stein- und Knochengeräten wurden hier prachtvolle Exemplare der Kleinkunst gefunden, unter anderem die aus Rengeweih gearbeiteten Spitzen mit halbrundem Querschnitt (*baguettes demi-rondes, Abb. 12*), deren gewölbte Oberseiten eine reiche Verzierung aus Rhomben und Voluten tragen. Eine solche Dekoration, bei der das Muster durch den Steg zwischen den tief gravierten Linien gebildet wird (Stegornamentik), ist bisher vor allem aus Höhlenfundplätzen der westlichen Pyrenäen bekannt; allein aus Isturitz gibt es 30 Beispiele. Hinzu kommen die »contours decoupés« – Darstellungen meist von Tierköpfen, deren Umriß »ausgeschnitten«, die Innenzeichnung aber graviert ist (*Abb. 11*). Häufig sind Pferdeköpfe wiedergegeben, ausgeschnitten aus dem Zungenbein vom Pferd.

Abb.11 Pferdekopf als *Contour découpé* (Abb. links oben) und gravierter als auch skulptierter Wisentkopf auf dem Schaftbruchstück eines Lochstabes aus Rengeweih (Abb. rechts) aus dem Mittleren Magdalénien von Isturitz

Abb.12 *Baguettes demi-rondes* mit kunstvoller Spiralverzierung in Stegornamentik aus dem Mittleren Magdalénien von Isturitz

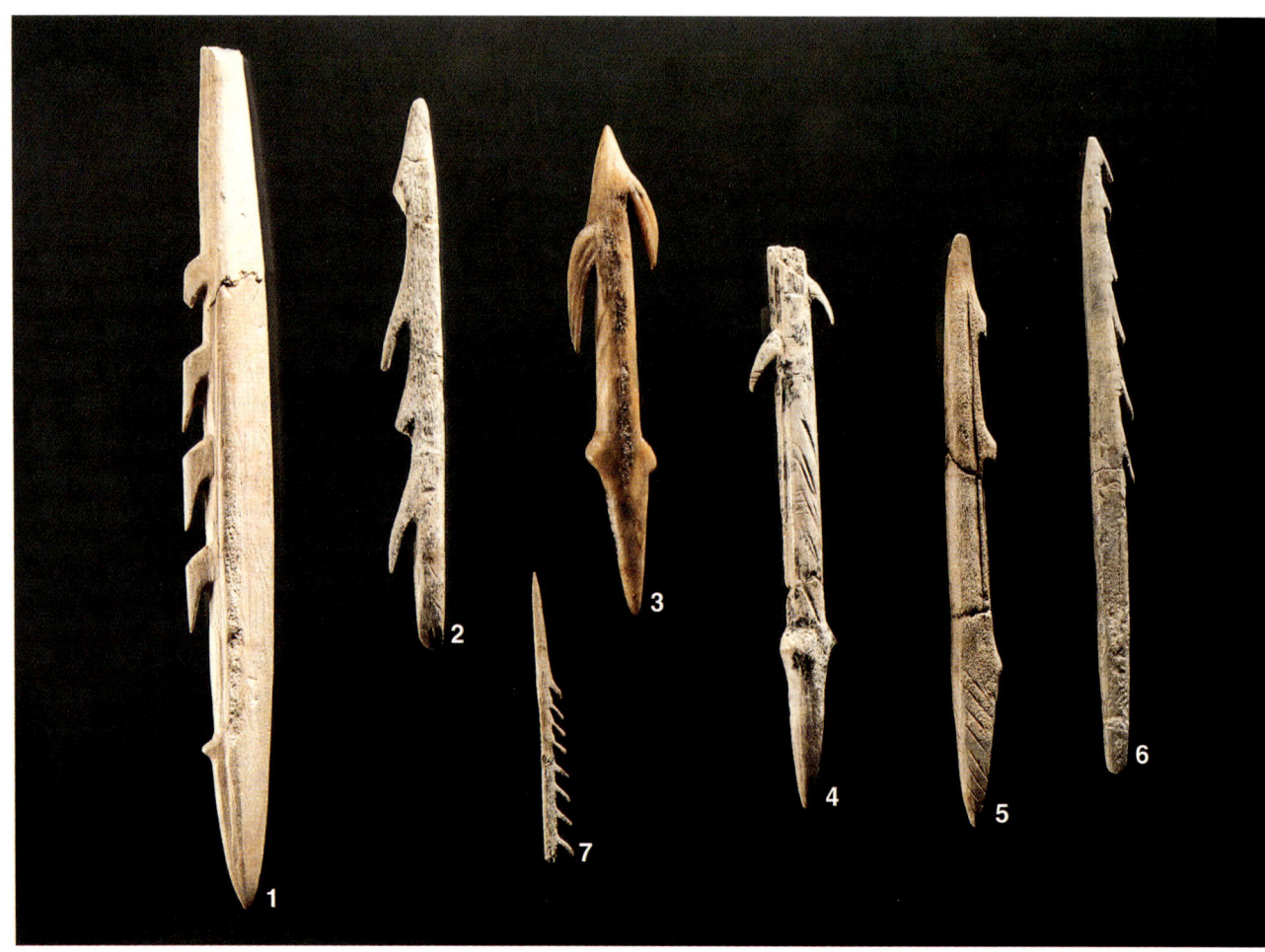

Ferner entdeckte man dort Tierskulpturen aus Knochen, Geweih und Sandstein, in einem
Fall sogar aus Bernstein. Solche Statuetten sind im Magdalénien sehr selten. Unter anderem sind
ein Bär, ein Löwe und ein Wisent wiedergegeben. Außerdem kommen hier Plaketten aus Stein
und Knochen vor, auf denen Wisente, Pferde, Rentiere und Steinböcke sowie menschenähnliche
Figuren (»Anthropomorphe«) graviert sind.

Abschließend sollen die verzierten Lochstäbe von Isturitz besonders hervorgehoben werden.
Auf einem dieser Lochstäbe ist der Kopf eines Wisents im Halbrelief mit großer Kunstfertigkeit
dargestellt (*Abb. 11*). Auf anderen Lochstäben sind Pferde, Rentiere und Fische graviert.

Das Spät- und Endmagdalénien unterscheidet sich von den älteren Abschnitten durch das
Auftreten von Harpunen (Geschoßspitzen mit Widerhaken; *Abb. 13*). Vor Jahren glaubte man,
mit Hilfe der Harpunen-Formen zwischen zwei Phasen – dem Spät- und dem Endmagdalénien –
differenzieren zu können. Harpunen mit einer Reihe von Widerhaken galten als typisch für das
Spätmagdalénien. Inzwischen kennen wir jedoch Fundplätze, an denen dieses »Leit-Fossil« sowohl im Spät- als auch im Endmagdalénien vorkommt. Außerdem gibt es Beispiele, in denen diese Harpunenform fehlt – wie in Schicht VIb von Ekain – und auch Fälle, wo im Endmagdalénien
ein- und zweireihige Harpunen gemeinsam auftreten.

Unter den übrigen Knochengeräten befinden sich viele Geschoßspitzen mit rundem Querschnitt und ein- oder beidseitig abgeschrägter Basis, Spitzen mit halbrundem Querschnitt (*baguettes demi-rondes*) sowie Nadeln mit Öhr und Lochstäbe. Diese Formen kommen sowohl im Spät- als auch im Endmagdalénien vor.

Die Steingeräteformen sind wenig abwechslungsreich und tragen kaum zur Gliederung des Fundstoffes bei; mit Ausnahme vielleicht des Westens, wo deutlich mehr Stichel als Kratzer auftreten. Diese Dominanz ist an den baskischen Fundstellen noch deutlicher; sie könnte mit der größeren Bedeutung der Bearbeitung von Knochen und Geweih zusammenhängen. Auch die Rückenmesser sind weiterhin zahlreich. Ganz am Ende des Magdalénien treten dann vermehrt »Rückenspitzen« auf – Spitzen mit einer gebogenen, gestumpften Kante, die vermutlich als Pfeilspitzen dienten –, die die Trennungslinie zwischen dem Magdalénien und dem darauf folgenden Azilien verwischen.

In der Kleinkunst sind wichtige Funde bekannt, so zum Beispiel die gravierten Plaketten von Ekain, Lumentxa und Urtiaga und der Vogelknochen von Torre (*Abb. 14 und 15*). Auf dieser Ulna vom Basstölpel (*Sula bassana*) sind außer einer Reihe symbolischer Zeichen ein Hirsch, ein Pferd, eine Gemse, ein Steinbock und ein Auerochse sowie eine menschenartige Figur graviert worden. Diese wundervolle Miniatur stammt aus der kleinen Höhle von Torre, die schon wegen ihrer geringen Größe unbewohnbar war und vielleicht als Jagdposten einer benachbarten Siedlung diente. Der nächste Siedlungsplatz des Magdalénien ist Aitzbitarte IV.

Die wichtigsten Fundplätze des Spät- und Endmagdalénien in Kantabrien sind Tito Bustillo, La Riera, El Castillo, El Pendo, Morin und El Rascaño in Asturien und Santander sowie Atxeta, Santimamiñe, Lumentxa, Urtiaga, Ekain, Ermitia, Erralla, Aitzbitarte, Torre, Berroberria und Isturitz im Baskenland. Zeitlich fällt diese Phase in den Abschnitt vor 13 000 bis 11 000 oder 10 500 ^{14}C-Jahren.

In Euskalerria gibt es außerdem wichtige Bilderhöhlen. Neben Ekain und Altxerri, die in diesem Buch beschrieben werden, sind dies Santimamiñe und Arenaza in der Provinz Bizkaia, Alkerdi in Navarra und das Höhlensystem von Isturitz in Baja Navarra sowie Etxeberri, Saziziloaga und Sinhikole in Zuberoa. Aus älterer Zeit, wohl aus dem Mittleren Jungpaläolithikum (Gravettien),

Abb. 14 Vogelknochen (Ulna eines Basstölpel [*Sula bassana*]) von Torre mit etwa 18 cm Länge, auf dem ein Pferd, eine Gemse, ein Hirsch und ein Auerochse sowie ein menschenähnlicher (anthropomorpher) Kopf und ein Zeichen eingraviert sind (vgl. Abb. 15).

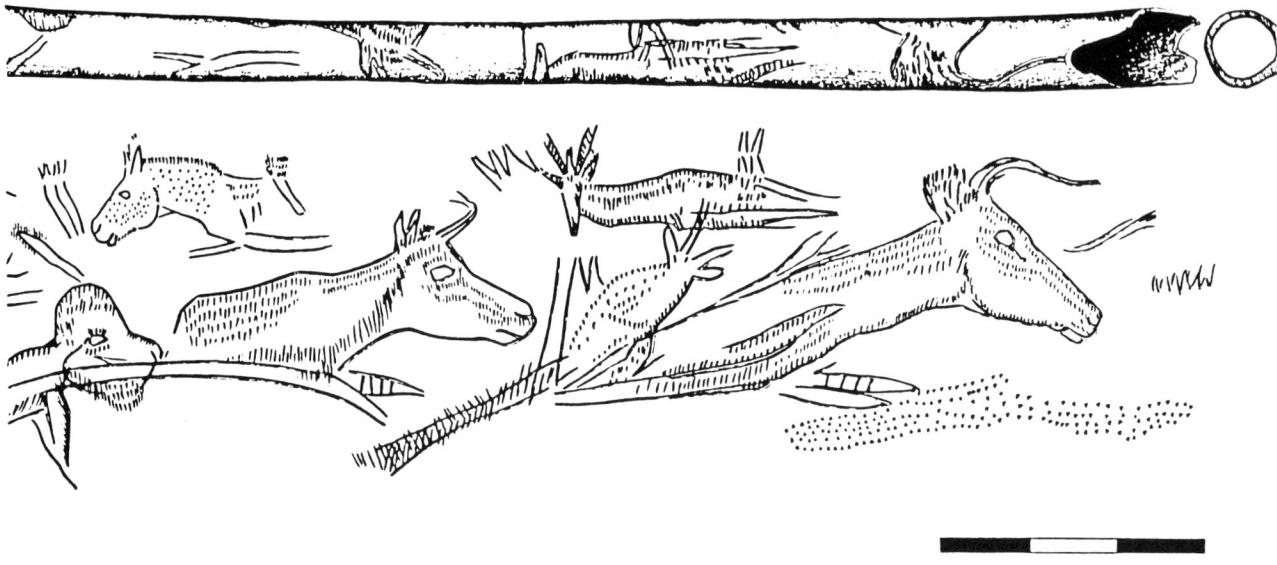

stammen die vom Tageslicht erhellten Gravierungen im Eingangsbereich der Höhle Venta Laper-ra (Bizkaia).

Auf das Magdalénien folgt ohne eine Zäsur das Azilien. Nach und nach bilden sich die nach-eiszeitlichen Klima- und Umweltverhältnisse aus. Damit endet das Eiszeitalter und mit ihm die eiszeitliche Kunst.

DIE HÖHLE EKAIN

DIE ENTDECKUNG DER HÖHLE

Bei der Entdeckung der bedeutenden Bilderhöhle von Ekain spielte die aus dem Dorf Azpeitia stammende Gruppe *Antxieta* eine herausragende Rolle. Diese Gruppe bildete sich in der Zeit der größten Unterdrückung des Baskenlandes unter der Franco-Diktatur, in der sich die einzigen erlaubten, wenn auch streng überwachten Aktivitäten auf kulturellem Gebiet entfalteten, in die sich viele baskische Patrioten flüchteten.

Juanes de Antxieta war ein bedeutender Musiker, der in Azpeitia lebte und dort 1523 starb. Er war Komponist und Kapellmeister der Katholischen Majestäten. Die 1968 gegründete und nach ihm benannte Volkstumsgruppe widmete sich vor allem der Musik und den traditionellen baskischen Instrumenten; sie vereinigte unter ihrem Dach aber auch Hobby-Archäologen, die an der vorgeschichtlichen Vergangenheit des Baskenlandes besonderes Interesse hegten. Die Zentralfigur bei diesen Bemühungen war Andoni Albizuri, der sich zusammen mit seinem Freund Rafael Rezabal aktiv darum bemühte, das Wissen auf diesem Gebiet zu erweitern.

Andoni Albizuri arbeitete als Kunsttischler in einer Möbelfabrik, einem wichtigen Erwerbszweig der Gegend um Azpeitia. Obwohl er beruflich nichts mit der Archäologie zu tun hatte, schloß er sich der *Sociedad de Ciencias Aranzadi* an. Diese Vereinigung, auf die weiter unten noch näher einzugehen ist, förderte die Erforschung der baskischen Vorgeschichte, vor allem in der Provinz Gipuzkoa. Ich erinnere mich noch lebhaft daran, wie Andoni sich uns Ende der sechziger Jahre anschloß. Er war ein ungewöhnlich wacher und unternehmungslustiger junger Mann, dessen Wissensdurst durch das Fehlen einer Universität im Baskenland keine Möglichkeit gefunden hatte, sich zu entfalten – ein Problem auch vieler anderer Jugendlicher.

Andoni und sein Freund Rafael (*Abb. 16*) konnten sich nur sonntags ihrem Interesse widmen. Daher schlug ich ihnen vor, das Karstgebirge zu durchkämmen, in dem außer den bekannten Höhlen mit ihren eindrucksvollen Sälen viele andere versteckt sein könnten, von Unkraut überwachsen, mit engen oder halbverstürzten Eingängen oder schwierigem Zugang. Wir hatten nicht die Zeit für diese Suche, und die beiden könnten wertvolle Mitarbeiter für unsere Wissenschaftler sein.

Sehr bald entdeckten sie tatsächlich neue Höhlen, aber das reichte uns nicht, wir mußten ihnen Rüstzeug an die Hand geben. Wir brachten ihnen bei, wie man Bodenprofile anlegt, um festzustellen, ob eine Höhle archäologische Funde enthielt. Wir sagten ihnen auch, die Ausgrabungen sofort einzustellen, sobald Knochenfragmente, Keramikscherben, Metall oder Steinabschläge auftauchten.

Abb. 16 Andoni Albizuri (rechts) und Rafael Rezabal, die Entdecker von Ekain, vor dem Eingang zum Höhlenheiligtum (Aufnahme 1969)

Die Einhaltung dieser Richtlinien und der Arbeitseifer der beiden müssen ausdrücklich hervorgehoben werden. In ihren Ferien nahmen sie an den Ausgrabungen teil, so auch an den Untersuchungen in der Erralla-Höhle, einem Fundplatz des Magdalénien, den Andoni und Rafael 1976 entdeckt hatten. Hier stürzte Andoni während der Ausgrabungskampagne 1978 in der Höhle ab und erlitt Verletzungen, an deren Folgen er 1983 im Alter von nur 48 Jahren starb.

Wenden wir uns nun Ekain selbst zu! Im Frühjahr 1969 durchsuchten Andoni und Rafael sowie andere Mitglieder der *Antxieta*-Gruppe das Kalksteinmassiv von Izarraitz (baskisch für Sternenfels) in der Nähe von Azpeitia. Nachdem sie im April die westliche Seite des Massivs erkundet hatten, begannen sie im Mai die nordöstliche Seite zu untersuchen.

Am 18. Mai kehrten sie durch die Goltzibarschlucht nach Zestoa zurück. Sie waren vom Gehöft Sastarrain und seiner Lage inmitten einer wasserreichen Landschaft zwischen zwei Bachläufen beeindruckt, die sie noch nicht kannten und in der sie höchst günstige Lebensbedingungen für eine prähistorische Besiedlung sahen. Am 1. Juni begaben sich die Freunde am frühen Morgen zum Gehöft und fragten die *etxekoandre* (Frau des Hauses), ob es in den gegenüberliegenden Hügeln und Talwänden Höhlen gäbe. Die *etxekoandre* bejahte die Frage und beschrieb den beiden deren ungefähre Lage. In einer dieser Höhlen am Ekainhügel suchten ihre Schafe des öfteren Unterschlupf.

Laut Andoni war es nicht leicht, die Höhlen, insbesondere jene am Ekainhügel, in dem unwegsamen Gelände zu finden. Als sie sie schließlich entdeckt hatten, betraten sie eine kleine Kammer und prägten sich die Ausrichtung des Höhleneingangs und seine Lage als Aussichtspunkt ein. Da sie kein Arbeitsgerät dabeihatten, konnten sie an diesem Tage nicht feststellen, ob die Höhle bewohnt gewesen war.

Am frühen Sonntagmorgen des 8. Juni kehrten sie mit dem erforderlichen Gerät zurück, um in der kleinen, etwa 13 m langen und 2 m breiten Kammer ein Bodenprofil anzulegen. Sie beschlossen, die Probegrabung links vom Eingang durchzuführen, und während Andoni mit dieser Arbeit begann, bemerkte Rafael ein kleines Loch rechts des Eingangs, aus dem kalte Luft strömte. »Andoni emen zulo bat zeok« (Andoni, hier ist ein Loch!), rief er. Sie sahen eine kleine Öffnung, mit Steinbrocken verstopft, die sie entfernten, bis sie groß genug war, um hindurchkriechen zu können. »Ze egingo diau« (was machen wir?), fragte Rafael. »Aurrea« (los, weiter!), antwortete Andoni. Erst krochen sie 10 m auf dem Bauch, dann weitere 10 m auf den Knien, bis sie sich aufrichten konnten. Sie stellten fest, daß der versinterte Boden standfest war, und betraten einen Gang, der sich immer mehr erweiterte. Die Sinterschicht unter ihren Füßen knisterte beim Auftreten. Dieser Gang war völlig unberührt. Niemand hatte ihn seit Menschengedenken betreten.

Sie gingen weiter und bogen nach links in den Abschnitt ein, den wir heute »Auntzei« (Ort der Steinböcke) nennen. Sie waren von der geschliffenen Glätte aller Felsvorsprünge überrascht. Tiefer in der Höhle rutschte Rafael unter einer schrägen Felswand durch, und plötzlich rief er »Andoni, ator« (Andoni, komm!). Als dieser den Aufschrei hörte, den er später als einen Ausruf größter Aufregung beschrieb, eilte er zu der Stelle, an der sein Gefährte lag, und hatte das große Bildfeld der Pferde vor sich. Sie waren so tief beeindruckt, daß sie nicht weiter suchten, sondern beschlossen, die Höhle zu verlassen.

Am gleichen Nachmittag meldeten sie den Fund D. Jose Miguel de Barandiaran, dem Altmeister der Vorgeschichtsforschung im Baskenland, der hier seit 1916 archäologische Ausgrabungen leitete. Am folgenden Tag wurde ich davon unterrichtet. Am Dienstag suchten Barandiaran und ich zusammen mit den Entdeckern die Höhle auf, und am Donnerstag verschlossen wir den damals kleinen Zugang mit einer Eisentür, ehe sich die Nachricht vom Fund verbreitete. Da die Höhle keinen Namen hatte, benannten wir sie nach dem Hügel Ekain. Drei Wochen später begannen wir mit der ersten Untersuchung der Höhle, deren Ergebnisse Ende 1969 veröffentlicht wurden. Gleichzeitig legten wir das Bodenprofil in der Vorkammer an, das Andoni und Rafael nach der Entdeckung des verschütteten Eingangs nicht ausgeführt hatten. Dabei wurden mehrere prähistorische Siedlungsschichten entdeckt, die zwischen 1969 und 1975 in sechs Kampagnen untersucht wurden. Die Ergebnisse dieser Ausgrabungen sind in einem der folgenden Kapitel beschrieben.

SCHUTZ UND SICHERUNG DES HÖHLENHEILIGTUMS

Mit der Entdeckung begannen sogleich die Probleme und Auseinandersetzungen zwischen den Behörden und dem Institut für Vorgeschichte, der *Sociedad de Ciencias Aranzadi*. Es waren die Jahre des Touristenbooms, dem bereits zu viele Schätze zum Opfer gefallen waren, wie zum Beispiel in der von Zehntausenden besuchten Höhle von Altamira. Es waren ja nicht nur die wirklich Interessierten, sondern vor allem die Urlauber an den kantabrischen Stränden, die sich an einem verregneten Tag von den allgegenwärtigen Hinweisschildern zu einem Besuch von Altamira oder einer der anderen Höhlen verlocken ließen. Die roten und blauen Beleuchtungseffekte hinter den Stalagmiten erregten bei vielen Touristen erheblich mehr Aufmerksamkeit als die Wandmalereien.

Das gleiche wollte man mit Ekain machen.

Unser Institut war absolut dagegen, aber der von der Touristik ausgeübte Druck war so mächtig, daß wir unter den gegebenen politischen Verhältnissen zu unterliegen drohten. Die Presse beschuldigte die *Sociedad*, Kulturgüter unter Verschluß halten zu wollen, und forderte uns unter Hinweis auf die Bildung der Schulkinder auf, die Höhle sofort zu öffnen. Die *Sociedad de Ciencias Aranzadi* hat seit 1947 die prähistorischen Kulturdenkmäler der Provinz Gipuzkoa erforscht und bewahrt. Trotzdem hatte sie größte Mühe, die Erhaltung eines solch ungewöhnlichen und gleichzeitig so gefährdeten Monuments zu gewährleisten. Sie tat dies mit dem Argument, daß der Zugang des Publikums zur Höhle zwar die Neugier einiger befriedigen und die Taschen anderer füllen würde, er aber gleichzeitig den unwiederbringlichen Verlust eines solch hohen Kulturgutes für zukünftige Generationen bedeutete. All dieser Argumente ungeachtet, wurde die Abteilung für archäologische Grabungen in der Provinz Gipuzkoa vom Madrider Erziehungsministerium aus der *Sociedad* ausgegliedert. Man gestattete uns allerdings noch, den Grabungsplan des Fundplatzes zu erstellen. Während dieser Ausgrabungsarbeiten mußte der Höhleneingang verschlossen bleiben, denn man konnte nicht gut die Vorkammer ausgraben, während gleichzeitig Besucher durch den

Vorraum hindurch zum Höhleneingang defilierten. Damit war ein erster Schritt zur Erhaltung getan. Die Ausgrabungen begannen 1969 und dauerten bis 1975.

Zu dieser Zeit hatte bereits ein Umdenken eingesetzt. Allen Beteiligten war das Ausmaß der durch die Besucherströme verursachten Schäden an den Wandmalereien von Lascaux und Altamira bekannt, auch wenn die Abteilung für Kulturgüter im Erziehungsministerium noch am 17. Dezember 1975 eine Gefährdung Altamiras bestritt. Angesichts des Alarms, den die Wissenschaftler schlugen, setzte das Ministerium jedoch eine Kommission ein, die den Zustand der Malereien in der »Sala Policroma«, der weltberühmten Bilderdecke von Altamira, untersuchen sowie Möglichkeiten und Maßnahmen zu ihrer Erhaltung ausarbeiten sollte. Der Übergang zu demokratischen Verhältnissen nach Francos Tod und erste Schritte in den Autonomiebestrebungen für das Baskenland erlaubten es uns, Ekain geschlossen zu halten. Die schlimmste Gefahr war gebannt.

Nachdem das Autonomiestatut verabschiedet worden war und sich eine baskische Regierung etabliert hatte, gewann die Argumentation der *Sociedad* weiter an Gewicht. Die *Sociedad de Ciencias Aranzadi* wurde mit der Verantwortung für den Fundplatz betraut. Sie konnte verhindern, daß eine elektrische Beleuchtung im Höhleninneren angebracht und andere Arbeiten durchgeführt wurden. Nur zwei Türen wurden eingebaut, eine am Eingang zur Vorkammer, die andere vor dem ersten Höhlengang. So gibt es keine Stufen, Geländer oder Sand- und Kiesschüttungen als leicht begehbare Wege für Touristen. Die Höhle befindet sich in dem Zustand, in dem sie entdeckt wurde und wie sie seit undenklichen Zeiten war.

Gegenwärtig wird die Möglichkeit geprüft, eine Kopie der Höhle zu schaffen, um dieses Kulturerbe einem breiten Publikum zugänglich zu machen, ohne das Original in seinem Bestand zu gefährden.

DIE UMGEBUNG DER HÖHLE

Die Höhle liegt am östlichen Abhang des Ekainhügels, im Gebiet von Deba, anderthalb Kilometer vom Dorfrand Zestoas entfernt, von wo man auch den bequemsten Zugang hat (*Abb. 17*). Der Ekainhügel ist die letzte Erhebung in einer Reihe von Kuppen, die sich von Agido aus nach Ostnordost hinziehen. Der Hügel wird durch die Bäche Goltzibar und Bekiosoerreka begrenzt, die sich direkt unter dem Höhleneingang zum Sastarrain vereinen, der wiederum anderthalb Kilometer weiter in die Urola fließt. Im Süden und Südwesten der Höhle, aufwärts im Tal des Goltzibar-Baches, bilden die Kalkfelsen des Izarraitz und des Agido eine steile Barriere, die trotz der Nähe des Meeres bis zu über 1000 m Höhe erreicht. Im Norden liegen die Abhänge des Guruzmendi, und dahinter erstreckt sich ebenso wie im Nordosten eine sanfter werdende Landschaft bis zu den Küstenhügeln.

In diesem Gebiet gibt es verschiedene Fundplätze des Magdalénien. Acht Kilometer entfernt befindet sich die wichtige Fundstätte von Urtiaga, die sehr leicht zugänglich ist (Näheres in dem Kapitel über diese Grabung). Ein weiterer Fundplatz aus dem Magdalénien ist Ermittia, etwa 9 km

von Ekain entfernt. Außerdem kennen wir aus dieser Zeit noch die Fundplätze Aitzbeltz und Agarre in ungefähr 7 beziehungsweise 10 km Entfernung. Um sie zu erreichen, muß man allerdings erhebliche Hindernisse überwinden. Der Fundplatz Erralla liegt in östlicher Richtung, jenseits des Urola-Flusses in den gegenüberliegenden Bergen. Von Ekain aus sind das 10 Kilometer.

Die Landschaft in der unmittelbaren Umgebung der Höhle wird heute durch einheimischen Baumbestand mit Eiche, Kastanie, Ahorn, Haselsträuchern, Hartriegel und Efeu geprägt. In den Höhenlagen wächst eine Anpflanzung von Monterrey-Kiefern aus neuerer Zeit.

Abb.17 Die Umgebung von Ekain (X = Lage der Höhle)

BESCHREIBUNG DER HÖHLE

Die Höhle liegt in Kalkformationen der Kreidezeit (Urgonien) und wurde durch Erosion ausgewaschen. Ihr nach Osten gerichteter Eingang (*Abb. 18*) befindet sich 90 m über dem (heutigen) Meeresspiegel und 20 m über der Talsohle, in welcher der Goltzibar- und der Beliosoerreka-Bach zusammenfließen und den Sastarrain-Bach bilden. Der Eingang zur Höhle war zum Zeitpunkt der Entdeckung wie ein flacher Bogen von 1,20 m Höhe und 2,30 m Breite geformt. Von hier zweigten zwei Gänge ab. Der linke Gang ist 12 m lang, 1,50 m breit und hatte einen ebenen Boden; dies war der einzig bekannte Teil der Höhle. In seinem Eingangsbereich wurden die archäologischen Grabungen durchgeführt.

Der andere Gang führte nach rechts, war wie ein kurzer Trichter geformt und an seinem Ende mit großen Steinblöcken verfüllt, die die Entdecker beiseitegeräumt hatten. Dahinter folgte eine abfallende Rampe, die sich nach 2 m erweiterte, die man aber nur auf dem Bauch kriechend hinter sich bringen konnte, so eng war der Raum zwischen Sediment und Decke (*Abb. 19*). Heute hat man nach den Grabungen einen bequemeren Zugang.

Abb. 18 Der Ekain-Hügel (X = Eingang)

Der Eingang der Höhle war auch für die Maler des Magdalénien eng. Noch früher, vor dem Magdalénien, war die Höhle ein Bärenhorst. In dieser Zeit war der Eingang geräumig genug, um vom Höhlenbären passiert werden zu können. Die Knochen von während des Winterschlafes gestorbenen Höhlenbären, die im Inneren der Höhle etwa 0,20 m tief unterhalb einer sterilen Schicht ohne alle Anzeichen menschlichen Aufenthalts liegen, finden sich im Eingangsbereich erst in einer Tiefe von etwa 2,80 m. Anschließend wurde hier viel Sediment abgelagert, und so lagen die Funde des Magdalénien zur Zeit ihrer Entdeckung dicht unter der Oberfläche.

Hinter der engen Eingangspartie hebt sich die Deckenwölbung, aber der Boden bleibt eben. An dieser Stelle konnten sich auch unsere Vorfahren aufrichten und den Rest der Höhle zu Fuß erkunden. Es folgt ein gerader, nach Westnordwest gerichteter Gang, der, mit Stalagmiten übersät, leicht ansteigt und gut zu begehen ist (*Abb. 19*). Während unserer ersten Arbeiten tauften wir ihn *Erdibide* (Eb), was Hauptkorridor bedeutet. Sechs Meter weiter öffnet sich rechts dicht über dem Boden ein schmaler kleiner Gang mit der ersten Figur, bestehend aus einem einfachen Strich in schwarzer Farbe.

Nach weiteren 10 m erweitert sich die Galerie. Hier gibt es zwei Abzweigungen nach rechts, die zu weiteren Sälen und Gängen führen. Der Boden ist hier mit Lehm bedeckt und feucht. Der schmale kleine Gang mit dem ersten schwarzen Strich mündet in einen dieser Säle. Darstellungen wurden hier nicht entdeckt. Oben auf dem mehr als fünf Meter hohen Felspfeiler in der Mitte dieser Säle liegt jedoch ein Steinwerkzeug: eine Feuersteinklinge (*Abb. 20 und 21*). Zu diesem Platz kommt man nur nach mühsamem Klettern. Hier oben hat sich jedoch – im Zusammenhang mit den in der Höhle durchgeführten Riten? – ein Mensch aufgehalten.

Im Hauptraum stößt man tiefer in der Höhle auf eine Abzweigung nach links, die zu den ersten Figuren führt. An der Gabelung zu diesem Seitengang befindet sich der größte gemalte Pferdekopf der Höhle. Dies wirkt wie ein Signal, daß Ekain vor allem eine »Höhle der Pferde« ist.

Der nach links führende, blind endende Gang wurde von uns *Auntzei* (A), Ort der Steinböcke, getauft. Der Gang ist rund 15 m lang und etwas mehr als 2 m breit. Der Boden ist wegen der vielen Sinterbecken uneben. Am Ende des Gangs befindet sich eine große Mulde, in der Höhlenbären überwintert haben. Alle Felsvorsprünge dort sind vom ständigen Kommen und Gehen der Tiere glattpoliert worden (*Abb. 22 und 23*). In diesem Gang sind zwei Hirsche, vier Steinböcke und ein Lachs dargestellt.

Begibt man sich in den Hauptraum zurück, so gelangt man in den großen Saal der Höhle, den wir *Erdialde* (Ed), Hauptraum, nennen. Hier fällt ein Steinblock ins Auge, dessen natürlicher Umriß einem großen Pferdekopf gleicht. Von ihm wird bei der Beschreibung der einzelnen Figuren noch die Rede sein. Von diesem Saal zweigt ein Gang nach Süden ab, in dem es nur drei einzelne Abbildungen gibt, obwohl hier glatte Wandflächen auf mehr als 20 m Länge vorhanden sind. Lediglich eine dieser Abbildungen ist figürlich und stellt ein Pferd dar. Die anderen bestehen aus Linien. Am Fuße dieser Felswand befinden sich Schlafkuhlen von Höhlenbären im Lehm auf dem Höhlenboden.

Gegenüber dieser Wand zweigt die Galerie *Zaldei* (Z), der Ort der Pferde, ab. Der Höhlenboden ist versintert und wegen der vielen Sinterbecken uneben (*Abb. 24*). In dieser Galerie finden sich die beiden Bildfelder mit den meisten und spektakulärsten Tierdarstellungen. Den Auftakt bilden zwei Wisente, die sich an den beiden Seitenwänden gegenüberstehen. Der überwiegende

Abb. 19 Der Plan der Höhle und die Anordnung der Bilder

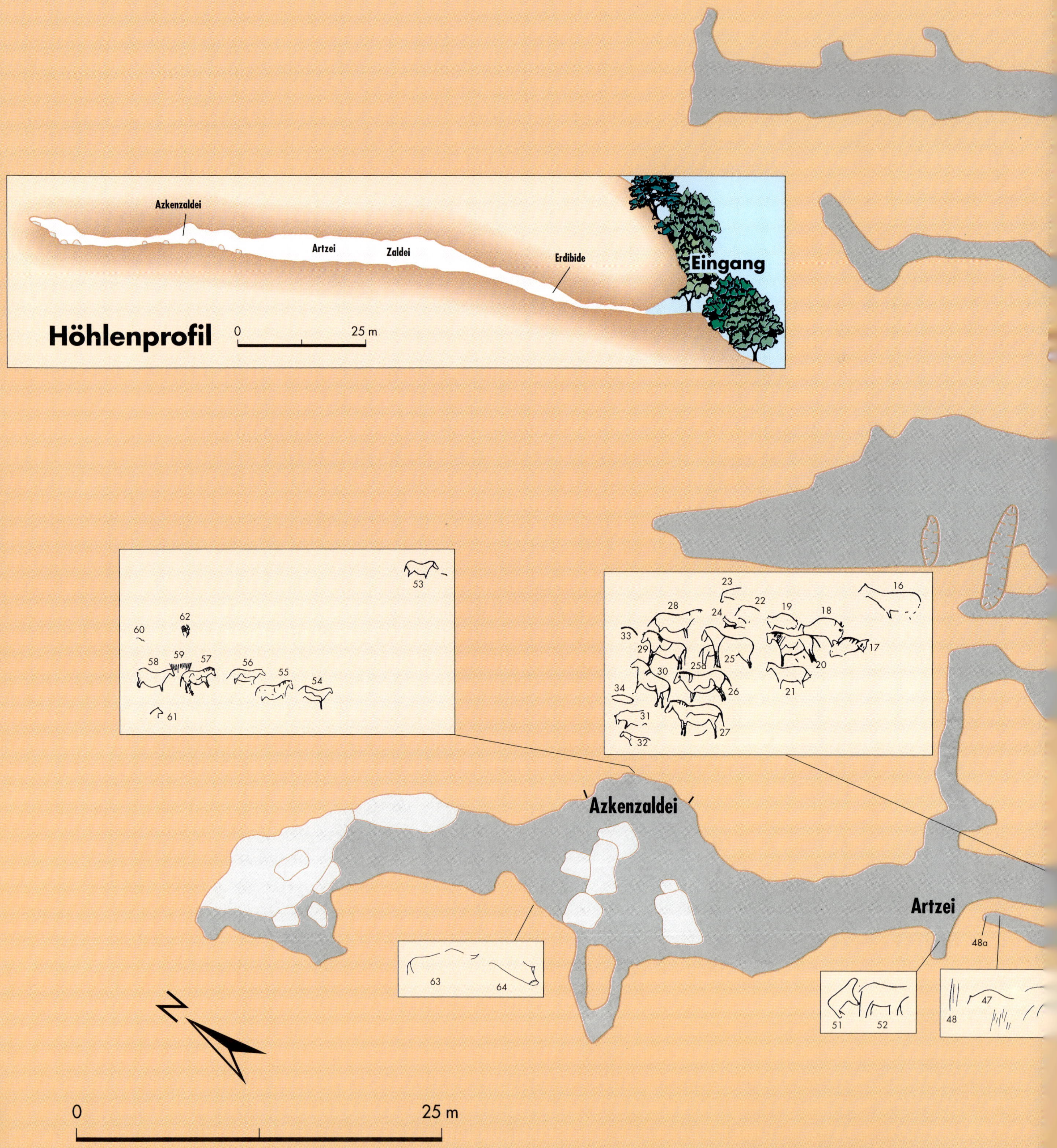

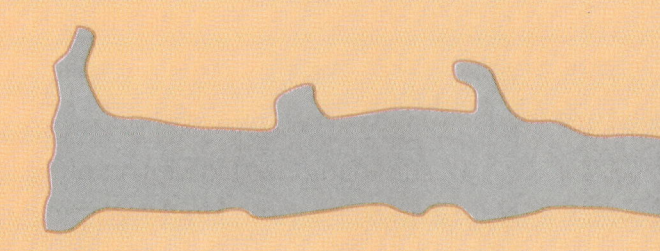

Höhlenprofil

Azkenzaldei

Artzei   Zaldei

Erdibide

Eingang

0 ⊢——————⊣ 25 m

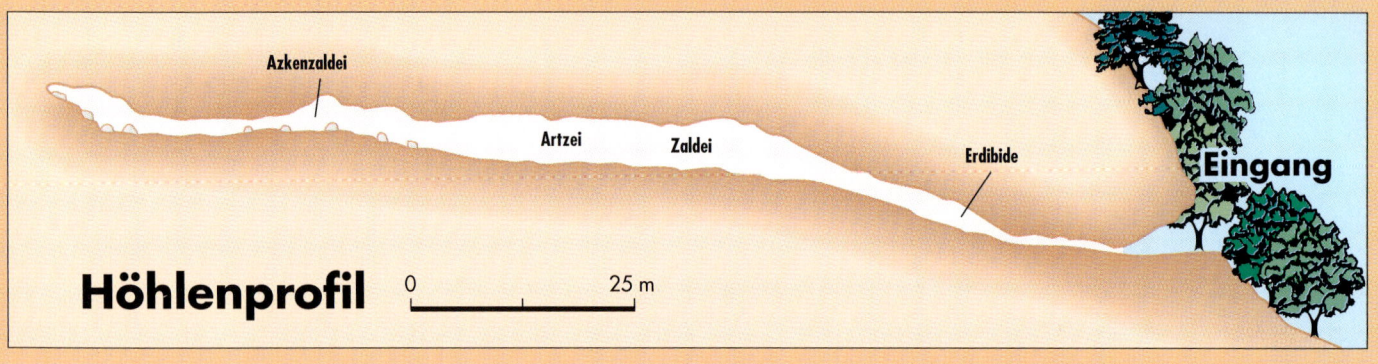

Azkenzaldei

Artzei

0 ⊢————————————————⊣ 25 m

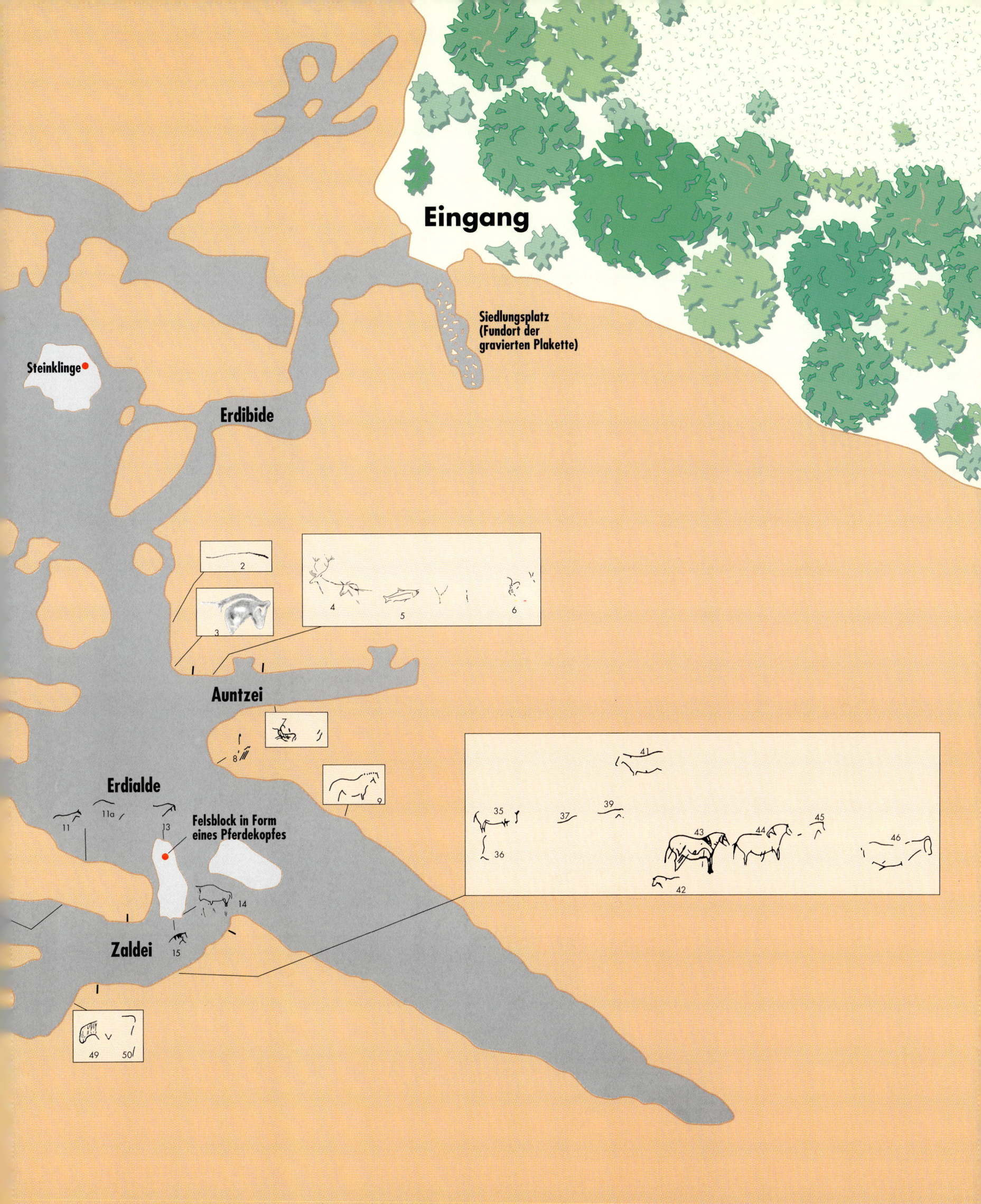

Eingang

Siedlungsplatz
(Fundort der
gravierten Plakette)

Steinklinge

Erdibide

Auntzei

Erdialde

Felsblock in Form
eines Pferdekopfes

Zaldei

Teil der Darstellungen besteht jedoch aus Pferden. Dem großen Bildfeld der Pferde gegenüber öffnet sich ein kurzer, blinder Gang mit sehr schönen Stalagmitenbildungen und einigen weiteren Darstellungen. Am Ende dieses kleinen Gangs befindet sich eine Lehm-Linse, in die der damalige Mensch eine Reihe von kleinen Löcher eingedrückt hat.

Wenn wir die Galerie *Zaldei* weiter entlanggehen, gelangen wir 6 m nach dem großen Bildfeld der Pferde an eine Plattform, die wir *Artzei* (Ar), den Ort der Bären, genannt haben. Hier sind unter einer niedrigen Höhlendecke auf einer körnigen Sinterschicht zwei Braunbären dargestellt.

Jetzt wird die Höhle zerklüfteter. Der Boden besteht aus Fels und führt leicht aufwärts bis zum letzten Saal, den wir *Azkenzaldei* (Az), den letzten Ort der Pferde, nannten. Hier ist der Boden wieder mit Lehm bedeckt, in dem sich Bärenkuhlen erhalten haben. In einer dieser Bärenkuhlen wurden auch Höhlenbärenknochen gefunden. Außerdem haben hier Füchse und andere kleine Räuber die auf dem Bauernhof erbeuteten Eier verzehrt (*Abb. 27*).

Wenn wir in diesem Gang weitergehen, kommen wir zu einer Wand mit zwei breiten Ritzzeichnungen. Diese letzten Bilder sind schwierig zu interpretieren, wie die nachfolgende Beschreibung zeigen wird. Der Gang führt in starker Steigung weiter, bis er schließlich an seinem Ende unbegehbar wird.

An Regentagen tritt in der Höhle starkes und schnellfließendes Sickerwasser auf, das die Sinterbecken füllt und auf dem Sinterboden zum Gang *Erdibide* (Eb), von dort aus in Richtung der blinden Korridore nahe dem Eingang entlangläuft. In den regenarmen Sommermonaten findet sich auch in den Sinterbecken kein Wasser, und die Höhle ist relativ trocken.

Die Höhle hat ihren ursprünglichen Zauber bewahrt und befindet sich jetzt in dem Zustand, wie wir ihn beschrieben haben. Die Stalagmitenbildung (*Abb. 25 und 29*) zeigt, daß die Höhle seit sehr langer Zeit nicht mehr vom Menschen betreten wurde. In diesem Zustand soll sie auch erhalten bleiben.

Abb. 20 Die Feuersteinklinge, die auf dem Felspfeiler (Abb. 21) entdeckt wurde.

Abb. 21 Der Felspfeiler auf dem die Feuersteinklinge (Abb. 20) entdeckt wurde

Abb.22 Der Gang *Auntzei*
(A), dessen Wände durch die
Passage von Höhlenbären
poliert sind (»Bärenschliff«)

Abb.23 Schlafkuhlen von
Höhlenbären im Gang
Auntzei (A)

44

Abb. 24 Der versinterte
Boden und die Sinterbecken
in der Galerie *Zaldei* (Z).
Rechts oben ist der Wisent
14 sichtbar (vgl. Abb. 46), an
der linken Wand erkennt
man die Pferde 43 und 44
(vgl. Abb. 74).

Abb. 25 Sinterbildungen im
Höhlenteil *Artzei* (Ar), bei der
Nische der Bären

45

Abb.26 Der Höhlenteil zwischen *Artzei* (Ar) und *Azkenzaldei* (Az)

Abb.27 Eierschalen auf dem Höhlenboden im Höhlenteil *Azkenzaldei* (Az). Sie stammen, wie an anderen Stellen der Höhle auch, von kleinen Raubtieren (vermutlich Marder, Wildkatze und Fuchs), die von Zeit zu Zeit über einen engen zweiten Zugang die Höhle aufsuchen.

Abb.28 Eine Fledermaus, Kleine Hufeisennase (*Rhinolophus hipposideros*), an der Höhlenwand.

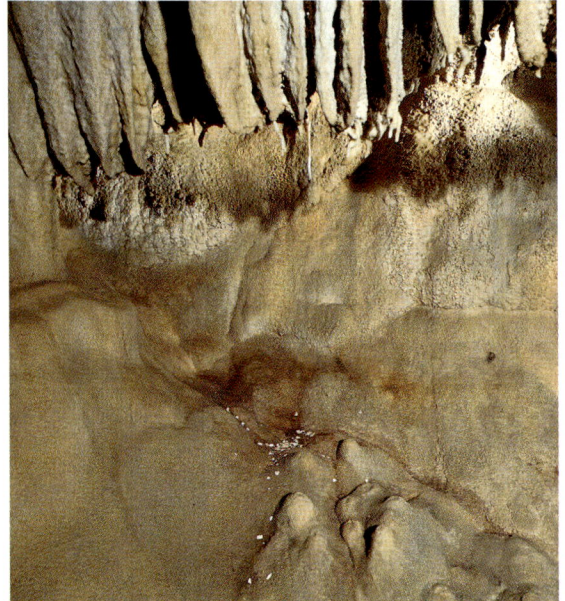

46

Abb.29 Sinterbildungen in der Galerie *Zaldei* (Z) gegenüber dem Großen Pferdepanneau

Abb.30 Der Pferdekopf 3 am Abzweig des Ganges *Auntzei* (A)

Abb.31 Pferdekopf 3, nach rechts unten geneigt

Abb.32 Przewalski-Pferd (*Equus ferus przewalski*) im Münchener Zoo. Die dunkle Kopf-Hals-Partie und der dunkle Streifen an der Schulter sind sichtbar, ferner die schwarze Stehmähne, die schwarzen Beine und der schwarze Schweif sowie das durch die hellere Bauchpartie gebildete »M-Zeichen« und die helle Schnauzenpartie.

48

Die Darstellungen von Ekain

Die ersten Bilder

1* *Schwarzer Strich* Diese 6 cm lange Linie befindet sich im vordersten Teil eines kleinen, flachen Seitengangs, der rechts dicht über dem Boden von der Galerie *Erdibide* (Eb) abzweigt (*Abb. 33*). Der nur 30 cm hohe und 90 cm breite Gang führt zu einem größeren Höhlenraum, in dem sich jedoch keine Darstellungen befinden.

2 *Schwarze Bogenlinie* 15 m von dem ersten Strich entfernt und bereits im Eingangsbereich zum Saal *Erdialde* (Ed) befindet sich an der linken Wand, 1,40 m über dem Boden, eine 50 cm lange, leicht S-förmig geschwungene schwarze Linie. Diese Linie ist intensiver schwarz als der erste Strich. In der Umgebung gibt es keine weiteren Linien. Es scheint sich bei dieser Bogenlinie also nicht etwa um die Rückenlinie eines Tieres, sondern um ein Zeichen zu handeln. Solche gebogenen Linien gibt es in Ekain mehrfach, und manchmal könnten sie die Rückenlinie eines Wisents darstellen.

3 *Kopfpartie eines Pferdes (Abb. 30/31)* Drei Meter von der gebogenen Linie entfernt und 1,10 m über dem Boden befindet sich unter einem Felsvorsprung am Eingang zur Galerie *Auntzei* ein großer, nach rechts gerichteter Pferdekopf, der flächig schwarz gemalt ist. Heute scheint die Farbe etwas verlaufen. Die Kontur des Kopfes ist nur im Kehlbereich dunkler gezeichnet und betont. In der Augen- und Schläfenpartie sowie am Ansatz der Mähne befinden sich hellere Zonen. Die Ohren sind angedeutet, das Auge als ein dunklerer Strich gezeichnet. Die Mähne ist durch eine hellere Zone vom Hals getrennt. Am unteren Ende der Mähne, im Schulterbereich, sind zwei nach unten führende, zipfelartige Streifen gezeichnet.

Der versteckte schwarze Strich (1) ist die erste Darstellung der Höhle. Diese unscheinbare, an verborgener Stelle gezeichnete Linie scheint jedoch wichtig; sie wirkt wie ein Hinweis auf das tiefer in der Höhle folgende Heiligtum. Die nach einer längeren Strecke folgende schwarze Bogenlinie (2) könnte dieses Signal wiederholen; jetzt deutlicher und an besser sichtbarer Stelle. Ähnliche Bogenlinien gibt es auch in anderen Teilen der Höhle. Manchmal scheint es sich dabei um die Rückenlinie eines Tieres, vielleicht eines Wisents, zu handeln. Diese Linie ist jedoch länger als die anderen.

Der große schwarze Pferdekopf (3) liegt an einem strategischen Punkt der Höhle, am Eingang zum Saal *Erdialde* (Ed), in Sichtweite des wie ein Pferdekopf geformten großen Steinblockes in diesem Saal (siehe unten) und diesem schräg gegenüber. So scheint dieser größte Pferdekopf der Höhle darauf hinzuweisen, daß in diesem Heiligtum das Pferd eine ganz besondere Rolle spielte. Die Hervorhebung der Kopf-Hals-Partie durch die schwarze Farbe, die sich ebenfalls bei anderen Pferdedarstellungen von Ekain findet (zum Beispiel die Pferde 32 und 43), deutet auf die dunklere Färbung von Kopf und Hals wie bei vielen asiatischen Pferden hin, die offensichtlich auch bei

Abb. 33 Die Eingangspartie *Erdibide* (Eb) und der nach rechts abzweigende kleine Gang mit dem schwarzen Strich, der ersten Darstellung der Höhle

* Die Numerierung der Darstellungen weist mitunter Lücken auf. Dies hängt damit zusammen, daß wir die Numerierung der ersten Arbeit von José Miguel de Barandiaran beibehalten haben. Später zeigte sich jedoch, daß einige Figuren, besonders einfache Zeichen, in dieser Form nicht existierten und deshalb die entsprechende Nummer frei wurde. Wenn dagegen eine Nummer mit einem »a« versehen ist, so handelt es sich um eine neu entdeckte, in der ersten Arbeit noch nicht erkannte Figur.

paläolithischen Pferden häufig war. Die Streifen im Schulterbereich finden wir bei vielen Pferden von Ekain. Eine derartige Fellzeichnung kommt auch beim heutigen Przewalski-Pferd vor (*Abb. 32*). Die optische Trennung der schwarzen Stehmähne vom helleren Hals, die bei dem großen Pferdekopf als eine helle Zone angegeben ist, findet sich beim Przewalski-Pferd gleichermaßen wieder.

Die Darstellungen des Seitengangs *Auntzei*

Unmittelbar hinter dem großen Pferdekopf (3) zweigt die etwa 35 m lange Galerie *Auntzei* ab, auf deren linker (Nr. 4-6) und rechter (Nr. 7) Wand sich kleine, schwer sichtbare Gravierungen und Malereien befinden.

4 Hirsch und Hirschkuh (Abb. 34) Gravierung an der linken Wand des Seitengangs etwa 1,5 m von dem Pferdekopf entfernt. Die nach links orientierten Tiere befinden sich 1,10 m über dem Boden.

Fein gravierte Linien stellten einen Hirsch (0,50 cm lang), gefolgt von einer Hirschkuh, dar. Der Hirsch ist mit Kopf und Geweih, Hals, der kompletten Rückenlinie und dem oberen Teil der Rückfront dargestellt. Eine Linienunterbrechung an der Kruppe könnte den Wedel wiedergeben. Das Geweih ist in »verdrehter Perspektive« graviert und von vorn gesehen. Dagegen sind die Augsprossen und der Körper des Tieres von der Seite gesehen. Der Künstler hat auch das Ohr, die Nasenöffnung und das Auge gezeichnet. Die Maulpartie ist durch eine Doppellinie betont. An der unteren Halslinie ist das Fell durch kurze Schraffen angedeutet. Die Beine und die Bauchlinie fehlen.

Die Hirschkuh ist in einer anderen Technik dargestellt. Anstelle einer einfachen Linie wie beim Geweih des Hirsches wurde sie mit einem Linienbündel aus kurzen, feineren parallelen Linien gezeichnet. Es wurden nur der Kopf mit beiden in typischer Weise angeordneten Ohren und der Hals bis zum Rücken beziehungsweise bis zur Brust wiedergegeben.

5 Lachs (Abb. 35) Zwei Meter von der Hirschgruppe und 1,05 m über dem Boden ist ein 55 cm langer Lachs gemalt, der zum Ende des Seitengangs hin orientiert ist. Es handelt sich um eine mit schwarzer Farbe gemalte vollständige Silhouette mit Maul, Kiemen, den Flossen und der Seitenlinie. Für das Auge wurde eines der zahlreichen Löcher in der Felswand benutzt. Der vordere Teil der Rückenlinie folgt einem Grat in der Wand. Die Rückenflossen und die beiden Bauchflossen sind kaum noch sichtbar.

5a Schwarze Striche (Steinbock ?) 1,30 m vom Kopf des Lachses entfernt und 1,50 m über dem Boden gibt es einige schwarze Striche. Die kaum noch sichtbaren Linien bilden ein »Y« und könnten einen Steinbock in Frontalansicht wiedergeben. Die Art der Zeichnung ähnelt den folgenden Bildern, bei denen es sich gleichfalls um von vorne gesehene Steinböcke handelt (siehe unten, Nr. 6).

50

Abb.34 Hirsch 4

Abb.35 Lachs 5

51

Abb. 36 Steinbock 7

Abb. 37 Steinbock 6

6 Steinböcke und Striche (Abb. 37)   Weiter rechts befindet sich ein kurzer vertikaler, leicht gebogener Strich (13 cm lang). 0,40 m rechts davon ist ebenfalls mit schwarzer Farbe ein kleiner Steinbock (6) gezeichnet. Das Tier ist leicht schräg von vorne wiedergegeben und besteht aus dem Kopf mit beiden Hörnern, dem Hals und dem Beginn der Rückenlinie. Die Hörner sind »palmettenförmig« angeordnet, wie es einem Steinbock in Frontal- und Halbfrontalansicht entspricht. Ein Strich an der Basis des rechten Hornes könnte das Ohr darstellen. Die Punkte in der fast vergangenen Kopfpartie könnten wie bei dem Steinbock 7 (siehe unten) Auge und Nase wiedergeben. 15 cm weiter rechts und etwas höher befindet sich eine weitere, fast vergangene Steinbockzeichnung (6), ebenfalls in Frontalansicht. Erkennbar sind die wie bei dem vorigen Tier angeordneten Hörner.

7 Steinbock und Striche (Abb. 36)   An der gegenüberliegenden Wand des Gangs, in Höhe der schwarzen Linien (Steinbock ?; 5a), befindet sich 1,05 m über dem Boden ein 20 cm langer Steinbock. Das Tier ist flächig schwarz gemalt und fallend dargestellt. Das rechte Vorderbein ist ausgestreckt, das linke unter dem Körper eingeknickt. Der Kopf des Tieres ist nach links zurückgewandt. Oberhalb des Rückens befindet sich ein schwarz gemaltes Zeichen. 30 cm weiter rechts sind ein kurzer Strich und eine längere Bogenlinie wiedergegeben.

52

Die Darstellungen der Galerie *Auntzei* unterscheiden sich in Motiv und Darstellungstechnik von den anderen Bildern der Höhle: So sind hier vier der insgesamt fünf Steinböcke und zwei der insgesamt drei Hirsche von Ekain, aber kein einziges Pferd dargestellt. Hirsch und Hirschkuh (Nr. 4) dieser Galerie sind die einzigen Tierbilder der Höhle, die ausschließlich mit feinen Linien graviert, nicht gemalt sind. Die Steinböcke, Hirsche und der Fisch dieser Galerie erzählen vielleicht eine Nebengeschichte. Es ist auch nicht auszuschließen, daß sie später als die übrigen Bilder angebracht wurden und eine andere Begebenheit schildern.

Die »verdrehte Perspektive« beim Geweih des Hirsches ist unter anderem dadurch bedingt, daß beide Geweihstangen mit ihren Sprossen sich in der Seitenansicht unentwirrbar überdecken würden (*Abb. 38*). Dagegen sind die Augsprossen auch von der Seite her gut sichtbar und brauchten nicht durch eine Frontalansicht hervorgehoben zu werden. Eine leicht schräge Kopfhaltung des Hirsches führt zu einer ähnlichen Ansicht wie bei der gravierten Darstellung. Diesen Bildern ist ebenfalls eine hervorragende Beobachtung und Kenntnis der Tiere zu entnehmen. So geben die Striche im Maulbereich der Hirschkuh ein Tier mit halbgeöffnetem Maul wieder.

Die Steinböcke sind vor allem durch ihre Hörner charakterisiert, die bei allen Tieren in der Frontalansicht wiedergegeben sind (vgl. Abb. 39). Das durch Hörner und Kopf auf diese Weise entstandene »Y« läßt nicht nur die beiden kleinen Tiere 6b und 6c am Ende der Darstellungen der linken Höhlenwand, sondern auch das kaum noch sichtbare »Y« 5a davor als Steinbock bestimmen. Der stürzend dargestellte Steinbock (*Abb. 37*) an der anderen Höhlenwand hat auch den Kopf zur Seite, zum Betrachter hin, gewendet, so daß die großen Hörner von vorn zu sehen sind.

Bei dem Fisch an der linken Wand (5), für dessen vordere Rückenlinie und Auge das natürliche Relief der Felswand einbezogen wurde, handelt es sich um einen Salmoniden, wohl um einen Lachs (*Abb. 40*) und nicht um eine Forelle. Hierfür spricht die deutliche Seitenlinie. Außerdem sind die Flossen beim Lachs im Verhältnis kleiner als bei der Forelle und entsprechen so der Zeichnung.

Abb. 40 Lachs (*Salmo salar*)

Abb. 38 Rothirsch (*Cervus elaphus*)

Abb. 39 Steinbock (*Capra ibex*)

Weitere Bilder an der linken Höhlenwand

Verläßt man die Galerie *Auntzei* und kehrt in den Hauptraum zurück, so stößt man auf der linken Höhlenwand auf einige Darstellungen.

Abb.41 Schwarze Linien 8

8 *Schwarze Farbspuren (Abb. 41)* Fünf Meter links der Galerie *Auntzei* und 1,10 m über dem Boden befindet sich eine Serie schwarzer Linien. Die längste, etwas gebogene Linie ist vertikal angeordnet. Drei weitere Linien verlaufen parallel und leicht schräg. Am oberen Ende dieses Dreierbündels sind zwei weitere, kürzere Linien zu sehen.

9 *Pferd (Abb. 42)* An der gleichen Wand, jedoch 7 m weiter rechts, ist 1,50 m über dem Boden ein Pferd dargestellt. In dieser Höhlenpartie gibt es zahlreiche Schlafkuhlen des Höhlenbären. Das Pferd ist als schwarze, unvollständige Silhouette gemalt (L 58 cm). Es fehlen die Schnauzenpartie, der untere Teil der Beine sowie die Rückfront. Die Mähne ist mit kurzen vertikalen Strichen wiedergegeben. Die Ganaschenkontur zwischen Kopf und Hals ist angegeben; andere Innenzeichnungen, auch das Auge, fehlen.

Abb.42 Pferd 9

10 *Schwarze Bogenlinie*   12 m weiter rechts befindet sich an der gleichen Wand, 1,05 m über dem Boden, eine gut erhaltene, vertikal angeordnete schwarze Bogenlinie. Das unterste Ende der Linie liegt unterhalb einer abgeplatzten Partie der Felsoberfläche.

Die wenigen Darstellungen an dieser Höhlenwand bestehen aus einer Gruppe von Strichen (8), einem summarisch gemalten Pferd (9) und einer Bogenlinie (10). Diese Striche (8), darunter drei schräge parallele Linien, gehören zur Gruppe der symbolischen Zeichen, deren Interpretation uns unmöglich bleiben wird.

Dagegen scheint die vertikale Bogenlinie (10) am Ende dieser Wand ein Symbol für den Abschluß der Geschichte zu sein – ähnlich wie die ersten beiden Linien (1 und 2) am Anfang der Höhle deren Beginn signalisierten. Die Höhlendecke ist in diesem Teil bereits recht niedrig und liegt einige Meter weiter so tief, daß die Höhle von nun an unpassierbar wird.

Der Steinblock in Form eines Pferdekopfes und die Bilder des Saales *Erdialde*

Der große Saal *Erdialde* (Ed) hat eine zentrale Bedeutung in diesem Höhlenheiligtum. In seiner Mitte steht eine grazile Stalagmitensäule. Dahinter befindet sich ein Felsblock, dessen Umriß völlig der Silhouette eines Pferdekopfes entspricht (*Abb. 43*). Ein Vorsprung gibt das Ohr, Löcher in der Felsoberfläche geben Maul, Nase und Auge wieder. Es ist schwer vorstellbar, daß den Künstlern, die in dieser Höhle unterschiedliche Felsgrate, Vorsprünge und natürliche Vertiefungen mit in die Darstellungen einbezogen haben (vgl. zum Beispiel Nr. 5, 14, 46), dies nicht aufgefallen wäre. An dem Felsblock gibt es keinerlei sichere Spuren menschlicher Bearbeitung. Seine Ähnlichkeit mit einem Pferdekopf ist jedoch so offensichtlich, daß diese Höhle und dieser Höhlenraum wahrscheinlich deshalb für das Höhlenheiligtum ausgewählt wurden.

An der Wand hinter diesem Felsblock sowie unten auf dem Block selbst sind jeweils zwei gemalte Darstellungen von Pferd und Wisent angebracht.

11 *Pferd*   An der Westwand des Saales *Erdialde*, 1,30 m über dem Boden, befindet sich eine kleine unvollständige, nach rechts gerichtete Pferdefigur (L 25 cm). Als schwarze Umrißzeichnung sind Kopf und Rückenlinie bis zur Kruppe sowie die Halslinie wiedergegeben. Das Ohr ist als ein vertikaler Strich gezeichnet. Schnauze, Beine und Bauch sowie alle Innenzeichnungen, auch das Auge, fehlen.

11a *Wisent (?)*   1,30 m rechts des Pferdes und 1,10 m über dem Boden gibt es zwei schwarze Linien, die möglicherweise einen Wisent wiedergeben. Die längere, gebogene Linie könnte die Rückenlinie sein, die kürzere, schräg nach unten führende Linie könnte die Rückfront des Tieres darstellen. Weitere Körperteile fehlen. 16 cm weiter rechts befindet sich ein kurzer schwarzer Strich.

Abb.43 Der Steinblock in Form eines Pferdekopfes im Saal *Erdialde.* Darunter erkennt man die Kopf-Hals-Partie des Pferdes 13 (vgl. Abb. 45)

12 Wisent (Abb. 44) An der linken Seite des Blockes, der wie ein Pferdekopf geformt ist, ist in einer Mulde der Felsoberfläche, 1 m über dem Boden, ein nach rechts gerichteter Wisent gezeichnet, dessen Körper die Wandvertiefung ausfüllt. Es ist eine mit schwarzer Farbe gemalte, annähernd vollständige Umrißzeichnung mit beiden Hörnern, Kopf und Bart, Buckel, Rücken, Rückfront, Schwanz und einem Hinterbein sowie Bauchlinie und männlichem Geschlechtsteil. Das Vorderbein ist nur im Ansatz angedeutet. Über dem Buckel ist eine 10 cm lange Bogenlinie angebracht, wie sie sich in Ekain mehrfach findet.

13 Kopfpartie und Rückenlinie eines Pferdes (Abb. 45) Auf der rechten Seite des gleichen Felsblocks, 0,85 m über dem Boden, befindet sich eine schwarze Umrißzeichnung eines Pferdes mit Kopf (ohne Schnauze), Rücken- und Halslinie (L 21 cm). Das Ohr ist angedeutet. Zwischen Kopf und Hals ist eine Trennlinie gezeichnet, bei der es sich um die schematische Darstellung der Ganaschenkontur handelt.

56

Die rechte Wand der Galerie *Zaldei* mit dem großen Bildfeld der Pferde

Abb. 44 Wisent 12

Abb. 45 Kopfpartie und Rückenlinie des Pferdes 13

An dem Felsblock in Form eines Pferdekopfes setzt sich der Saal *Erdialde* mit einem breiteren Gang fort. Der Eingang zu dieser Galerie *Zaldei* wird zu beiden Seiten von einer Wisentdarstellung flankiert (14 und 35), deren Rückenlinie jeweils durch das natürliche Relief der Felswand gebildet wird. Nach dem Felsblock in Form eines Pferdekopfes dürfte auch dieses Felsrelief zur Auswahl und Gestaltung des Höhlenheiligtums geführt haben.

An der rechten Wand der Galerie *Zaldei* befinden sich folgende Darstellungen:

14 *Wisent mit natürlicher Rückenlinie und Striche (Abb. 46)* Auf dem Felsblock in Form eines Pferdekopfes, nun jedoch im Eingangsbereich zur Galerie *Zaldei* (Z), ist ein nach links, zum Eingang der Galerie hin gerichteter Wisent wiedergegeben (L 65 cm). Bei einer Beleuchtung von unten ist gut zu sehen, daß die Oberkante des Felsblocks die komplette Rückenlinie und den Schwanz des Wisents bildet. Der Künstler hat sich darauf beschränkt, die Figur zu vervollständigen. Mit schwarzer Farbe sind die Hörner sowie der Umriß von Kopf mit Bart, von Brust, Beinen und Bauch gezeichnet. Es sind nur ein Vorderbein (und nur im oberen Teil), aber beide Hinterbeine wiedergegeben. Der durch eine Rille im Fels gebildete Schwanz ist zusätzlich als Verlängerung der (natürlichen) Rückenlinie gezeichnet. Die Zeichnung der Kopfpartie ist fast vergangen; ein Farbpunkt vor der Stirn könnte das Haarbüschel zwischen den Hörnern darstellen, und die Linie, die das Horn nach unten verlängert, könnte der untere Ansatz des linken Hornes sein.

Abb. 46 Wisent mit
natürlicher Rückenlinie 14

Zwischen dem hinteren Teil des Bauchs und den Hinterbeinen verläuft eine leicht gebogene Linie, wie sie sich ähnlich (allerdings gerade) auch beim Pferd Nr. 43 findet. Außerdem gibt es unterhalb der Tierdarstellung weitere schwarze Linien und Punkte: drei kurze Linien unter den Hinterbeinen, eine gerade Doppellinie schräg unter dem Vorderbein, die sich nach unten zu in zwei kurzen Strichen fortsetzt, zwei kurze Striche vor dem Vorderbein sowie ein Linienbündel und ein Farbpunkt unterhalb der Halspartie.

15 Kopfpartie eines Pferdes (Abb. 47) Am gleichen Felsblock, aber um die Ecke und etwas tiefer, befindet sich 25 cm von dem beschriebenen Wisent entfernt ein schwarz gemalter Pferdekopf (L 25 cm). Dargestellt sind Kopf (ohne Maulpartie) und Ohr, Mähnenpartie und Hals eines nach rechts gerichteten Tieres. Vor dem Ohr ist die Stirnmähne angedeutet, zwischen Kopf und Hals ist eine Trennlinie (schematische Ganaschenkontur) gezeichnet. Im Halsbereich sind drei schwarze Streifen angegeben.

20 cm unterhalb des Pferdekopfes Nr. 15 gibt es ferner eine kurze schwarze Linie und einen schwarzen Farbpunkt.

15a Köpfe von Pferd und Wisent Einige Zentimeter oberhalb und links des beschriebenen Pferdekopfes befinden sich zwei kaum sichtbare Zeichnungen eines Pferde- und eines Wisentkopfes. Der Pferdekopf scheint zwei Ohren und die Halspartie zu besitzen. Ein Strich im Kreuzbereich könnte die Fellzeichnung wiedergeben. Am Wisentkopf sind der Bart und beide Hörner zu erkennen.

16 Hirschkuh (Abb. 48) 2,30 m weiter links und 1,40 m über dem Boden ist eine nach links, zum Höhleninneren gerichtete Hirschkuh dargestellt, die das große Bildfeld der Pferde einleitet. Es handelt sich um eine schwarze Umrißzeichnung (L 84 cm), bei der lediglich der untere Teil des Kopfes und die Hinterbeine fehlen. Das Tier ist in strenger Seitenansicht, mit nur einem Vorderbein und einem Ohr, wiedergegeben.

Abb.47 Kopfpartie des Pferdes 15

Abb.48 Hirschkuh 16

Abb.49 Linker Teil des
großen Pferde-Panneau in
der Galerie *Zaldei* mit den
Pferden 26–32, dem Fisch 34
und der roten Linie 33.
Rechter Teil mit den Pferden
20 und 21 und den Wisenten
17, 18 und 19

17 Wisent (Abb. 50) Unterhalb und etwas links der Hirschkuh befindet sich ein schwarz gemalter Wisent. Außer der Umrißlinie sind im Inneren schräge schwarze Linien angebracht, die den Körper modellieren. Der vordere Körperteil ist fast vergangen und nur noch schwer sichtbar. Zu erahnen sind die beiden Hörner und der Beginn der Vorderbeine. Am hinteren Körperteil sind Felsvorsprünge mit in die Darstellung einbezogen worden; sie bilden den hinteren Teil des Rückens und den Schwanz. In diesem Bereich ist die Farbe besser erhalten und läßt die schräge Innenzeichnung in der Rückenpartie und den Schenkeln erkennen. Ein weiterer, anders orientierter schräger Strich im Rippenbereich könnte eine Verwundung andeuten – ähnlich wie bei den Pferden 43 und 44 auf der gegenüberliegenden Wand der Galerie. Die im Bereich des Buckels verdickte Rückenlinie dürfte die hier stärkere Behaarung der Tiere wiedergeben.

18 Zweifarbiger und gravierter Wisent (Abb. 51) Oberhalb der Kopfpartie des beschriebenen Tieres ist ein weiterer, nach rechts gerichteter Wisent dargestellt (L 57 cm). Das Tier ist rot und schwarz gemalt, die Linie des Buckels ist zusätzlich graviert. Die hintere Bauchpartie und die Hinterbeine sind nicht dargestellt; es scheint, als sollte eine Überschneidung mit dem Pferd Nr. 20, dessen Kruppe sich hier befindet, vermieden werden. Die schwarze Farbe beschränkt sich auf den Umriß. Mit Rot wurde der Körper flächig ausgemalt; dabei ist der Mittelteil des Körpers nur schwach gefärbt. Intensiver ist die rote Farbe im Kopfbereich und an den Konturen. Hörner und Bart sind mit roter Farbe angedeutet. Zur Darstellung des Auges wurde eine hellere Partie ausgespart. Die Mähne, das Haarbüschel zwischen den Hörnern und der Bart sind ebenfalls angegeben. Auch bei dieser Darstellung ist die Linie des Buckels zur Andeutung des Pelzes dicker gezeichnet. Der Schwanz ist erhoben dargestellt.

19 Schwarzer Wisent (Abb. 52) Unmittelbar hinter dem zuletzt beschriebenen Tier ist der Umriß eines weiteren Wisents gemalt (L 43 cm). Der Kopf ist mit beiden Hörnern, dem Mähnenbüschel zwischen den Hörnern und dem Bart gezeichnet. Das rechte Horn ist vollständig, nicht nur oberhalb der Umrißlinie, wiedergegeben. Auch bei diesem Wisent ist die Umrißlinie am Buckel zur Hervorhebung des Pelzes verstärkt. Der Schwanz ist lediglich am Ansatz gezeichnet; das gleiche gilt von den Beinen. Vom Vorderbein sind das Knie und die vordere Linie bis zur Brustpartie wiedergegeben.

20 Zweifarbiges und graviertes Pferd (Abb. 53) Unterhalb der beiden Wisente 18 und 19 ist ein nach links gerichtetes Pferd wiedergegeben (L 67 cm). Der Umriß sowie ein Teil der Innenzeichnung sind mit schwarzer Farbe gemalt; rote Farbe wurde zum flächigen Ausmalen des Körpers verwendet. Die gravierten Linien beschränken sich auf den Kopf und die Rückenlinie. Es handelt sich um eine vollständige, sorgfältig ausgeführte Darstellung des Tieres mit vielen anatomischen Details. Bei frontaler Beleuchtung scheint es, als sei der Kopf unvollständig wiedergegeben. Teilweise kommt dies daher, daß die rote Farbe vor allem im Ganaschenbereich intensiv ist und die Nüstern und Lippen nicht einbezieht. Dies geschah absichtlich, ebenso wie bei dem Pferd Nr. 27, um die helle Maulpartie dieser Pferde darzustellen. An einigen Stellen ist die rote Farbe intensiver, vielleicht reichlicher aufgetragen, so an den Fesseln im unteren Teil der Beine.

62

Abb.50 Wisent 17

Abb.51 Zweifarbiger und
gravierter Wisent 18

Abb.52 Schwarzer Wisent 19

Abb.53 Zweifarbiges und graviertes Pferd 20, darunter die rote Umrißzeichnung von Pferd 21.

Abb.54 Steinbock 24

Die gravierten Linien am Kopf sind sehr fein, schwer zu erkennen und zu photographieren. Auch das Auge und die Ohren sind graviert. Die Gravierungen sind als eine Serie annähernd paralleler, relativ kurzer Striche ausgeführt. Außer der erwähnten roten Farbe gibt es auch schwarz gemalte Linien. Vor der Stirnlinie und vor den Ohren sind einige kurze schwarze Striche angebracht.

Die Gravierung der Rückenlinie ist ähnlich wie am Kopf, aber besser sichtbar. Über dem höchsten Punkt der Mähne befindet sich ein Ensemble schräger Striche. Ähnlich, aber deutlicher verhält es sich oberhalb der Kruppe. Innerhalb des Körpers, auf Kruppe und Schenkel, gibt es ebenfalls gravierte Linien.

Schwarze Farbe wurde außer für den Umriß auch für eine Reihe von Strichen zur Modellierung des Körpers benutzt. Mit solchen Strichen wurden die Streifen im Hals und in den Vorderbeinen gezeichnet sowie das M-Zeichen, das von der Brust schräg nach oben führt, dann sattelartig nach unten ausbuchtet und schließlich von den Lenden zu den Hinterbeinen verläuft.

Die Bauchlinie des Pferdes ist nicht als durchgehende Linie wiedergegeben, sondern in Schraffen aufgelöst, die die Behaarung angeben sollen. Die Mähne ist durch eine hellere Zone deutlich vom Hals getrennt. Sie wurde nicht durch Mähnenschraffen wie bei den Pferden 9, 27, 29 und 43, sondern als verdicktes dunkles Band wie bei den Pferden 3 und 26 wiedergegeben. Schließlich ist noch auf die kurzen schwarzen Striche unterhalb des Bauches, zwischen den Beinpaaren, hinzuweisen.

21 Rote Umrißzeichnung eines Pferdes (Abb. 53) Unterhalb des beschriebenen Pferdes 20, 1 m über dem Boden, ist eine nach links gerichtete Silhouette eines Pferdes gemalt (L 58 cm). Es handelt sich um eine einfache rote Umrißzeichnung, bei der die Unterenden der Beine fehlen. Während beide Vorderbeine angegeben sind, ist nur ein Hinterbein skizziert, dessen Rückseite durch eine natürliche Felskante gebildet wird. Im Mähnenbereich ist die Umrißlinie etwas dicker gezeichnet. Innerhalb des Körpers gibt es im Leistenbereich einen kurzen roten Strich.

22 Wisent Unter dem Pferdekopf 23 befindet sich die schwarze Umrißzeichnung eines nach links gerichteten Wisents. Es fehlen die Maulpartie und der hintere Körperteil. Es sind ein Horn und der Ansatz eines Vorderbeines wiedergegeben.

23 Kopf-Hals-Partie eines Pferdes (vgl. Abb. 49, rechts oben) Links des Wisents 19, jedoch höher als dieser (1,70 m über dem Boden), ist die Kopf- und Halspartie eines Pferdes mit schwarzer Farbe als einfache, detaillose Umrißzeichnung wiedergegeben.

24 Steinbock (Abb. 54) Etwas vor und unterhalb des beschriebenen Wisents befindet sich ein nach links gerichteter, schwarz gemalter Steinbock (L 23 cm). Nach der Form des Hornes handelt es sich um einen Pyrenäensteinbock, dessen Hörner zunächst nach hinten, an ihrem Ende jedoch aufwärts gebogen sind. Die Hörner des Alpensteinbocks weisen hingegen eine gleichmäßige Biegung nach hinten auf (für weitere Details vgl. die Beschreibung der Steinböcke von Altxerri, S. 144). In der Umrißzeichnung fehlen die Maulpartie und die Ohren. Das Auge ist dagegen als schwarzer Punkt wiedergegeben. Die dunkleren Fellpartien im Brustbereich und an den Flanken sind durch flächig schwarze Farbe angedeutet.

Hinter dem Steinbock befindet sich eine schwer zu interpretierende schwarze, gebogene Linie.

25 *Pferd* (Abb. 55) Unterhalb des Steinbocks ist ein schwarz gemaltes Pferd abgebildet (L 64 cm). Die Darstellung ist teilweise vergangen. Der vordere Körperteil ist dunkler gemalt, die Beine sind besonders im unteren Teil ebenfalls dunkler gezeichnet. Ein kurzer schwarzer Strich hinter dem Kniebereich könnte zum Schweif gehören.

25a *Pferd* (Abb. 55) Vor dem Pferd 25 befindet sich der hintere Körperteil eines weiteren Pferdes. Die schwarze Umrißzeichnung ist kaum sichtbar. Erkennbar sind die beiden Hinterbeine, ein Teil der Bauchlinie, Rückfront und Schweif sowie der hintere Teil der Rückenlinie. Zusammen mit dem darüber dargestellten Pferd Nr. 28 ist diese nur schwer erkennbare Silhouette die einzige Pferdedarstellung des Panneau, die nach rechts, zum Höhlenausgang hin, orientiert ist.

26 *Pferd* (Abb. 56/57) Etwas tiefer ist ein schwarzes, vollständiges Pferd dargestellt (L 67 cm). Umriß und Innenzeichnung enthalten viele Details. Die durch eine hellere Zone abgesetzte Mähne, die Fellzeichnung im Schulterbereich, das M-Zeichen, die Streifen im oberen Teil der Beine sowie die anatomischen Details der Fesseln und Hufe sind perfekt wiedergegeben. Die Beine enden unmittelbar über dem Rücken des darunter abgebildeten Pferdes 27; die Darstellungen dieser beiden Pferde nehmen also aufeinander Rücksicht. Es ist jedoch nicht zu entscheiden, welches dieser Tiere zuerst gemalt wurde.

Abb.55 Pferd 25, davor die schwarze Umrißzeichnung von Pferd 25a.

Abb.56 Kopfpartie des Pferdes 26

Maul, Augen und Nüstern sind nicht angegeben. Die Mähne ist als Doppellinie gezeichnet und scheint sich zwischen den Ohren fortzusetzen, auch wenn die Linienführung hinter den Ohren unterbrochen ist. Auffallend ist die übertrieben dargestellte Ausladung der Rückfront, die sich ähnlich auch bei den Pferden 27, 30, 43, 44 und 53 findet. Unter dem Bauch des Pferdes ist eine schräge Linie gezeichnet. Vielleicht ist ein deutlicher Strich im Brustbereich, am Rande des M-Zeichens, die Fortsetzung dieser Linie, die möglicherweise eine Verwundung darstellt (vgl. die ähnliche Zeichnung im Pferd 43).

Abb. 57 Pferde 26 und 27

Abb.58 Pferde 26 und 27

27 Zweifarbiges Pferd (Abb. 58/59) Unterhalb des zuletzt beschriebenen Tieres befindet sich eine zweifarbige Pferdedarstellung (L 68 cm). Der Kopf ist hervorragend gezeichnet; es ist die schönste Kopfdarstellung in Ekain. Der Umriß des Tieres wurde mit schwarzer Farbe gemalt. Dabei sind die Nüstern durch eine Abflachung der Umrißlinie im Maulbereich und eine kreisförmige Figur als Innenzeichnung hervorragend wiedergegeben. Das Maul ist als eine Linie gezeichnet. Die Stirnlinie, die Ohren und der Kehlbereich sind außerdem mit feinen Linien graviert. Im Körper wird durch flächigen Auftrag roter und schwarzer Farbe eine Schattierung erreicht. Rote Farbe findet sich im ganzen Körper, schwarz nur an einigen Stellen. An der Stirn entspricht die

Abb. 59 Kopfpartie des Pferdes 27

dunklere Färbung der Wirklichkeit. Mehr zu den Seiten hin wird die Färbung heller, so daß ein dachförmiger Eindruck entsteht. In dieser Partie gibt es einen dunkleren Fleck, der das Auge darstellen könnte. An den Nüstern hellt die Zeichnung deutlich auf (vgl. die Beschreibung dieser Partie bei Pferd 20).

Die Mähne ist anders als bei den zuvor beschriebenen Pferden dargestellt: Hier besteht sie aus einer Serie kurzer vertikaler Striche anstelle der sonst gezeichneten verdickten Längslinie, die es nur am untersten Ende der Mähne gibt. Von der Mähne ausgehend sind im Halsbereich vier Streifen aufgetragen, wie es bereits für das Pferd 20 beschrieben wurde. Der breiteste Streifen befindet sich in der Schulterpartie. Die Vorderbeine sind auf ihrer gesamten Länge sehr detailliert gezeichnet; die Querstreifen, das Gelenk, die Fesseln und Hufe sind dargestellt. Am rechten Vorderbein ist die Farbe im unteren Teil etwas vergangen, und auch das linke Vorderbein zeigt unterhalb des Knies eine Lücke, an der die Farbe wahrscheinlich verschwunden ist. Das eine Hinterbein weist ebenfalls zwei Streifen auf, und das Gelenk, Fessel und Huf sind weniger verblichen. Auch bei diesem Pferd ist die nach hinten vorspringende Rückfront übertrieben ausgeführt. Im Körper ist das M-Zeichen zu erkennen; der Rücken ist intensiver gefärbt als der hellere Bauchbereich. Insgesamt ist der vordere Körperteil wesentlich schöner wiedergegeben als die Hinterpartie.

Unter dem Bauch, zwischen den Vorder- und den Hinterbeinen, ist eine leicht gebogene schwarze Linie gezeichnet. Etwas tiefer befindet sich eine weitere, kürzere gerade Linie. Die gebogene Linie könnte die Hals-Rücken-Linie eines Pferdes sein (ähnlich wie bei dem Pferd Nr. 37).

69

28 Pferd (Abb. 60)   Oben links im Bildfeld ist die schwarze Umrißzeichnung eines nach rechts gerichteten Pferdes angebracht (L 58 cm). Zusammen mit dem nur skizzierten Pferd 25a ist es die einzige nach rechts gerichtete Pferdedarstellung des Panneau.

Die Kopfpartie fehlt (ist nicht zu erkennen). Der untere Teil des Hinterbeins ist nicht gezeichnet – wohl, um eine Überschneidung mit dem darunter abgebildeten Pferd 29 zu vermeiden. Die schräg nach vorne gerichteten Vorderbeine enden in einer Spitze. Im Hals sind einige Striche gezeichnet, die ihre Entsprechung bei anderen Pferdedarstellungen von Ekain haben. Außerdem gibt es im Brustbereich einen schwarzen Fleck. Der Schweif weist schräg nach hinten, die Rückfront ist stark ausladend, aber modellierter als sonst gezeichnet.

29 Pferd (Abb. 61)   Unter dem zuletzt beschriebenen Tier ist ein nach links gerichtetes Pferd gezeichnet (L 57 cm). Das vollständig wiedergegebene Tier ist mit schwarzer Farbe gemalt. Die Umrißlinie ist etwas dunkler als die Innenfläche angelegt. Die Pferdedarstellung zeigt viele Details,

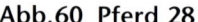

Abb.60 Pferd 28

70

die bereits bei anderen Pferden von Ekain beschrieben wurden: die durch kurze Striche wiedergegebene Stehmähne, die Streifen im Hals und an der Schulter, das M-Zeichen als eine Farbgrenze zwischen der Rücken- und Bauchpartie sowie die Streifen im Vorderbein. Auf der Photographie scheint es, als gäbe es solche Streifen auch im Hinterbein; hier handelt es sich jedoch um natürliche Linien in der Felsoberfläche, die vielleicht von dem Künstler mit einbezogen wurden. Diese Pferdedarstellung weist eine Anzahl sorgfältig ausgeführter Einzelheiten auf, zum Beispiel an den Vorderbeinen die Gelenkbereiche, an den Hinterbeinen die Hackenpartie und, insgesamt, die Fesseln und Hufe. Bei diesem Pferd reicht die dunklere Rückenpartie nicht bis zur Kruppe, wie bei den anderen Pferden dieser Höhle.

Abb.61 Pferd 29

71

30 Pferd (Abb. 62) Unterhalb und etwas vor diesem Tier ist ein weiteres Pferd gezeichnet (L 59 cm). Außer dem vollständigen Umriß sind im Schulterbereich zwei dunkle Linien, in der Bauchpartie das M-Zeichen und im oberen Teil der Hinterbeine Streifen ausgeführt. Die Ohren sind angegeben, nicht aber Augen, Nüstern und Maul. Es fehlt auch die Darstellung der Mähne. Der Rücken und die Rückfront sind mit einer doppelten Linie gemalt. Die abfallende Kruppe und die nach hinten vorspringende Rückfront sind stärker betont als bei den zuletzt beschriebenen Tieren. Im hinteren Brustbereich befindet sich ein Fleck, der ähnlich wie bei anderen Darstellungen der Höhle eine Verwundung angeben könnte.

31 Pferd (Abb. 63) Unterhalb des zuletzt beschriebenen Tieres befindet sich 1 m über dem Boden eine weitere Pferdedarstellung. Es ist eine schwarz gemalte Silhouette, deren hinterer Körperteil fehlt. Am Kopf sind nur die Ohren und die Ganaschenpartie gezeichnet. Die Gesichtslinie wird durch eine Felsspalte gebildet. Die Maulpartie und die Augen sind nicht wiedergegeben. Der etwas vorspringende Widerrist entspricht der Haltung des Tieres mit geneigtem Kopf und nach vorne gerichteten Vorderbeinen, die unten spitz enden. Die Knie sind als einfache Ausbuchtungen angegeben.

32 Pferd (Abb. 63) Unter dem Pferd 31 befindet sich eine weitere schwarz gemalte Pferdedarstellung. Wiedergegeben sind Kopf und Hals, die Brust- und die Rückenlinie, während der untere Teil – Bauchlinie, Beine – fehlt. Am Kopf sind das Maul und die Ohren gezeichnet. Die Halspartie ist ähnlich wie bei dem Pferd 25 dunkel gemalt. Hier befinden sich außerdem drei schwarze Streifen.

33 Rote Bogenlinie (vgl. Abb. 49, links unten) Am linken Rand des Bildfeldes, vor dem Kopf des Pferdes 29, ist 1,35 m über dem Boden eine 25 cm lange, gebogene Linie angebracht, die das große Bildfeld abschließt.

34 Fisch (vgl. Abb. 49, links oben) Unter den Vorderbeinen des Pferdes 30 befindet sich eine schwer zu erkennende fischförmige Darstellung. Kopfpartie sowie Bauch- und Rückenflossen fehlen. Der hintere Körperteil mit der Schwanzpartie spricht für die Darstellung einer Seezunge. Bei diesem Fisch, der auch in den Brackwasserzonen der Flüsse lebt, ist die Kopfpartie jedoch stärker abgerundet.

Abb.62 Pferd 30

Abb.63 Pferde 31 und 32

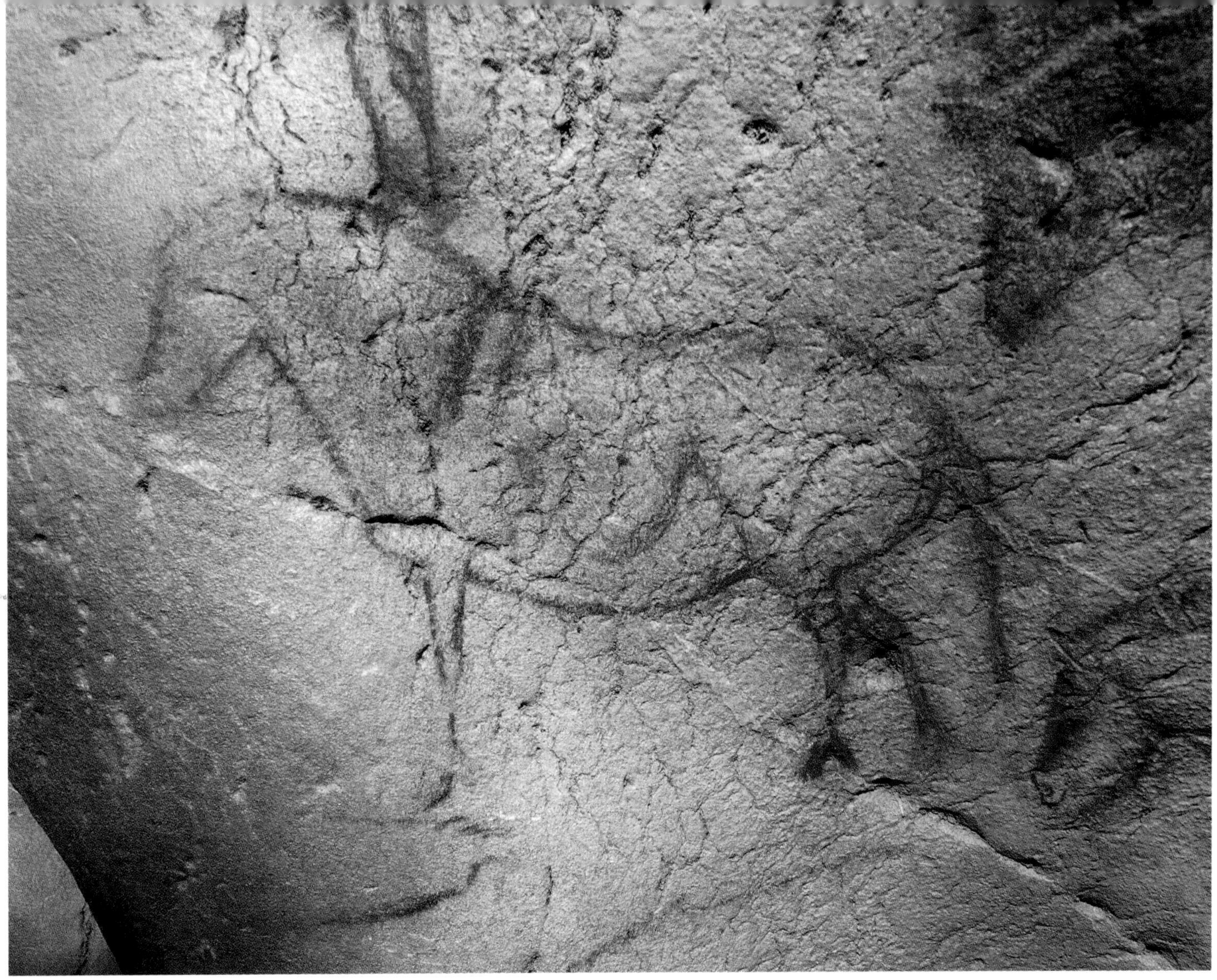

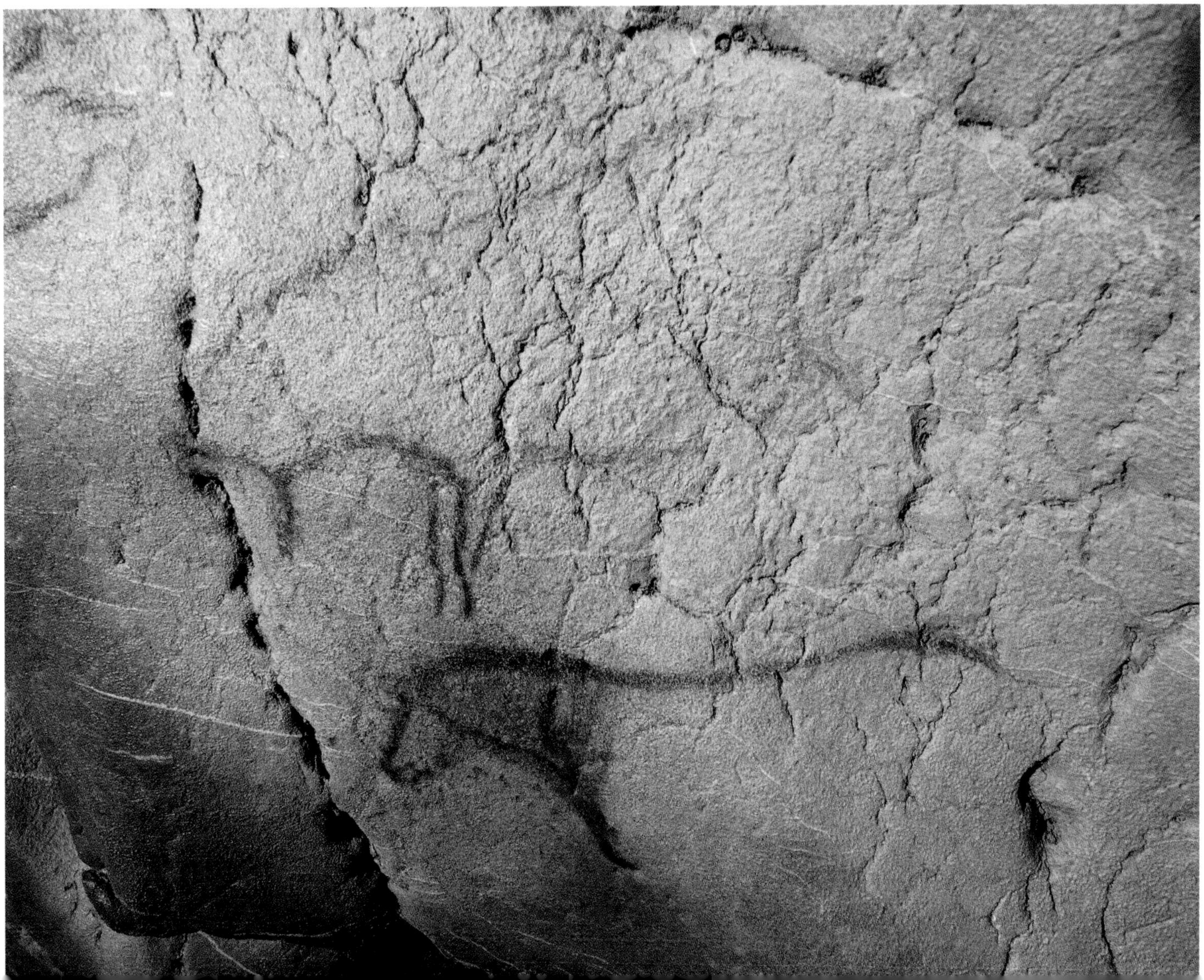

An der rechten Wand der Galerie *Zaldei* mit dem großen Bildfeld der Pferde sind insgesamt 23 Tiere, vor allem Pferde (14), dargestellt. Hinzu kommen sechs Wisente, eine Hirschkuh, ein Steinbock und ein Fisch. Von dieser Zahl sind die nur skizzierten, dann jedoch nicht ausgeführten Darstellungen abzuziehen. Dabei handelt es sich um die Pferde- und Wisentköpfe 15b im vordersten Teil der Galerie sowie um den vor dem Pferd 25 noch teilweise erkennbaren skizzierten Pferdekörper 25a. Diese nur angerissenen, unvollendet gebliebenen Bilder zeigen, daß die Darstellungen zunächst mit einer dünnen Linie skizziert wurden. Dieses für größere Malereien und Kompositionen naheliegende Verfahren kennen wir aus einigen anderen Bilderhöhlen. Das bekannteste Beispiel ist das nur teilweise fertiggestellte Nashorn aus dem Schacht von Lascaux, bei dem Teile des Körpers schwarz gemalt, Bauchlinie und Vorderbein hingegen nur angerissen sind (*Abb. 64*). Michel Lorblanchet (1995, S. 209 ff.) hat die Herstellung solcher Bilder untersucht und durch eigene Versuche rekonstruiert. Er ist der Auffassung, daß die »Malereien« nicht mit einem Pinsel oder ähnlichem, sondern durch mit dem Mund versprühte Farbe aufgetragen wurden. Ein solches Verfahren macht eine Vorzeichnung, an deren Linien sich der »Sprüher« orientierte, unabdingbar.

Abb.64 Nashorn aus dem Schacht von Lascaux. Die Unterseite des Kopfes, das Vorderbein und die Bauchlinie sind nur vorgezeichnet und dann nicht vollendet worden.

In Ekain wurde vermutlich das gesamte Bildfeld zunächst skizziert. Die Skizzen 15b (Pferde- und Wisentkopf) und 25a (Pferdekörper) wurden dann nicht ausgeführt; sie sind in der folgenden Auflistung daher nicht mehr enthalten. Das eigentliche Bildfeld der Pferde an der rechten Wand der Galerie *Zaldei* beginnt erst mit der Hirschkuh (16). Für seine Analyse bleiben deshalb der Wisent 14 und der Pferdekopf 15, die sich unmittelbar am Eingang zur Galerie *Zaldei* befinden, ebenfalls unberücksichtigt.

So reduziert, beinhaltet das Bildfeld noch elf Pferde, vier Wisente, eine Hirschkuh, einen Steinbock und einen Fisch, zusammen 18 Tiere. Die weitaus meisten Tiere (15) sind nach links orientiert. Ihre Blickrichtung geht zur Nische der Bären, tiefer in der Höhle. Nur eines der elf Pferde blickt nach rechts, zum Ausgang der Galerie *Zaldei* und der Höhle. Dieses Pferd (28) ist im linken Teil des Bildfelds als eine der höchsten Darstellungen angebracht und als schwarze Umrißzeichnung ähnlich ausgeführt wie das oben auf der gegenüberliegenden Wand gezeichnete, gleichfalls nach außen blickende Pferd 41. Nur bei den im rechten Teil des Bildfelds gemalten vier Wisenten ist die Ausrichtung unterschiedlich: Zwei der Tiere (17, 23) sind ebenfalls nach links orientiert, die anderen beiden (18, 19), darunter der zweifarbig gemalte und zusätzlich gravierte Wisent 18, blicken dagegen nach rechts, zum Ausgang hin.

Die Tierbilder des Bildfelds sind so angebracht, daß Überschneidungen vermieden wurden; die Darstellungen nehmen Rücksicht aufeinander. Besonders deutlich ist dies bei dem polychromen Wisent 18 zu beobachten, dessen Hinterbeine nicht ausgeführt sind, weil sich an dieser Stelle die Halsregion des Pferdes 20 befindet. Das gleiche Prinzip läßt sich für das Pferd 28 erkennen, dessen nur teilweise gezeichnetes Hinterbein über der Mähne des Pferdes 29 endet. In ähnlicher Weise nehmen die jeweils übereinander angebrachten Pferdedarstellungen 20/21 und 26/27 aufeinander Rücksicht. Dies spricht für eine geplante Komposition und deutet auf die Zusammengehörigkeit des Bildfeldes hin.

Einige Tiere sind als schwarze Umrißdarstellungen wiedergegeben. Es sind dies die Hirschkuh (16), der Fisch (34), zwei Wisente (19, 23) und drei Pferde (22, 28, 31). Hirschkuh und Fisch befinden sich an Anfang und Ende des Bildfelds. Bei den anderen schwarzen Umrißzeichnungen ist keine bestimmte Anordnung zu erkennen.

Der Steinbock (24), ein Wisent (17) und fünf Pferde (25, 26, 29, 30, 32) haben nicht nur einen schwarzen Umriß, sondern auch eine schwarze Innenzeichnung. Der Wisent (17) befindet sich ganz rechts im Bildfeld, der kleine Steinbock (24) in der oberen Mitte. Die schwarz ausgemalten Pferde sind dagegen alle im linken Teil des Panneau dargestellt.

Eine rote Umrißzeichnung weist nur das Pferd 21 im unteren rechten Teil des Bildfelds auf.

Drei Tiere – Wisent 18, Pferd 20 und Pferd 27 – sind rot und schwarz gemalt und zusätzlich graviert worden. Diese besonders sorgfältig ausgeführten Bilder befinden sich in unterschiedlichen Teilen des Panneau.

Es ist nicht auszuschließen, daß der unterschiedlichen Art der Darstellung – schwarze Umrißzeichnung, schwarze Umriß- und Innenzeichnung, rote Umrißzeichnung, rote und schwarze Zeichnung mit zusätzlichen Gravierungen – auch eine unterschiedliche Bedeutung zukommt. Besonders naheliegend ist dies bei der Verwendung schwarzer beziehungsweise roter Farbe.

Bei drei Tieren – Wisent 17, Pferd 21 und Pferd 31 – wurde das natürliche Relief der Felsoberfläche mit in die Darstellung einbezogen. Dieses für Ekain so typische Verfahren ist in diesem Bildfeld jedoch nicht so wichtig oder gar prägend. Bei dem Wisent 17 ist die Schwanzregion ein Teil der Felsoberfläche, beim Pferd 21 besteht ein Teil der rückwärtigen Hinterbeinlinie aus einem Riß im Fels, und beim Pferd 31 wird die Stirnlinie von einer Felsspalte gebildet.

Einige Linien in diesem Bildfeld gehören sicher nicht zu Tierdarstellungen, sondern zur Gruppe der Zeichen. Besonders wichtig scheint die rote Bogenlinie 33 zu sein, die das Bildfeld links oben abschließt. Hier könnte ein Sinnzusammenhang mit den schwarzen Linien (1, 2) im Eingangsbereich, der vertikalen schwarzen Bogenlinie (10) am Ende des Hauptgangs sowie mit der schwarzen Bogenlinie vor Pferd 53 und der gewellten schwarzen Linie 60 an Anfang und Ende des noch zu beschreibenden Bildfelds im letzten Saal (*Azkenzaldei*) bestehen. Andere schwarze Bogenlinien unter den Pferden 20 und 27 sowie hinter dem Steinbock (24) können nur registriert werden.

Abb.65 Kopfpartie eines Przewalski-Pferdes (*Equus ferus przewalski*)

Abb.66 Von Charles Darwin abgebildetes Pferd mit dunklen Schulterstreifen und mit Querstreifen in der Fellzeichnung der Beine

Abb.67 1995 in einem tibetischen Gebirgstal von dem französischen Anthropologen Michel Peissel entdecktes Pferd (»Riwoqe-Pferd«) einer bisher unbekannten Rasse mit Schulterstreifen und Querstreifen an den Beinen

Abb. 68 Gemaltes Pferd von Le Portel (Ariège) mit Schulterstreifen und schematischem »M-Zeichen«

Abb.69 Baskisches Pony mit deutlichem »M-Zeichen«, das durch die dunklere Rückenpartie und die hellere Bauchregion gebildet wird

Abb.70 »Chinesisches Pferd« aus dem Axialen Divertikel von Lascaux. Das »M-Zeichen« wird hier durch die Einbeziehung des hellen Untergrundes gebildet.

Der Wisent 17 und das Pferd 21 haben im Brustbereich beziehungsweise an der Flanke eine kurze schräge Linie, die körperfremd zu sein scheint. Ähnlich verhält es sich mit einem schwarzen Fleck im Brustbereich der Pferde 28 und 30. Vielleicht deuten diese diskreten Zeichen eine Verwundung an, wie dies bei den Tieren auf der gegenüberliegenden Wand der Galerie *Zaldei* und im Bildfeld des letzten Saales (*Azkenzaldei*) deutlicher zutage tritt.

Die an der rechten Wand der Galerie *Zaldei* dargestellten Pferde zeigen eine Anzahl von Details, die der Anatomie und vor allem der Fellzeichnung der damaligen Pferde entsprochen haben dürften. So ist die helle Partie der Nüstern, die auch das heutige Przewalskipferd kennzeichnet (*Abb. 65*), angegeben (Pferde 20, 27). Bei einigen Pferden (15, 26, 27, 31, 32) ist zwischen Kopf und Hals eine Trennlinie gezeichnet, bei der es sich um die etwas schematisierte Wiedergabe der Ganaschenkontur handelt. Mehrfach ist die Kopf-Hals-Region dunkler gefärbt als der Körper (besonders Pferde 25, 32). Wie bei dem großen Pferdekopf 3 im Eingangsbereich der Höhle handelt es sich dabei um ein Merkmal asiatischer Pferde, das offensichtlich auch die damaligen Pferde des Baskenlandes besaßen. Dies korrespondiert oft mit der Dunkelfärbung der Beine (zum Beispiel Pferd 25) und des Schweifs außer der Schweifwurzel (zum Beispiel Pferde 29, 30), wie wir es auch beim Przewalskipferd kennen. Die schwarze Stehmähne ist manchmal durch eine hellere Zone vom Hals getrennt (Pferde 20, 26); wir sind dieser Darstellungsweise bereits bei dem großen Pferdekopf 3 im Eingangsbereich begegnet.

Mehrfach sind im Hals der Pferde schräge Streifen aufgetragen (Pferde 15, 20, 27, 28, 29, 30, 32). Einige dieser Pferde haben darüber hinaus auch Querstreifen in den Beinen (20, 26, 27, 29). Solche Streifen am Hals und in den Beinen müssen im Fell der damaligen Pferde an diesen Stellen vorhanden gewesen sein; nach der Häufigkeit ihrer Wiedergabe in Ekain zumindest bei einigen Pferden. Hier können wir auf eine Arbeit von M. Rousseau (1974) verweisen, in der ein Pferd mit Streifen im Halsbereich und an den Beinen abgebildet wird (*Abb. 66*). Charles Darwin nahm dieses Beispiel zum Anlaß, ein Wiederauftreten früherer Merkmale bei heutigen Pferden zu konstatieren. Auch das kürzlich in abgelegenen Teilen des Himalayagebiets entdeckte kleine Pferd besitzt eine Fellzeichnung mit Streifen am Hals und in den Beinen (*Abb. 67*), wie in Ekain dargestellt.

Einige Pferde haben eine schräge Linie im Schulterbereich (15, 26, 30). Dieser Streifen findet sich bei vielen Pferdedarstellungen der eiszeitlichen Kunst (*Abb. 68*) und war anscheinend üblich. Das Przewalskipferd sowie Halbesel und Esel weisen ebenfalls oft einen solchen Streifen im Schulterbereich auf.

Im Körper einiger Pferde von Ekain ist das »M-Zeichen«, das den Farbunterschied zwischen der dunkleren Rückenpartie und der helleren Bauchregion wiedergibt, in typischer Weise ausgeprägt (Pferde 20, 26, 27, 29, 30). Beim Pferd 20 ist dieses Zeichen so schematisch ausgeführt, daß es wie ein Sattel aussieht. Dieser Farbunterschied zwischen Rücken und Bauch war bei den damaligen Pferden offenbar üblich. Entsprechend findet sich das M-Zeichen bei einer Vielzahl paläolithischer Pferdedarstellungen, so auch in Lascaux (*Abb. 70*), Niaux und Le Portel. Eine solche Fellzeichnung kommt aber auch beim Przewalskipferd, bei anderen Pferderassen (*Abb. 69*) sowie bei Halbeseln und Eseln vor.

Alle bisher beschriebenen Details der Pferde von Ekain entsprechen Merkmalen der damals im Baskenland lebenden Pferde. Dies gilt jedoch vermutlich nicht für die stark ausladende Rückfront einiger Tiere, besonders der Pferde 20, 26, 27 und 29, die das anatomisch Mögliche zu übersteigen scheint. Während die abfallende Kruppe dieser Pferde noch der Realität entsprechen könnte, ist die Hypertrophie der Rückfront dieser Tiere eine stilistische Konvention, die sich außer in Ekain auch bei einigen anderen Pferdedarstellungen des Pyrenäengebiets in Santimamiñe im Baskenland (*Abb. 99*) findet. Um eine stilistische Konvention handelt es sich wohl auch bei dem glatten, strickartigen Schweif der Pferde von Ekain, der wenig Ähnlichkeit mit einem Pferdeschweif aufweist.

Außer den Pferden lassen die Wisentdarstellungen anatomische Merkmale der damaligen Tiere erkennen. So gibt die am Buckel verdickte Linie bei den Wisenten 17, 18 und 19 den dichten Pelz der Tiere in dieser Partie wieder. Und die hellere Augenpartie des Wisents 18 entspricht dem weniger behaarten, heller wirkenden Bereich um das Auge herum.

Schließlich könnte von Bedeutung sein, ob männliche oder weibliche Tiere dargestellt sind. Eindeutig ist dies bei der Hirschkuh (16) im rechten Teil des Bildfelds und bei dem (männlichen) Steinbock (24) in der Mitte der Fall. Ein Wisent (18) hat einen erhobenen Schwanz, vielleicht ein Merkmal für erregte männliche Tiere. Weniger deutlich ist der erhobene Schwanz bei den Wisenten 17 (hier als natürliche Felsbildung) und 19. Die Pferdedarstellungen enthalten für uns keinerlei Hinweise auf männliche oder weibliche Tiere.

Die linke Wand der Galerie *Zaldei* mit dem Pferdefries und dem verdeckten Seitengang.

Ebenso wie auf der rechten (Wisent 14) befindet sich auch an der linken Seite des Eingangs zur Galerie *Zaldei* eine Wisentdarstellung (35), deren Rückenpartie durch das natürliche Felsrelief vorgegeben ist. Dann folgt eine Wandfläche mit Pferdedarstellungen. Anschließend buchtet die linke Wand der Galerie etwa gegenüber dem großen Bildfeld der Pferde aus und setzt sich in einem blind endenden kleinen Seitengang parallel zur Galerie *Zaldei* fort.

35 Wisent (Abb. 71)   Nach rechts gerichtete Darstellung am linken Eingang zur Galerie *Zaldei*, 1,60 m über dem Boden. Ähnlich wie bei dem Wisent 14 an der gegenüberliegenden Wand besteht der Rücken aus dem natürlichen Felsrelief, das den Buckel andeutet. Schwanz und Rückfront, die Bauchlinie und die vier Beine sowie die Kopfpartie sind dagegen schwarz gemalt. Der untere Teil der Beine ist schwarz ausgefüllt. Die Kopfpartie ist schwächer gezeichnet und beschränkt sich auf die Frontlinie mit beiden Hörnern, die Schnauze und den durch eine Doppellinie angedeuteten Bart.

36 Unvollständiger Wisent (?) (Abb. 71) Unter den Hinterbeinen des Wisents 35 sind zwei vertikale, gebogene schwarze Linien gemalt, bei denen es sich um die Rückenlinie und die Rückfront eines Wisents handeln könnte. Die obere Linie setzt sich mit einer Felsspalte fort, die als Vervollständigung des Buckels und Andeutung der Hörner mit in die Darstellung einbezogen scheint. Der Schwanz ist aufgestellt gezeichnet.

37 Pferderücken (?) (Abb. 72) Rechts vom Wisent 35 befindet sich eine geschwungene schwarze Linie, welche die Hals-Rücken-Linie eines Pferdes darstellen könnte. Es fehlen jedoch weitere Details.

Bei den in einer älteren Arbeit als Nr. 38 aufgeführten gravierten Linien dürfte es sich um Kratzspuren von Bären handeln (*Abb. 73*).

39 Kopf-Hals-Partie eines Pferdes Vor der möglichen Hals-Rücken-Linie 37 befindet sich die schwarze Umrißzeichnung eines Pferdekopfes mit Ohr, Maulregion und Ganasche (die Stirnlinie fehlt) sowie der Halspartie.

Bei den in einer älteren Arbeit als Nr. 40 aufgeführten gravierten Linien dürfte es sich ebenfalls um Kratzspuren von Bären handeln.

Abb.71 Wisent 35 mit natürlicher Rückenlinie, darunter die geschwungene, vertikale Linie 36, vielleicht die Rückenlinie eines Wisents

Abb.72 Pferderücken (?) 37 und Kratzspuren vom Höhlenbären

Abb.73 Kratzspuren vom Höhlenbären

Abb.74 Die linke Wand der Galerie *Zaldei* **mit den Pferden 41 (links oben) und 43–44 (Mittelgrund)**

41 Pferd (Abb. 74, links oben) Rechts oberhalb der bisher beschriebenen Figuren ist ein nach links, zum Höhlenausgang hin gerichtetes Pferd gemalt. Es ist eine schwarze Umrißzeichnung, die am Kopf, an der Rückfront sowie im unteren Teil des Schweifes und der Beine weitgehend verschwunden ist. Am Kopf sind weder Ohren noch Auge oder Nüstern wiedergegeben. Einige dunkle Punkte oberhalb der Stirn könnten das Haarbüschel der Mähne andeuten. Die Mähne war möglicherweise als Doppellinie gezeichnet. Ein kurzer vertikaler Strich im Halsbereich entspricht vielleicht den bei anderen Pferden von Ekain gezeichneten Streifen.

42 Unvollständiges Pferd (Abb. 74, links unten) In der Mitte dieses Bildfelds befindet sich ganz unten, 0,70 m über dem Boden, eine weitere nach links, zum Höhlenausgang hin orientierte Pferdedarstellung. Als schwarze Umrißzeichnung sind der Kopf mit den Ohren, dem oberen Teil der Trennlinie von Kopf und Hals, die Mähnenschraffen ohne Grundlinie sowie die Hals- und die Rückenlinie wiedergegeben. In der Schulter ist ein Streifen eingezeichnet.

80

43 Pferd (Abb. 74 und 75)   Oberhalb der zuletzt beschriebenen Darstellung ist in der Mitte des Bildfelds ein nach rechts gerichtetes Pferd wiedergegeben. Es ist eine schwarze Malerei, die viele Details enthält. Kopf und Hals sind flächig schwarz gemalt. Im Kopf ist die Gesichtspartie schwarz gefärbt. Außerdem sind hier zwei dunkle Linien gezeichnet, die von den Ohren zur Ganasche führen. Das Auge ist nicht auszumachen. Im undeutlich gewordenen Maulbereich könnte eine Linie die Nüstern angeben. Auch im Umfeld der Ohren ist das Bild weitgehend vergangen. Bei dem kürzeren vorderen Strich könnte es sich um das Ohr oder um den Ansatz der Mähne handeln. Ähnlich wie bei den Pferden 13, 26, 29 und 32 wird der Kopf durch eine vertikale Linie vom Hals getrennt, der flächig schwarz gemalt ist. Im Schulterbereich sind mehrere Streifen aufgetragen, wie wir es von den Pferden 20, 27, 29 und 30 kennen.

Der untere Teil beider Vorderbeine ist mit Ausnahme des linken Hufes schwarz ausgefüllt. Im oberen Teil des rechten Vorderbeins sind horizontale Streifen gezeichnet; Fesseln und Hufe sind detailliert wiedergegeben. Es ist nur das rechte Hinterbein gezeichnet, dessen rückwärtige Linie den Winkel des Gelenks anzeigt. Die vordere Beinlinie ist lediglich im oberen Teil wiedergegeben; das Unterende des Beins fehlt. Im Flankenbereich sind zwei schräge Linien eingetragen, die Geschosse darstellen könnten.

Abb.75 Pferd 43

Im Körper befindet sich das M-Zeichen. Der über dieser Linie liegende obere Körperteil ist hier im Unterschied zu den anderen genannten Pferden nicht dunkler gefärbt. Der vorderste Teil der Bauchlinie ist als eine Doppellinie gemalt.

Der Schweif setzt ungewöhnlich tief an und ist in der Mitte leicht abgeknickt; sein unterer Teil ist intensiver schwarz. Im Körper sind einige Linien gezeichnet. Die erste befindet sich im Brustbereich, andere im Bauch und eine in der Rückfront. Neben diesen Linien gibt es eine Anzahl weiterer kurzer Striche.

44 *Pferd (Abb. 74 und 76)* Unmittelbar vor dem zuletzt beschriebenen Tier ist ein weiteres Pferd gemalt, in schwarzer Umrißzeichnung, die im Bereich von Kopf und Mähne teilweise vergangen ist. Am Kopf sind außer den beiden Ohren keine anatomischen Details dargestellt. Kopf und Hals sind durch eine Linie voneinander getrennt. Die Mähne ist aufrecht stehend gezeichnet, selbst wenn nur ihre äußere Linie wiedergegeben ist und nicht, wie in einigen anderen Fällen, auch die Linie, die Hals und Mähne trennt. Im Hals und an der Schulter sind drei Streifen aufgetragen. Es sind beide Vorderbeine und ein Hinterbein dargestellt, das an einer Felsspalte endet. Die Kruppe fällt ab, und die Rückfront ist sehr ausladend. Der vordere Brustbereich enthält drei Linien; ein kurzer Strich befindet sich im Flankenbereich.

45 *Kopf-Hals-Partie eines Pferdes (Abb. 74)* Vor dem zuletzt beschriebenen Tier befindet sich die Kopfpartie eines weiteren Pferdes als schwarze Umrißzeichnung. Am Kopf sind außer den Ohren keine weiteren Details gezeichnet; die Maulpartie fehlt. Die Mähne ist mit kurzen vertikalen Strichen wiedergegeben. Außerdem sind der vordere Teil der Rückenlinie sowie Hals- und Brustlinie ausgeführt.

46 *Pferd unter Ausnutzung von Spalten und Vorsprüngen im Fels (Abb. 77)* Etwa 1,70 m vor dem Tier Nr. 45 befindet sich eine Pferdedarstellung, bei der lediglich die Zwischenräume zwischen Spalten und Vorsprüngen der Felsoberfläche mit Farbe zu einem Pferd ergänzt wurden. Der Kopf mit den Ohren, die Linie zwischen Kopf und Hals und der obere Teil der Mähne sind natürlich (Spalten). Dann wird die Mähne durch einen kurzen schwarzen Strich verlängert und besteht in der Folge wieder aus einem Felsvorsprung. Die anschließende Rückenlinie und der Beginn des Schweifes sind schwarz gemalt.

Auch die Halslinie ist gemalt, während die oberen Teile der Vorderbeine aus natürlichen Felsvorsprüngen bestehen. Die Bauchlinie beginnt mit einem schwarzen Strich, setzt sich in einem Felsvorsprung fort und läuft dann wieder als schwarze Linie weiter. Auch der vordere Teil der Schenkel ist gemalt, während der Rest der Linien von Bein und Rückfront mittels natürlicher Spalten in der Felsoberfläche dargestellt ist. Im Bauchbereich ist eine Linie gezeichnet. Zwei Spalten in der Felsoberfläche im Flankenbereich der Pferdedarstellung könnten als »Geschosse« aufgefaßt und in das Bild mit einbezogen sein (vgl. Pferd 43).

Abb.76 Pferd 44

Abb.77 Pferd 46 unter
Ausnutzung von Spalten und
Vorsprüngen im Fels

Auf diesem Teil der linken Wand der Galerie *Zaldei* sind acht Tiere dargestellt: ein Wisent (35) mit natürlicher Rückenlinie am Eingang und sieben Pferde rechts davon. Hinzu kommt unterhalb des Wisents 35 eine geschweifte vertikale Linie, vielleicht die Rückenlinie eines weiteren Wisents (36). Falls dies zuträfe, so wäre das Tier vertikal abgebildet und damit in Ekain die einzige Tierdarstellung, die nicht in der üblichen Standebene, bezogen auf den Höhlenboden, angeordnet wäre. Hinzu kommt ferner eine eventuelle Rückenlinie eines Pferdes (37). Die Tiere – ohne den »hängenden« Wisent (?) 36 und die fragliche Rückenlinie – sind überwiegend (6 von 8) nach rechts, in Richtung zur Nische der Bären, orientiert. Nur das oberste (Nr. 41) und das unterste Pferd (Nr. 42) sind in entgegengesetzter Richtung, zum Ausgang aus der Galerie *Zaldei* und der Höhle, angeordnet. Vier Pferde (43, 44, 45, 46) sind friesartig hintereinander aufgereiht.

Die Tierdarstellungen sind zum größten Teil – Wisent 35 und die Pferde 39, 41, 42, 44, 45 – als schwarze Umrißzeichnung ausgeführt; nur das Pferd 43 weist außer dem schwarzen Umriß auch eine detaillierte Innenzeichnung auf. Die Kopf-Hals-Partie dieses Tieres ist dunkel gezeichnet, wie wir es bereits von einigen Pferden der gegenüberliegenden Wand sowie von dem großen Pferdekopf 3 im Eingangsbereich kennen. Im Kopf führen zwei schwarze Streifen von den Ohren zur Ganasche. Eine solche Innenzeichnung kommt sonst in Ekain nicht vor und ist mir auch von keiner anderen Pferdedarstellung der paläolithischen Kunst bekannt. Dagegen entsprechen die Trennlinie zwischen Kopf und Hals sowie die Streifen im Schulterbereich, das M-Zeichen und die horizontalen Streifen im rechten Vorderbein den Merkmalen anderer Pferde von Ekain.

Besonders bemerkenswert ist das Pferd 46, das vor allem aus Rissen und Vorsprüngen der Felswand besteht, die durch schwarze Linien zu einem Pferdebild verbunden wurden (*Abb. 77*). Diese Darstellung zeigt, wie sehr sich der paläolithische Künstler in das Felsrelief einsehen konnte und wie er natürliche Formen in die Bilder einbezog. Dieses Pferd von Ekain ist eines der besten Beispiele dafür, wie man die vorgegebene Form in der Kunst der Altsteinzeit verwendete. Es ist in seiner Art ebenso eindrucksvoll wie zum Beispiel eines der Pferde von Font-de-Gaume, dessen Beine durch Stalagmiten gebildet werden (*Abb. 78*).

Dies könnte die Annahme nahelegen, als sei manche Darstellung so sehr von dem Felsrelief beeinflußt, daß sie überhaupt erst wegen dieser natürlichen Oberflächenstruktur entstanden sei. Oder anders ausgedrückt: Weil die Felsoberfläche an ein Pferd erinnerte, sei hier ein Pferd entstanden. Dies hieße sicher, den Formwillen der Künstler und deren Absicht zu unterschätzen, eine bestimmte Aussage in einer beabsichtigten Anordnung zu treffen.

Wahrscheinlicher ist es, daß man zur Darstellung einer bestimmten Bildergeschichte eine geeignete Höhle und Felswand auswählte. Mit dem Felsblock in Form eines Pferdekopfes im Saal *Erdialde*, mit den natürlichen Rückenlinien der Wisente 14 und 35 zu beiden Seiten des Eingangs zur Galerie *Zaldei* und mit dem aus Rissen und Vorsprüngen bestehenden Pferd 46 scheint Ekain einer der besten Belege für diese Ansicht zu sein.

Anders als im großen Bildfeld der Pferde auf der gegenüberliegenden Wand der Galerie *Zaldei* enthalten die Tierdarstellungen auf dieser Wandpartie weder rote Farbe noch gravierte Linien. Die Pferde 43 und 44 sind jedoch deutlicher als gegenüber mit »Geschossen« versehen. Das Pferd 43 weist in Brust, Bauch und Rückfront Linien auf, die von außen in den Körper eindringen. Das Pferd 44 wird von unten von drei Linien getroffen, deren mittlere am oberen Ende einen Widerhaken hat.

Tierkörper mit »Pfeilen« (*Abb. 79*) dienten als wichtiges Argument für die Deutung der eiszeitlichen Kunst als Jagdmagie. Der wichtigste Vertreter dieser Sichtweise, die dann weit über das engere Fachgebiet hinaus drang, war Henri Breuil (zusammenfassend H. Breuil 1952). Später wurde indessen deutlich, daß nur ein kleiner Teil der Tierbilder mit solchen »Pfeilen« versehen ist. Eine Jagdmagie, bei der ein Jäger an der Höhlenwand ein Tier darstellte und das Bild mit einem »Pfeil« oder einer Wunde versah, um so das Jagdglück zu beschwören, reichte nicht aus, um das Ensemble der Darstellungen zu erklären. Dies führte dann André Leroi-Gourhan zu der Annahme, die »Pfeile« und »Wunden« seien nicht als Waffen und Verletzungen zu interpretieren, sondern als Zeichen mit männlicher und weiblicher Symbolik zu verstehen (A. Leroi-Gourhan 1971).

Es scheint an der Zeit, den »pfeilförmigen« und »wundenartigen« Zeichen wieder ihre naheliegende Bedeutung als Darstellungen von Waffenspitzen und Verletzungen zu geben (in diesem Sinne auch Jean Clottes und Jean Courtin 1995, S. 141 ff.). Dies bedeutet jedoch nicht, zu der aus vielerlei Gründen unwahrscheinlichen Interpretation als »Jagdmagie« zurückzukehren, sondern besagt nur, daß in den an den Höhlenwänden dargestellten Bildergeschichten auch getroffene und verwundete Tiere eine Rolle spielen, wie es in Ekain der Fall ist.

Im Bauchbereich des Pferdes 46 ist ebenfalls eine Linie gezeichnet; möglicherweise sind auch zwei Risse in der Felsoberfläche als »Geschosse« aufzufassen, die in diese Darstellung einbezogen worden sind.

Nach diesen Darstellungen (35-46) springt die Felswand zurück und bildet eine Einbuchtung, die dem großen Bildfeld der Pferde gegenüberliegt. Diese Einbuchtung setzt sich in einem kleinen Gang fort, der von dem Hauptgang der Galerie *Zaldei* durch den Fels getrennt ist. An der (beim Eintreten) rechten Wand dieses kleinen Gangs sind weitere Darstellungen angebracht.

Abb. 78 Pferde-Darstellung von Font-de-Gaume (Dordogne). Die Hinterbeine und der Schweif des Tieres werden weitgehend von Sinterbildungen geformt.

Abb. 79 Wisente mit eingezeichneten Pfeilen im *Salon noir* von Niaux (Ariège)

Abb.80 Wisent-Rückenlinie 47 und schwarze Striche 48

Abb.81 Eindrücke im Lehm 48a

47 Wisent-Rückenlinie und Striche (Abb. 80) Stirn, Horn und Rückenlinie eines nach links (zum Ende des kleinen Gangs hin) orientierten Wisents. Stirn und Horn sind graviert, die anschließende Buckel- und Rückenlinie schwarz gemalt. Unterhalb der Rückenlinie sind vertikale Linien graviert sowie ein annähernd horizontaler Strich, der zur Bauchlinie des Wisents gehören könnte. Rechts über der Figur sind drei feinere Bogenlinien graviert.

48 Schwarze Striche (Abb. 80) Vor dem Wisent, fast am Ende des kleinen Gangs, sind sechs schwarze, annähernd vertikale Linien gemalt. Die längste Linie mißt 0,40 m.

48a Eindrücke im Lehm (Abb. 81) Ganz am Ende des kleinen Gangs befindet sich in der Felswand eine kleine Lehmlinse mit 33 Löchern. Es scheint sich um die Eindrücke eines Stabes, vielleicht eines zylindrischen Stalagmitenstücks, von der Größe eines menschlichen Fingers zu handeln. Es gibt größere und kleinere Eindrücke von möglicherweise zwei oder drei Stäben. Einige der Löcher sind mehr als 10 cm tief. Der Stab (oder Stalagmit) war anscheinend zugespitzt, denn einige Löcher verengen sich an ihrem Ende.

Dieser kleine, verdeckte Seitengang parallel zur Galerie *Zaldei* nahm innerhalb des gesamten Höhlenheiligtums wahrscheinlich eine bedeutende Stellung ein. Nur hier gibt es solche Eindrücke im Höhlenlehm, die vermutlich von den Teilnehmern der Zeremonien stammen. Die Rückenlinie des Wisents (47) ist sorgsam gemalt und graviert worden. Die gravierten und gemalten Striche sind uns zwar unverständlich, doch vermutlich waren sie sehr wichtig.

Außerhalb des kleinen, verdeckten Gangs, in der Einbuchtung gegenüber dem großen Bildfeld der Pferde, befindet sich eine weitere Darstellung.

49, 50 Rotes Pferd (Abb. 82)   Nach links orientiertes, rotgemaltes Pferd. Die Kopf-Hals-Partie ist flächig rot gemalt, ähnlich wie bei den (schwarzen) Pferden 32 und 33. Der mittlere Teil des Pferdes (Rücken- und Bauchlinie, Beine) ist kaum zu erkennen. Rückfront und Hinterbein sind hingegen etwas deutlicher. Der kaum sichtbare Mittelteil gab zunächst zu der Vermutung Anlaß, in dem linken (= Kopf) und rechten Teil des Bildes getrennte Darstellungen (Nr. 49 und 50) zu sehen. Diese Pferdedarstellung ist durch ihren Platz in einer Nische gegenüber dem großen Bildfeld der Pferde sowie durch die rote Farbe hervorgehoben. Anders als die meisten Tiere ist es zum Ausgang der Galerie *Zaldei* hin orientiert.

Abb.82 Rotes Pferd 49, 50

Die Nische der Bären (*Artzei*)

Tiefer in der Galerie *Zaldei*, etwa 10 m von dem großen Bildfeld der Pferde entfernt, öffnet sich auf der linken Seite ein kurzer Seitengang, eher eine Nische (*Artzei*). An ihrem Eingang ist die flache, 1,30 m über dem Boden liegende Decke mit körnigen Sinterbildungen bedeckt. Auf dieser horizontalen Decke sind, dem Blick zunächst verborgen, zwei Bären (*Abb. 83 und 89, Nr. 51 und 52*) dargestellt, schwarze, mit Mangan ausgeführte Umrißzeichnungen. Die breiten Linien verlaufen an den Seiten. Die Bären sind hintereinander angeordnet und nach rechts orientiert. Das größere, vordere Tier ist 0,70 m lang, der kleine Bär dahinter 0,65 m. Die Bären sind mit sehr sicherer Linienführung, gleichzeitig jedoch nur summarisch dargestellt; Körperdetails wie etwa bei den Pferden fehlen.

Der kleine Bär ist vollständig und halb aufgerichtet gezeichnet. Es sind beide Hinterbeine, aber nur ein Vorderbein angedeutet. Der größere Bär hat keinen Kopf. Seine Rückenlinie ist nach dem Farbauftrag zusätzlich graviert worden. Die relativ breiten gravierten Linien wurden in die körnige, harte Oberfläche des Sinters eingeritzt und begrenzen die Rückenlinie oben und unten. Bei diesem Bären ist der kurze Schwanz als Verlängerung der Rückenlinie gezeichnet. Alle vier Beine befinden sich in einer Stellung, die den Paßgang der Bären andeuten könnte – links das Hinter- und Vorderbein voran, rechts das Hinter- und Vorderbein zurück. Die Unterenden der Beine sind breit und offen. In der Herzregion des Bären ist ein kurzer schwarzer Strich eingetragen (*Abb. 89*).

Die zoologische Bestimmung der Bären scheint eindeutig: Es handelt sich um den heute noch lebenden Braunbären, nicht um den ausgestorbenen Höhlenbären. Der Höhlenbär besaß den Skelettfunden zufolge einen mächtigeren Vorderkörper, und die Lendenpartie fiel etwas ab. Sein Schienbein war im Verhältnis viel kürzer als beim Braunbären, wie es auch in der von Koby und Schäfer ausgeführten Rekonstruktionszeichnung im Naturhistorischen Museum Basel zum Ausdruck kommt (*Abb. 85*). Der heutige Braunbär (*Abb. 84*) hat dagegen eine breitere und betontere Lendenpartie als der Höhlenbär, die außerdem nicht abfällt. Schließlich hatte der Höhlenbär eine gewölbtere, zur Nasenregion hin abgesetzte Stirn; man kann dies bei den Höhlenbärendarstellungen der Grotte Chauvet ebenfalls gut erkennen (Jean-Marie Chauvet, Eliette Brunel-Deschamps und Christian Hillaire 1995). Ein weiteres Charakteristikum der Braunbären, das jedoch bei den Bären von Ekain nicht auftaucht, ist ferner ein vorspringendes Fellbüschel am Widerrist (*Abb. 84*).

Die Nische der Bären ist der zentrale Punkt des Höhlenheiligtums. Die meisten Tiere der Galerie *Zaldei* und des letzten Saales (*Azkenzaldei*) sind hierher orientiert. Kurz vor der Nische der Bären befindet sich an der rechten Höhlenwand eine Mangan-Linse (Mangan-Bioxyd), aus der ein Großteil des Mangans entnommen wurde. Die Bären sind die einzigen Darstellungen in Ekain, die mit Mangan gemalt wurden; alle anderen schwarzen Abbildungen wurden mit Holzkohle ausgeführt. Die Analysen ergaben, daß das für die Bären verwendete Mangan dem Vorkommen in der Höhle entspricht; die Künstler scheinen also den Farbstoff für die Bilder der Bären hier gewonnen zu haben.

Bären sind in der eiszeitlichen Kunst viel seltener dargestellt als Huftiere. Immerhin gibt es insgesamt etwa 40 Bilder von Bären in Kantabrien, dem Pyrenäengebiet sowie im Perigord, im Quercy und an der Rhône. In den meisten Fällen bereitet die zoologische Bestimmung dieser Darstellungen keine Schwierigkeiten. Es gibt jedoch Fälle, in denen die Entscheidung schwer-

Abb.83 Die Nische der Bären

Abb.84 Braunbär
(*Ursus arctos*)

Abb.85 Zeichnung eines
Höhlenbären
(*Ursus spelaeus*) nach der
Rekonstruktion im
Naturhistorischen Museum
Basel

Abb.86 Bärendarstellung
von Santimamiñe
(Baskenland)

Abb.87 Umzeichnung der
Bärendarstellung von
Las Monedas (Santander)

Abb.88 Bärendarstellung
von Venta Laperra
(Baskenland)

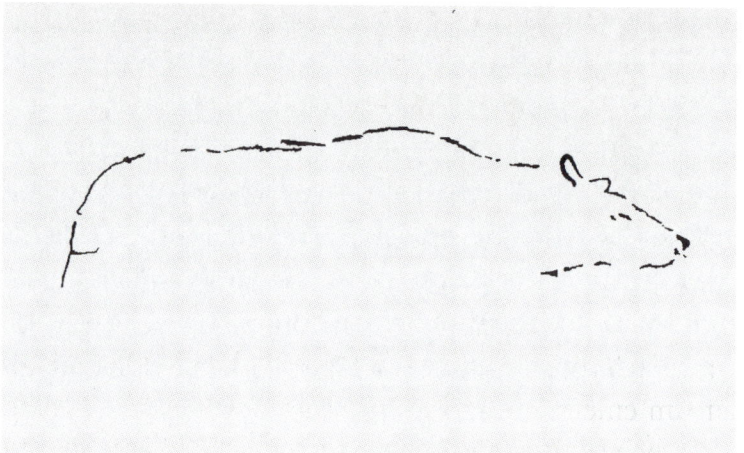

Abb.89 Die beiden Bären (51 und 52)

fällt, ob es sich bei den Bildern um einen Braunbären (*Ursus arctos*), der bis zur Gegenwart überlebt hat, oder um einen Höhlenbären (*Ursus spelaeus*) handelt, der am Ende der letzten Eiszeit (Würm- oder Weichsel-Kaltzeit) ausstarb. Unter den fossilen Funden kommen die Knochen des Braunbären weniger häufig vor als die des Höhlenbären. Der Braunbär ist jedoch an zahlreichen Fundstellen aus dem gesamten Jungpaläolithikum belegt. Der Höhlenbär war stärker im Mittelpaläolithikum und im ersten Teil des Jungpaläolithikums vertreten. Die großen Anhäufungen von Höhlenbärenknochen, die wir aus vielen Höhlen in ganz Europa kennen, fallen in diese Zeitabschnitte. Auch in Ekain stießen wir am Fundplatz im Eingangsbereich unterhalb der Magdalénienschichten auf Höhlenbärenknochen. In Kantabrien existierte der Höhlenbär jedoch bis zum Ende des Magdalénien. In diesem Gebiet hatte das Tier ein Refugium, in dem es länger als in anderen Teilen Europas überlebte.

Darstellungen von Bären in Kantabrien kennen wir im Baskenland außer von Ekain aus den Höhlen Santimamiñe und Venta Laperra und in Santander aus der Höhle Las Monedas. Bei den Bildern von Santimamiñe (*Abb.* 86) und Las Monedas (*Abb.* 87) handelt es sich eindeutig um Braunbären. Problematischer ist die in Venta Laperra im Eingangsbereich der Höhle gravierte und im Tageslicht sichtbare, einer älteren Phase des Jungpaläolithikums zugewiesene Bärendarstellung (*Abb.* 88). Die Stirnpartie und das nach hinten abfallende Kreuz legen hier auch die Wiedergabe eines Höhlenbären nahe.

Abb.90 Das Bildfeld der
Pferde im Saal *Azkenzaldei*

Das Bildfeld der Pferde im letzten Saal (*Azkenzaldei*)

Tiefer in der Höhle erweitert sich die Galerie *Zaldei* zu einem kleinen Saal (*Azkenzaldei*), der 19 m von der Nische der Bären entfernt ist. Hier befindet sich auf der rechten Wand ein Bildfeld mit sieben Pferden. Die Tiere sind alle nach außen, zur Nische der Bären hin, orientiert.

53 Pferd (Abb. 91)   Vor dem ersten Pferd ist eine schwarze Bogenlinie gemalt, die das neue Bildfeld einleitet. Das Pferd ist als schwarze Umrißzeichnung ausgeführt. An Schulter und Rücken greift die Farbe etwas in den Körper hinein, die Mähne ist durch kurze vertikale Striche markiert. An der Schulter deutet sich der Beginn eines Streifens als Innenzeichnung an. Kopf und Hals sind wie bei vielen anderen Pferden durch eine Linie getrennt. Das Auge ist nicht eingetragen, und es fehlen auch die unteren Enden der Beine. Beide Vorderbeine, aber nur ein Hinterbein sind angegeben. Wie bei vielen anderen Pferden von Ekain springt die Rückfront stark vor.

54 Rotes Pferd (Abb. 92)   Drei Meter links des zuvor beschriebenen Tieres und tiefer an der zurückweichenden Höhlenwand befindet sich ein mit Ausnahme des hinteren Körperteils schwarz konturiertes Pferd. Die Hinterbeine sind nicht gezeichnet oder vergangen; erhalten blieben nur zwei Linien an ihrem oberen Ansatz. Die Darstellung wird hier jedoch durch Felsvorsprünge verlängert, die die Beinregion vervollständigen. Ein Teil des Umrisses ist zusätzlich graviert. Die gravierten Linien beschränken sich auf die Trennlinie zwischen Kopf und Hals, die untere Halslinie und die Brustpartie, die Kontur des Vorderbeines bis zum Gelenk sowie auf den vorderen Teil der Bauchlinie, wo die gravierten Linien breiter sind. Ein Großteil des Körpers ist flächig rot gemalt, insbesondere Kopf und Hals, der obere Teil des Körpers und der Schweif. Die untere Grenze der Rotfärbung ist gewellt und deutet das bereits mehrfach beschriebene M-Zeichen an. Auch die Mähne ist rot ausgeführt. Die rote Farbe ist im vorderen oberen Körperteil am intensivsten. Sonst sind nur wenige Körperdetails wiedergegeben. Das Auge, die Linie zwischen Kopf und Hals, die Knieregion sowie ein breiter, teilweise vergangener Schweif sind schwarz gemalt.

Abb.91 Pferd 53

Abb.92 Rotes Pferd 54

55 *Pferd* (Abb. 93)   Hinter dem Pferd 54 befindet sich eine schlechter als die anderen Tiere erhaltene schwarze Pferdedarstellung. Der Körper ist teilweise schwarz gemalt, der Umriß des Kopfes zusätzlich graviert worden. Die schwarzen Linien geben fast den gesamten Umriß einschließlich des Schweifes wieder und fehlen nur am Kopf und an den Unterenden der Beine. Im Mähnenbereich ist die Linienführung im oberen Teil doppelt; auch die Linie zwischen Kopf und Hals sowie drei Streifen im Hals sind gezeichnet. Außerdem gibt es zwei weitere kurze schwarze Striche am Rücken und einen schwarzen Strich am Bauch. Die Rückfront ist besser proportioniert als bei den meisten Pferden der Höhle. Im Körper bedeckt die Schwarzfärbung die Rückenpartie einschließlich der Kruppe, den größten Teil des Brustkorbs sowie den oberen Teil der Flanke, Schenkel und Rückfront. Am Kopf findet sich keine schwarze Farbe. Im Körper formt die Unterkante der Schwarzfärbung ein M-Zeichen; dies kann man durch einen Vergleich mit anderen Pferden in diesem hintersten Teil der Höhle, bei denen diese Linie sorgfältiger gezeichnet ist, erschließen. Die gravierten Linien beschränken sich auf das Maul, die Stirnlinie und das Ohr. In dieser Partie weist die Felswand einige wahrscheinlich natürliche Rillen auf, die das Ohr und die Mähne als kurze Striche vervollständigen. Dies könnte auch für eine feine Bogenlinie gelten, die einen Teil der Mähnenlinie bildet.

56 *Schwarzes Pferd* (Abb. 94)   Hinter und etwas über dem Pferd 55 befindet sich ein weitgehend schwarz ausgefülltes Pferd. Die schwarze Umrißlinie fehlt am Kopf sowie an Teilen der Beine und der Bauchlinie sowie im oberen Teil der Rückfront. Vielleicht bildet die heutige schwache Linie in dieser Partie nicht die ursprüngliche Rückfront des Tieres. Am Rücken und am Hals vermischt sich die Umrißlinie mit der schwarzen Innenzeichnung. Beide Hinter- und wohl auch beide Vorderbeine – obwohl hier die Farbe schlecht erhalten ist – sind dargestellt.

Die Schwarzfärbung bedeckt große Teile des Körpers einschließlich des Kopfes und besonders der Ganasche. Ein schwarzer Kreis dürfte das Auge bilden. Die Unterkante der Schwarzfär-

Abb.95 Pferd 57 und gra-
vierte Linien 59

bung formt das übliche M-Zeichen, das hier die Schenkel mit einbezieht. In der Rückfront
scheint die Innenzeichnung teilweise vergangen zu sein. Gravierte Linien zeichnen die Gesichtslinie und das Maul, Hals und Brust, den oberen Teil der Frontlinie eines Vorderbeins sowie die
Rückenlinie und die Ober- und Unterseite der Schweifwurzel. Am Rücken ist die Gravierung
breiter.

57, 59 *Pferd und gravierte Zeichen (Abb. 95)* Hinter dem Pferd 56 folgt eine weitere, schwarz
gemalte und gravierte Pferdedarstellung, die von einer Anzahl gravierter Linien umgeben ist. Das
Tier ist mit einer schwarzen Umrißlinie und zahlreichen Körperdetails ausgestaltet. Das Ohr, das
Haarbüschel über der Stirn, die Mähne oberhalb der Halslinie, die Trennlinie zwischen Kopf und
Hals, die Streifen im Hals und das M-Zeichen im Körper sind ebenso deutlich wiedergegeben wie
die Kniegelenke und die Streifen im linken Hinterbein. In der Bauchregion sind im vorderen Teil
zwei kurze Bogenlinien übereinander, weiter hinten eine längere Bogenlinie ausgeführt. Das rechte Hinterbein ist im oberen und mittleren Teil flächig schwarz ausgemalt.

Eine breite gravierte Linie wurde für die Rückenlinie des Tieres vom Ohr bis zum Schweifan-
satz verwendet. Weitere Gravierungen begrenzen das rechte Hinterbein auf beiden Seiten. An der
Maulpartie befindet sich eine kleine natürliche Spalte im Fels.

In der Herzregion ist ein Pfeil graviert, der sich nach einer Unterbrechung weiter unten in einer Linie fortsetzt. Hier findet sich auch eine gravierte Doppellinie, die die Bauchlinie des Tieres
schräg schneidet. Weitere gravierte Linien dringen an den Hinterbeinen und der Rückfront in das
Tier ein. Bei den oberhalb der Kruppe aufgereihten, tiefer gravierten Linien ist unklar, ob sie zu
dem Pferd gehören oder ob sie ein symbolisches Zeichen darstellen. Ähnliche Linien erscheinen
auch unter den Hinterbeinen sowie hinter der Rückfront. Zwei weitere längere Linien sind schräg
vor der Brust des Tieres graviert. Schließlich ist zwischen den Vorderbeinen eine gebogene Linie
graviert worden.

Abb.96 Pferd 58

58 Pferd (Abb. 96) Das letzte Pferd der Reihe ist eine schwarze Umrißzeichnung mit gravierten Linien. Die Silhouette ist fast vollständig mit schwarzer Farbe gemalt, nur die Brust, das Vorderbein und der vordere Teil der Bauchlinie sind mit einer gravierten Linie angegeben. Am Kopf sind beide Ohren gezeichnet, es fehlen aber die Augen und andere Details. Die Innenfläche des Kopfes ist teilweise schwarzgefärbt. Die obere Begrenzung des Halses und die darüber liegende Mähne sind durch zwei Linien angegeben. Die Rückfront ist erneut sehr stark nach hinten ausgezogen. Beide Hinterbeine sind mit ihren Gelenken, jedoch ohne ihre Hufe dargestellt.

Die gemalte Rückenlinie wird wie beim Pferd 57 von der Mähne bis zum Beginn der Kruppe von einer breiten gravierten Linie begleitet. Eine ähnliche Linie vervollständigt den vorderen Teil der Bauchlinie. Schwarze Flecken im Körper des Tieres sind natürliche Verfärbungen der Felsoberfläche; nur der schwarze Farbfleck innerhalb des Kopfes ist gemalt. Hinter dem Pferd sind vier gravierte Linien zu erkennen, von denen eine in das rechte Hinterbein hineinführt. Eine weitere Linie hinter den Beinen ist nur kurz. Die dritte Linie ist im Schweifbereich graviert, die vierte dahinter. Die vor dem Kopf des Pferdes gravierten Linien gehören zu den aufgereihten, tiefer gravierten Linien (Nr. 59) zwischen den Pferden 57 und 58.

60 *Gewellte Linie* Oberhalb des Pferdes 58 findet sich am linken Rand des Bildfelds eine 0,20 m lange, gewellte Linie, die die Darstellungen dieses Ensembles abzuschließen scheint.

61 *Kopfpartie eines Pferdes (Abb. 97)* Unterhalb des Pferdes 58 ist die flächig rot gemalte Kopf-Hals-Partie eines Pferdes wiedergegeben. Es ist die tiefste Darstellung dieses Bildfelds. Der Kopf und die untere Halslinie sind zusätzlich graviert worden. Während die Ohren angedeutet sind, fehlen alle Details im Inneren des Kopfes. Die gravierte Umrißlinie folgt genau der Stirn über die Nüstern bis zur Kehle hinab.

62 *Gravierte Linien (Abb. 98)* Etwa 0,40 m über dem Pferd 56 befindet sich eine Anzahl gravierter Linien, die unterschiedlich tief sind und einander überschneiden.

Abb.97 Kopfpartie des Pferdes 61

Abb.98 Gravierte Linien 62

Das Bildfeld im letzten Saal (*Azkenzaldei*) besteht aus einigen Zeichen sowie sieben Pferden. Rechts oben, vor dem Pferd 53, leitet eine schwarze Bogenlinie das Bildfeld ein, und ganz links beendet die gewellte schwarze Linie 60 die Darstellungen. Zwischen den Pferden 57 und 58 im linken Teil sind 15 längere und einige kürzer gravierte, annähernd vertikale Linien aufgereiht (Nr. 59), deren Bedeutung ebenso unklar bleibt wie bei den ohne erkennbares System gravierten, etwas höheren Linien (Nr. 62).

Das erste Pferd (53) ist höher und getrennt von den anderen dargestellt. Die Pferde 54-58 sind dagegen wie in einem Fries aufgereiht. Das letzte Pferd (61) schließlich ist eine Kopfdarstellung links unten, die vom Rand in das Bildfeld hineinzuschauen scheint. Alle Pferde sind nach rechts, zur Nische der Bären hin, orientiert.

Das Pferd 53 rechts oben ist eine schwarze Umrißzeichnung. Alle anderen Pferde sind sowohl gemalt als auch graviert worden – ein auffallender Unterschied zu den Pferden im großen Bildfeld der Galerie *Zaldei*, bei denen gravierte Linien nur bei den besonders detailliert und sorgfältig ausgeführten polychromen Tieren vorkommen.

Das Pferd 58 ganz links im Panneau ist eine schwarze Umrißzeichnung, bei der Brust und Vorderbein sowie ein Teil der Mähnen-Rücken-Linie graviert sind. Die davor angeordneten Pferde 57, 56 und 55 haben einen schwarzen Umriß, schwarze Innenzeichnungen und zusätzlich eine teilweise gravierte Kontur. Die fast durchgehend gravierte Rückenlinie der Pferde 56 und 57 ist besonders hervorzuheben.

Rot sind die Pferde 54 und 61. Das Pferd 54 hat eine schwarze Umrißlinie, die stellenweise auch graviert ist, sowie eine flächige rote Innenzeichnung. In der Art seiner Anfertigung – nicht jedoch in seiner Qualität – läßt sich dieses Pferd den bichromen und zusätzlich gravierten Pferden 20 und 27 im großen Bildfeld an der rechten Wand der Galerie *Zaldei* an die Seite stellen. Der Pferdekopf links unten hat schließlich eine gravierte Umrißlinie und eine flächig rote Innenzeichnung, eine Kombination, die sonst in Ekain so nicht vorkommt.

Unebenheiten der Felswand wurden nur beim Pferd 54 in die Darstellung einbezogen; sie verlängern die Beine des Tieres. Auch in diesem Teil der Höhle weisen die dargestellten Pferde einige Merkmale auf, die damals offensichtlich verbreitet waren, so die Streifen im Halsbereich (55, 57) oder das M-Zeichen im Körper (54, 55, 56, 57). Ein Pferd (57) zeigt überdies eine Streifung der Beine. Eher schematisch als eine Trennlinie von Kopf und Hals wurde die Ganaschenkontur wiedergegeben (53, 54, 55, 57), und um eine stilistische Konvention handelt es sich ein weiteres Mal bei dem übertrieben ausladenden Hinterteil (58), das sich auch bei einigen Pferden von Santimamiñe findet (*Abb. 99*).

Den Pferden 57 und 58 sind Linien zugeordnet, die teilweise in den Körper eindringen. Beim Pferd 57 ist im Brustbereich ein Pfeil graviert, der sich nach unten zu in einer Linie fortsetzt. Dies könnte darauf hinweisen, daß auch die anderen Linien Geschosse wiedergeben sollten.

Abb.99 Pferdedarstellung von Santimamiñe (Baskenland) mit stark ausladendem Hinterteil

Die Darstellungen am Ende der Höhle

13 m von dem zuletzt beschriebenen Bildfeld entfernt befinden sich auf der gegenüberliegenden Höhlenwand zwei Gravierungen (**Nr. 63** und **65**) mit breiten und relativ flachen Linien, die möglicherweise mit den Fingern gezogen wurden. Darüber hinaus sind im Lehm, der hier den Fels bedeckt, feine Linien graviert.

Bei diesen 1,50 m über dem Boden angebrachten Bildern handelt es sich, verglichen mit den anderen Darstellungen der Höhle, um große Figuren. Die rechte Gravierung, 0,87 m lang, stellt Kopf und Hals eines Säugetiers, vielleicht eines Nashorns, dar. Dann wären die nach oben weisenden Linien die Ohren, und die Linien oberhalb der Schnauze würden ein Horn andeuten. Diese kaum überzeugende Interpretation scheint durch die zweite Darstellung Unterstützung zu finden.

Dieses Bild beginnt 0,20 m weiter links und zeigt realistischer als die erste Gravierung die Kopfpartie, die Rückenlinie und den Schwanz eines Nashorns. Das Tier, das die Menschen von Ekain hätten kennen können, war das wollhaarige Nashorn (*Coelodonta antiquitatis*) der letzten Kaltzeit. Es hatte wie die heutigen Nashörner zwei Hörner, wobei das vordere Horn wesentlich länger als das hintere war, wie es auch aus zahlreichen Darstellungen der eiszeitlichen Kunst hervorgeht. Sind die Spalten und Vorsprünge der Felswand auch hier in die Darstellung des Nashornkopfes einbezogen worden? Jedenfalls ist das natürliche Relief hier nicht so deutlich benutzt worden wie bei vergleichbaren Beispielen von Ekain.

Das wollhaarige Nashorn zählt, ebenso wie das Mammut, zu jenen ausgestorbenen Tieren, deren Aussehen durch Kadaver mit erhaltenen Weichteilen bekannt ist, unter anderem durch die berühmten Nashornfunde aus der Erdwachs-Grube von Starunia in den Karpaten (J. Nowack, E. Panow et al. 1930). Zum Vergleich bilden wir Rekonstruktionszeichnungen des wollhaarigen Nashorns (*Abb. 102, 103*) und eine Photographie eines heutigen Nashorns (*Abb. 101*) ab.

Knochen des wollhaarigen Nashorns wurden in einer Siedlungsschicht aus dem Mittleren Jungpaläolithikum (Gravettien, etwa 30 000 – 20 000 B. C.) in Lezetxiki unweit von San Sebastian gefunden. Aus Schichten des Magdalénien sind bisher im spanischen Baskenland keine Knochenfunde bekannt, es gibt sie jedoch in Isturitz im nördlichen, französischen Teil des Landes. Hier wurden im Saal Saint-Martin der großen Höhle in einer Schicht des Mittleren Magdalénien vier Backenzähne des wollhaarigen Nashorns gefunden. Auch an Fundstellen in Aquitanien kommen Knochen des wollhaarigen Nashorns selten vor. Das Nashorn war ein gefährliches, schwer zu erlegendes Tier.

Sollten die Gravierungen von Ekain tatsächlich das wollhaarige Nashorn darstellen, so wären sie die bisher ersten und einzigen Bilder dieses Tieres im kantabrischen Raum. Aus der Dordogne (Rouffignac, Font-de-Gaume, Combarelles, Lascaux), der Ardèche (Chauvet) und anderen Gebieten (La Colombière, Gönnersdorf) gibt es jedoch berühmte Darstellungen dieses Tieres.

Oberhalb der mit breiten Linien ausgeführten Gravierungen über dem zweiten Tier gibt es drei weitere gravierte Linien, die ebenso ausgeführt, aber viel feiner sind. Weiter hinten und oberhalb der Darstellung sind drei weitere, weniger breite feine Striche zu erkennen.

Abb. 100 Nashorn(?)-Darstellung am Ende der Höhle

Abb. 101
Heutiges Breitmaul-Nashorn (*Ceratotherium simum*)

Abb. 102
Rekonstruktionszeichnung eines wollhaarigen Nashorns (*Coelodonta antiquitatis*) von B. Kurtén

Abb. 103
Rekonstruktionszeichnung eines wollhaarigen Nashorns (*Coelodonta antiquitatis*) von B. Pfeifroth

64a Gravierte Linien An der gegenüberliegenden Höhlenwand wurden 2 m über dem Boden zwei gravierte Linien entdeckt. Die untere ist 0,75 m, die obere 0,54 m lang. Die breit und flach gravierten Linien entsprechen den Linien der fraglichen Nashörner (Nr. 63 und 64).

Die Darstellungen des hintersten Höhlenteils bilden hinsichtlich ihrer Technik und Motive eine eigene Gruppe: Möglicherweise gehören sie in eine andere (ältere) Zeit als die restlichen Bilder und erzählen eine eigene Geschichte.

100

Der Fundplatz im Eingangsbereich

von Jesús Altuna, Amelia Baldeón und Koro Mariezkurrena

Nach der Entdeckung des Höhlenheiligtums von Ekain haben wir – José Migel de Barandiaran und Jesús Altuna – im Eingangsbereich der Höhle eine Probegrabung durchgeführt. Dabei stießen wir bereits dicht unter der Oberfläche auf prähistorische Funde. Dies veranlaßte uns, eine größere Ausgrabung ins Auge zu fassen.

Diese Grabungskampagne wurde von der Prähistorischen Abteilung der *Sociedad de Ciencias Aranzadi* organisiert und fand zwischen 1969 und 1975 in sechs Etappen statt. Die Ausgrabung wurde in dem kleinen Seitengang links vom Eingang zum Heiligtum sowie im ersten Teil des zu den Höhlenbildern führenden Gangs durchgeführt. Dadurch wurde die enge Passage, die den Zugang zum Heiligtum bildet, vergrößert, so daß man nicht mehr auf dem Boden kriechen muß.

Die Ausgrabungen zeigten, daß sich der Siedlungsplatz auf den Vorraum und den erwähnten linken Seitengang beschränkt. Die Untersuchungen in der engen, durch Blöcke versperrten Eingangspassage erbrachten keinerlei Siedlungsreste. Hier wurden nur Höhlenbärenknochen gefunden; die Ablagerungen in diesem Teil wurden viel langsamer gebildet als im Vorraum und im linken Seitengang, wie bereits bei der Beschreibung der Höhle erwähnt wurde. So lagen die Höhlenbärenknochen, die wir am Siedlungsplatz im Vorraum erst 2 m unter der Oberfläche antrafen, in der Passage lediglich 0,20 m tief. Die Schichten des Magdalénien im Vorraum und im Seitengang lagen dagegen deutlich über den Schichten mit den Höhlenbärenknochen und waren von diesen durch eine fundleere Zwischenschicht getrennt. Auch im unmittelbaren Eingangsbereich der Höhle entdeckten wir keinerlei Funde.

Die Schichtenfolge von Ekain

An der Basis der Ablagerungen, unmittelbar über dem gewachsenen Felsboden, lagen die fundleeren Schichten XII und XI. Hier blieben nicht nur archäologische Funde aus; es wurden auch keinerlei Tierknochen angetroffen.

In der darüber folgenden Schicht X lagen Knochen von Höhlenbär, Wolf, Hirsch und Gemse. Die Höhlenbärenknochen herrschten bei weitem vor; sie stellten 83 Prozent des Knochenmaterials. Im oberen Teil der Schicht wurden vereinzelte Steinartefakte entdeckt, die möglicherweise in ein frühestes Jungpaläolithikum (Chatelperronien) gehören. Ein ^{14}C-Datum für die Basis der darüber folgenden Schicht (IX) ergab ein Alter von > 30 600 Jahren B. P. Die in Schicht X gefundenen Klingen, die von pyramidalen oder prismatischen Kernen geschlagen wurden, scheinen nicht viel älter zu sein.

Aus Schicht IX stammen vor allem Knochen des Höhlenbären sowie einige Steinartefakte, möglicherweise aus dem Aurignacien. Der Zustand und die Bruchformen der Huftierknochen

Abb. 104 Die Ausgrabungsfläche im Vorraum der Höhle Ekain

aus diesen unteren Schichten unterscheiden sich deutlich von den Knochenfunden in den oberen Schichten, in denen die Anwesenheit des Menschen deutlich belegt ist. In den unteren Schichten haben Raubtiere ihre Beutereste eingeschleppt, während in den Schichten VII–II der Mensch, der die Knochen weit stärker zerkleinert hat, für die Einbringung verantwortlich ist.

Schicht VIII enthielt mehr Steinartefakte als die unteren Schichten, aber weit weniger als die darüber folgenden, mit Schicht VII beginnenden Ablagerungen. Die Tierknochen zeigen, daß der Höhlenbär verschwand und die Gemse vorherrschte, gefolgt vom Hirsch. Auch Wildrinder, Steinbock, Reh und Wildschwein können jetzt nachgewiesen werden. Für diese Schicht gibt es ein ^{14}C-Datum von 20 900 Jahren B. P.

Die intensivsten Siedlungsreste stammen jedoch aus den Schichten VII–II. Die Schichten VII und VI gehören in das Magdalénien, die Ablagerungen darüber in das Azilien.

Im folgenden werden wir die Schichten aus dem Magdalénien beschreiben.

102

Schicht VII

Aus dieser Schicht stammen zahlreiche Steinartefakte des Älteren Magdalénien Kantabriens. Der untere Teil der Schicht wurde, den Ergebnissen der Sedimentuntersuchungen und Pollenanalysen zufolge, in einem feuchten, gemäßigten Klima gebildet; der übrige Teil entstand in einer Kaltphase (Dryas I). Die ^{14}C-Datierungen für diese Schicht liegen zwischen 16 500 und 15 500 Jahren B. P.

Die menschliche Besiedlung konzentriert sich auf die äußere, breitere und besser beleuchtete Fläche des Vorraums. In dieser 0,63 m mächtigen Schicht gibt es vier Feuerstellen, die sich stets an der gleichen Stelle befinden. Um die Feuerstelle herum lagen viele Geräte und Knochen; auch diffuse Holzkohleflecken waren festzustellen.

Die Stein- und Knochengeräte sind gut erhalten und durch Sedimentbewegungen oder dergleichen nicht beeinflußt. Nur einige Stücke, vor allem Knochengeräte, zeigen Feuerspuren. Die Steinartefakte sind bräunlich, grau und gelblich gefärbt. Einige Werkzeuge – Bohrer, Rückenmesser und Rückenspitzen – sind aus einem schwarzen Feuerstein von guter Qualität. Die Steinartefakte sind fast alle aus Feuerstein, nur wenige bestehen aus hartem Sandstein, und ein Kern ist aus Quarzit. Außerdem wurden einige Stücke aus Bergkristall gefunden.

Zusammengepaßte Fundstücke – vor allem Steinartefakte und zertrümmerte Knochen – zeigen keine größeren horizontalen oder vertikalen Verlagerungen. Es konnten Stichelabfälle an Stichel sowie Lamellen und Kratzer zusammengepaßt werden. Außerdem konnte ein in vier Fragmenten gefundener Knochenpfriem wieder zusammengesetzt werden. Der verwendete Feuerstein ist gut zur Bearbeitung geeignet. Es kommen sowohl fertig präparierte Kerne als auch Feuersteingerölle vor, wie man sie in benachbarten Flußablagerungen finden kann. Makroskopisch gleicht der verwendete Feuerstein dem Steinmaterial der Schicht V des Höhlenfundplatzes Erralla. Es scheint, daß diese beiden Fundhorizonte zusammengehören.

Die Steinartefakte bestehen aus 32 Kernen, 3006 Abschlägen und Klingen sowie 305 retuschierten Werkzeugen. Kerne, Abschläge und Werkzeuge stehen demnach in einem Verhältnis von 1-100-10. Der Werkzeuganteil von 10 Prozent ist recht hoch, findet sich aber auch an dem gleichzeitigen Fundplatz Rascaño sowie in der bereits genannten Schicht V von Erralla. Der hohe Werkzeuganteil deutet darauf hin, daß viele Stücke nicht in der Höhle, sondern andernorts hergestellt worden sind. Für die Herstellung der Grundformen – Klingen und Abschläge – in der Höhle selbst gibt es viele Belege; so wurden 1524 Abschläge und 1482 Klingen gefunden, die als Grundformen für die Werkzeugherstellung hätten dienen können. Außerdem kommen Stichelabfälle von der Nachschärfung von Sticheln in großer Zahl vor. Zwei Stichel stammen von derselben Feuersteinknolle und konnten zusammengepaßt werden. Die vorgefundenen Kerne sind klein – in der gleichzeitigen Schicht von Erralla sind sie doppelt so groß –, aufgebraucht und wurden möglicherweise als Geräte benutzt. Mehrere Abschläge konnten wieder an die Kerne angepaßt werden. Unter den 305 retuschierten Werkzeugen gibt es Stichel (*Abb. 105, 2–5*), einige Bohrer (*Abb. 105, 12–14*) und nur selten Kratzer (*Abb. 105, 1*). Insgesamt hat das Inventar aber einen mikrolithischen Charakter (*Abb. 105, 6–10, 15–19*).

Die ungewöhnlich geringe Zahl der Kratzer ist im Vergleich zu anderen Fundstellen dieser Zeit ohne Parallelen. Der Anteil der Stichel entspricht hingegen etwa den Verhältnissen in Erralla.

Abb.105 Stein- und
Knochengeräte aus
Schicht VII
1 Kratzer
2–5 Stichel
6–11, 15–19 Rücken-
gestumpfte Kleinformen
(Einsätze)
12–14 Bohrer
20 Sandsteinplatte
21 Bruchstück einer
Geschoßspitze mit rechteckigem Querschnitt
22 Spitzenteil einer
Geschoßspitze mit Längsrille
23 Doppelspitze

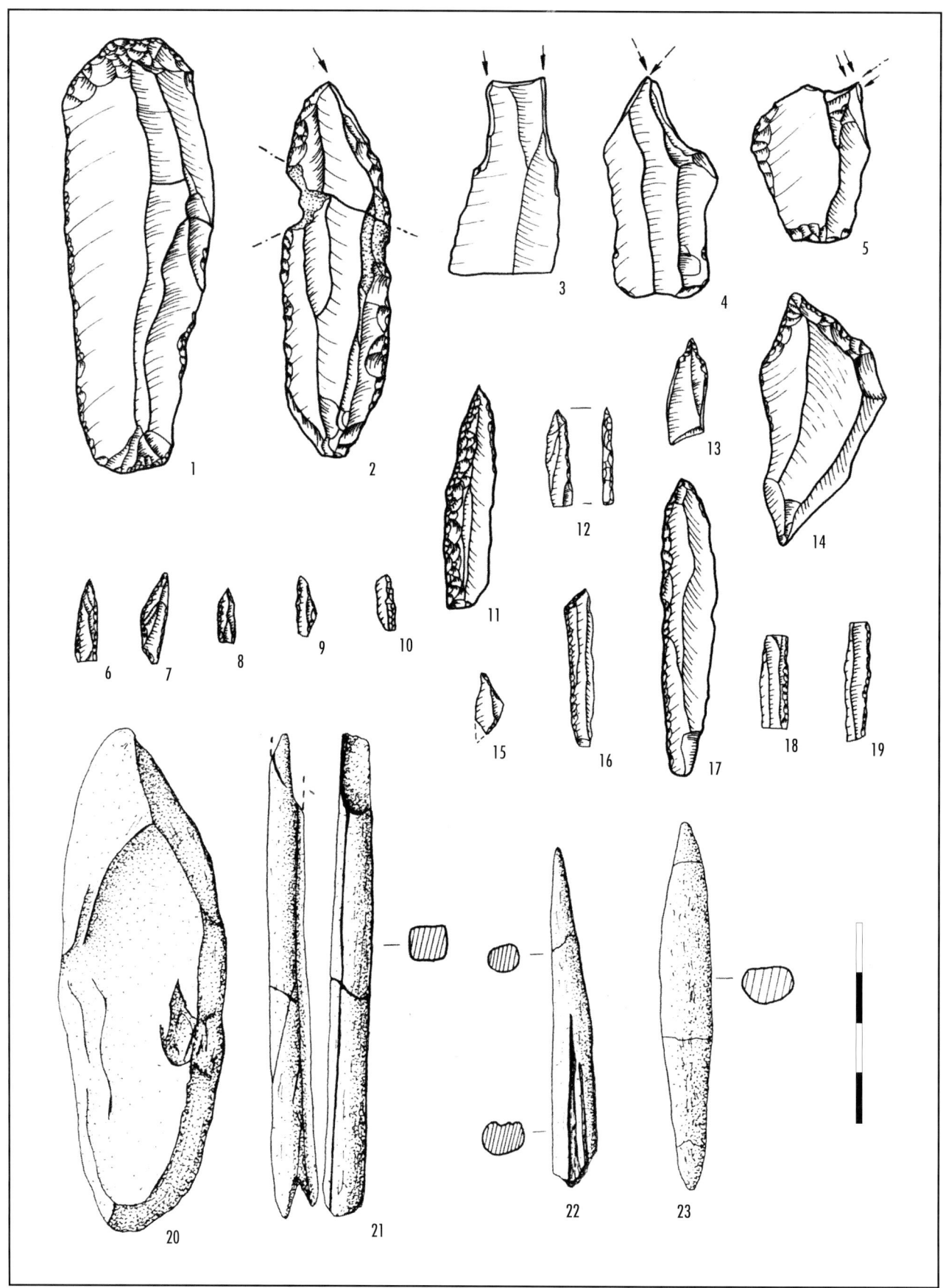

Die Stichel wurden an Ort und Stelle hergestellt, benutzt und nachgeschärft. Bohrer wurden in dieser Höhle nur selten verwendet. Insgesamt herrschen Kleinformen – Einsätze in Schäften und Spitzen, die meist wohl aus Holz waren –, darunter 150 Rückenmesser (*Abb. 105, 18–19*), bei weitem vor.

In dieser Schicht wurde ferner eine kleine Sandsteinplatte gefunden, auf der einige parallele Linien graviert sind (*Abb. 105, 20*).

Die Geräte aus Knochen und Geweih sind nicht zahlreich, geben aber einige Hinweise auf ihre Entstehungszeit und den kulturellen Kontext. Es gibt zwei Geschoßspitzen, eine Doppelspitze, drei Bruchstücke von Geweihstäben, zwei Pfriemen und zwei Glätter. Die Stücke sind gut erhalten, und einige Bruchstücke konnten wieder zusammengesetzt werden. Wie bei den Steinwerkzeugen wurden die besten, aussagefähigsten Stücke nicht in der Höhle selbst hergestellt, sondern von anderswo mitgebracht. Die Abfallstücke wie die Bruchstücke von Geweihstäben zeigen aber, daß die Bearbeitung von Geweih und Knochen auch in der Höhle selbst stattfand.

Aussagefähig sind vor allem die beiden Geschoßspitzen, von denen eine einen flachen Querschnitt und auf einer Seite eine tiefe Längsrille (*Abb. 105, 22*), die andere einen rechteckigen Querschnitt und eine gespaltene Basis (*Abb. 105, 21*) besitzen, sowie die Doppelspitze (*Abb. 105, 23*). Diese Formen sind im Älteren Magdalénien Kantabriens gut vertreten.

Die Knochen- und Geweihgeräte bestehen vor allem aus Formen, die bei der Jagd verwendet wurden (Geschoßspitzen); »häusliche« Geräte fehlen dagegen. Insgesamt zeichnet sich das Fundmaterial dieser Schicht durch einen speziellen Charakter aus. »Häusliche« Geräte, wie wir sie von den länger bewohnten Basislagern kennen – Kratzer, Bohrer, gezähnte Stücke und Schaber –, sind hier relativ selten. Statt dessen dominieren Rückenmesser, das heißt Steineinsätze in Spitzen und Messern, die vor allem auf die Jagd hinweisen. Bei Schicht VII von Ekain handelt es sich demnach eher um ein Jagdlager als um einen Siedlungsplatz. Allerdings bedarf es noch weiterer Untersuchungen auch durch andere Forschungsdisziplinen, um den spezialisierten und saisonalen Charakter des Fundplatzes zu erhärten.

Die Tierknochen der Jagdbeutereste belegen für diese Schicht eine Spezialisierung auf die Hirschjagd: 85,2 Prozent der gefundenen Knochen stammen vom Hirsch. Es ist noch eine genauere Unterscheidung möglich, denn die Jagdbeute bestand vor allem aus Hirschkühen und ihren neugeborenen Kälbern. Die Hirschkühe leben in festgefügten Rudeln, zu denen die Hirsche nur während der Brunst im Herbst stoßen. Im Frühjahr trennt sich die Hirschkuh vom Rudel, um an einem verborgenen Ort ein Kalb zu setzen. Hirschkuh und Kalb bleiben dann einige Tage zusammen, bis das Kalb kräftiger ist; erst dann kehrt die Hirschkuh zum Rudel zurück. Während dieses Zeitraums haben die Jäger, die in Ekain während der Bildung der Schicht VII lebten, die Hirschkühe mit ihren Kälbern erlegt.

Im Fundmaterial gibt es kaum Geweihstücke von Hirschen; die gefundenen Knochen stammen, ihrer Größe zufolge, von Hirschkühen und neugeborenen Kälbern. Die Hirschkälber haben bei der Geburt ein Milchgebiß ohne Abkauungsspuren; die kleinen Zähne (*Abb. 106*) überragen das Zahnfleisch. In Ekain konnte das Lebensalter von 18 Hirschkälbern bestimmt werden: 16 waren im ersten Lebensmonat und die beiden anderen drei bis fünf Monate alt, als sie getötet wurden. Außerdem entdeckten wir Knochen von zwei jungen Steinböcken mit einem Alter von

Abb.106 Milchzähne von
Hirschkälbern aus Schicht VII

weniger als einem Monat, ein anderer Steinbock war vier bis fünf Monate alt. Steinböcke werden im späten Frühjahr geboren, die Tiere sind also im Sommer gejagt worden. Auch die Steinböcke mit einem Alter von sechs bis zehn Monaten, deren Knochen wir fanden, wurden wohl im Sommer erlegt. Dies legt den Schluß nahe, daß die Höhle von Ekain nur im Sommer bewohnt war.

Die Höhle Ekain mit ihrem bedeutenden Höhlenheiligtum war während der Bildung von Schicht VII also lediglich ein saisonaler Jagdplatz, den man speziell zur Jagd auf Hirschkühe mit ihren neugeborenen Kälbern aufsuchte. Wo lag dann der dazugehörige Siedlungsplatz?

In der Umgebung von Ekain gibt es mehrere Fundplätze aus dem Magdalénien (*Abb. 107*). Einer davon, die Höhle Urtiaga, die unter anderem Fundschichten des Älteren Magdalénien und des Spät- bis Endmagdalénien enthält, liegt 8 km nordwestlich von Ekain und hat einen leichten Zugang. Um von Ekain aus dorthin zu gelangen, muß man auf der Höhe von Endoia einen Bergrücken von 350 m NN überqueren, also einen Höhenunterschied von 260 m (Ekain liegt auf 90 m NN) bewältigen. Von dort aus nimmt man den Weg nach Westen, am Fuß der Erhebung von Andutz, und gelangt in das Gebiet von Itziar, von wo aus man nach Urtiaga (160 m NN) hinabsteigt (*Abb. 107*). Von Ekain aus erreicht man diese Höhle in weniger als zwei Stunden.

Etwas weiter, 9 km von Ekain entfernt, befindet sich die Höhle Ermittia, die ebenfalls Fundschichten des Magdalénien enthält. Um dorthin zu gelangen, muß man zunächst den gleichen Weg wie nach Urtiaga nehmen. Nach dem Berg von Andutz wendet man sich jedoch nach

Westen und läßt das Gebiet von Itziar rechterhand liegen. Der Fußmarsch nach Ermittia (100 m NN) dauert etwas mehr als zwei Stunden.

Die Fundstellen Aitzbeltz und Agarre liegen 7 beziehungsweise 10 km westlich von Ekain. Nach Aitzbeltz, wo bisher keine Ausgrabungen stattfanden, folgt man zunächst der Goltzibar-Schlucht und überquert dann den Paß von Attola, 500 m höher als Ekain. Von dort aus folgt man dem Oberlauf des Lastur-Tals und passiert die Aranerreka-Schlucht, in der die Höhle von Aitzbeltz in 370 m NN liegt. Drei Kilometer talabwärts und 50 m tiefer befindet sich die Höhle Agarre. Von Ekain nach Aitzbeltz benötigt man 2¼ Stunden, nach Agarre etwas mehr als 3 Stunden. Der Fußmarsch zu diesen beiden Höhlen ist viel beschwerlicher als nach Urtiaga oder Ermittia, denn die Höhenunterschiede sind größer und das Tal des Lastur sowie die Schlucht des Aranerreka sind sehr steil.

Abb. 107 Die besten Wege von Ekain zu anderen Magdalénien-Fundplätzen des Gebietes (Erralla, Urtiaga, Ermittia, Aitzbeltz). Es sind auch noch nicht untersuchte paläolithische Fundplätze (Agarre) sowie Fundplätze ohne Magdalénienschichten (Amalda, mit mittelpaläolithischen Funden sowie Schichten des Gravettien und Solutréen) eingetragen. In der oberen rechten Ecke liegt die Bilderhöhle Altxerri.

Eine weitere ausgegrabene Höhle mit Fundschichten des Älteren und Jüngeren Magdalénien ist Erralla. Um von Ekain aus dorthin zu gelangen, muß man den Urola-Fluß bei Zestoa überqueren und dann nach Osten zum Aizarna-Tal gehen. Von dort aus zuerst nach Südosten, dann nach Süden am Fuß der Berge erreicht man das Tal des Alzolaras, an dessen Oberlauf die Erralla-Höhle liegt. Auf diesem Weg muß man einen Höhenunterschied von 500 m überwinden, um nach Erralla (230 m NN) zu gelangen. Von Ekain aus sind die 10 km in drei Stunden zu bewältigen. Auch Erralla war ein nur saisonal, in der warmen Jahreszeit genutzter Platz.

Von allen diesen Fundplätzen ist Urtiaga von Ekain aus am bequemsten zu erreichen. Die Untersuchung der Jagdbeutereste aus der Schicht des Älteren Magdalénien in dieser Höhle ergab ebenfalls einen bedeutenden Anteil neugeborener Hirschkälber, jedoch auch Knochen von Hirschkälbern aus allen Jahreszeiten. Urtiaga war ein ständig bewohnter Siedlungsplatz, von dem aus man sich am Ende des Frühjahrs nach Ekain hätte begeben können, um dort Hirschkühe und neugeborene Kälber zu erlegen.

Wir haben versucht, diese Hypothese zu beweisen. Bei der Herstellung und Nachschärfung von Sticheln entstehen Stichelabfälle, die schon wegen ihrer geringen Größe an Ort und Stelle liegenbleiben. Daher ist es möglich, die Stichelabfälle wieder an den Stichel anzupassen. Wir unternahmen den Versuch, Stichelabfälle von Ekain auf Stichel aus Urtiaga zu passen, und umgekehrt – leider ohne Erfolg. Doch die Hypothese ist dadurch nicht widerlegt. Wir haben wahrscheinlich nur das Pech gehabt, keine zueinander passenden Stücke zu finden.

Der in Urtiaga verwendete Feuerstein ist dem Feuerstein der Steinartefakte von Ekain jedenfalls sehr ähnlich. Es läßt sich aber nicht entscheiden, ob die an beiden Fundstellen als Rohmaterial verwendeten Feuersteine von ein und derselben Lagerstätte stammen. Die »Nachbarschaft« beider Fundstellen legt indessen die Annahme nahe, daß deren Bewohner miteinander in Kontakt standen.

Die Mobilität der Bewohner von Ekain war beträchtlich, wie zwei in Schicht VII gefundene Stücke aus rotem Sandstein der Trias belegen. Dieses Gestein ist im Gebiet von Ekain völlig unbekannt; das nächste Vorkommen dieses Sandsteins liegt bei Alkiza, in 16 km Luftlinie Entfernung; der einfachste Weg dorthin ist 20 km weit. Ferner wurde ein Ophit-Stück gefunden, dessen nächste Vorkommen, die Diapire von Zizurkil, etwa im gleichen Gebiet liegen, aus dem der rote Sandstein stammt; auch Motriku in einer Entfernung von 12 km Luftlinie (14 km zu Fuß) kommt in Frage.

Verglichen mit dem großen Aktionsradius der Rentierjäger in den weiten Ebenen anderer Gebiete Europas, in denen der Mensch den wandernden Tieren folgte, sind solche Entfernungen freilich winzig. Dies gilt jedoch nicht für die Jäger von Hirsch und Steinbock in Kantabrien, deren Jagdgebiet der schmale Geländestreifen zwischen den kantabrischen Kordilleren und dem Meer war. Die hier lebenden Tiere unternahmen keine Wanderungen, es sei denn auf der kurzen Strecke zwischen den Gebirgen und dem Meer.

Kehren wir zu den Tieren der Schicht VII zurück. Außer dem Hirsch ist hier der Steinbock mit 10,6 Prozent der Huftierknochen vertreten. In geringerem Anteil gibt es außerdem Knochen von Wildrindern (Auerochse oder Wisent), Gemse und Reh. Das in dem Höhlenheiligtum von Ekain so häufige und wichtige Pferd ist in dieser Schicht nur mit 0,8 Prozent der Tierknochen vertreten.

Schicht VI

Die Funde dieser Schicht gehören in das Spät- und Endmagdalénien. Den Untersuchungen der Sedimente und Pollen zufolge handelte es sich um eine sehr kalte Zeit; in der Schichtenfolge von Ekain stößt man in diesem Abschnitt auf die deutlichsten Hinweise von Kälte. Bei dieser Kaltphase könnte es sich um die Ältere Dryaszeit (Dryas II) handeln; es gibt eine ^{14}C-Datierung von 12050 Jahren B. P. Der Anteil der Baum-Pollen sinkt hier deutlich ab. Laubbäume kommen praktisch nicht vor, und die Heidekrautgewächse (*Ericaceen*) erreichen den niedrigsten Wert innerhalb der untersuchten Schichtenfolge (Schichten VII–II).

Vielleicht waren die Hirsche in einer solchen Umgebung seltener; jedenfalls jagten die Menschen in Ekain jetzt in erster Linie den Steinbock. In der Umgebung der Höhle gibt es Steilhänge, etwa am Urola-Fluß, und auch schroffe Felswände des Kalksteinmassivs von Erlo-Agido, so daß der Steinbock hier gute Lebensbedingungen fand. Während sich der obere Teil der Schicht VI bildete, scheint das Klima etwas günstiger gewesen zu sein. Die oberste Partie der Schicht enthält jedoch wieder Hinweise auf größere Kälte.

Im Verhältnis zur geringen Mächtigkeit der Schicht von 0,24 m ist dieser Horizont recht fundreich, mit vielen Steinartefakten und Tierknochen. Die Steinartefakte aus dem unteren und oberen Teil der Schicht (VIa und VIb) zeigen die gleiche Bearbeitungstechnik und denselben Formenschatz. Deshalb soll hier das Material zusammen beschrieben werden.

Es wurden einige Feuerstellen angetroffen, die kleiner als in der unteren Schicht VII sind; außerdem liegen sie mit Ausnahme der ältesten Feuerstelle an anderer Stelle, mehr höhleneinwärts als jene der Schicht VII. Die Feuerstellen befinden sich unter dem Portal der kleinen Höhle und auch an schwächer vom Tageslicht erleuchteten Stellen. Gegen Ende dieser Magdalénien-Besiedlung sind mit Steinen umbaute Feuerstellen, ohne verstreute Holzkohlezonen, nachweisbar. Meist liegen die Funde gehäuft im Feuerstellenbereich.

Die Steinwerkzeuge weisen auffallende Unterschiede zur darunterliegenden Schicht VII auf. Vor allem geht der Anteil der Kleinformen, beispielsweise der Rückenmesser (Einsätze), deutlich zurück, hingegen ist die Zahl der Stichel nun größer. Dies könnte mit einer gesteigerten Bedeutung der Knochen- und Geweihbearbeitung erklärt werden, zu der die Stichel dienten. Offensichtlich war die Besiedlung der Höhle jetzt dauerhafter oder doch intensiver als zuvor. Hierfür spricht auch, daß die Steinartefakte nun zahlreicher als die Tierknochen sind. Die Farbtöne der verwendeten Feuerstein-Varietäten sind in dieser Schicht vielfältiger; dies könnte jedoch zufällig und durch eine spätere Farbveränderung (Patinierung) bedingt sein, denn es gelang, einen Stichelabfall an einen Stichel anzupassen, obwohl beide Stücke ganz unterschiedlich gefärbt waren.

Auch hier ist zu beobachten, daß die Steinwerkzeuge teilweise andernorts hergestellt und dann zur Höhle gebracht wurden. Nur wenige Formen bilden eine Ausnahme, zum Beispiel die Stichel, die an Ort und Stelle nachgeschärft wurden. In mehreren Fällen ist auch eine Umarbeitung von Werkzeugen zu belegen: So wurden Bohrer aus Stichelabfällen hergestellt und unbrauchbar gewordene Harpunen zu Pfriemen umgearbeitet.

Die Steinwerkzeuge sind ausnahmslos aus Feuerstein gearbeitet. Von einer besonders guten, schwarzen Feuersteinvarietät stammen nur fertige Werkzeuge ohne jeden Bearbeitungsabfall: zwei

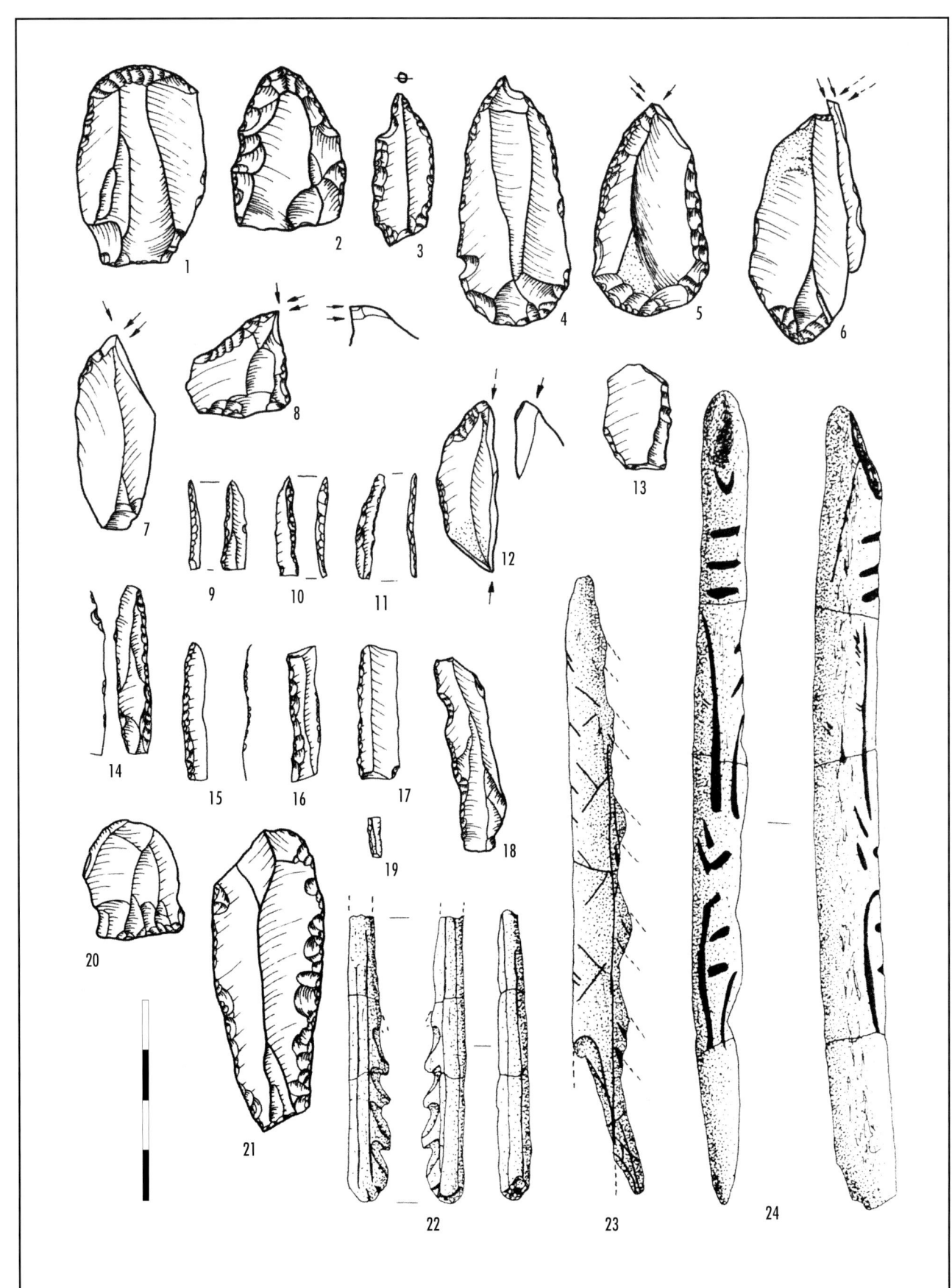

Abb. 108 Stein- und Knochengeräte aus Schicht VI
1 und 2, 4 und 5 Kratzer
3 Bohrer
5–8, 12 Stichel
9–11, 14–18 Rückengestumpfte Kleinformen (Einsätze)
22 und 23 Harpunen
24 Bruchstück einer verzierten Geschoßspitze

Bohrer, eine Spitze und ein Rückenmesser. Darüber hinaus wurden drei Schaber aus Rindenabschlägen gefunden, die mit Sicherheit von ein und derselben Rohmaterialknolle herrühren.

Der Anteil der retuschierten Werkzeuge am Gesamtinventar beträgt 10,6 Prozent, er ist damit genauso hoch wie in der unteren Schicht. Es gibt weniger Kerne, unter den gefundenen Stücken jedoch regelmäßige Kerne für Lamellen. Ferner kommen zahlreiche Stichelabfälle vor, die in Zusammenhang mit den zahlreichen Sticheln stehen. Die Werkzeuge wurden in erster Linie aus klingenförmigen Abschlägen gearbeitet, wie in der unteren Schicht, gefolgt von Klingen und Abschlägen.

Der Anteil der Werkzeugformen unterscheidet sich hingegen von der unteren Schicht. Die Kratzer (*Abb. 108, 1–2, 4–5*) sind häufiger (2,5 % der Werkzeuge), darunter befinden sich zahlreiche zerbrochene Stücke. Bohrer (*Abb. 108, 3*) stellen 3,3 Prozent der Werkzeuge. Besonders häufig sind jedoch die Stichel (*Abb. 108, 5–8, 12*) (19,5 %). Schaber machen 3,8 Prozent aus. Hinzu kommen Sonderformen und Kombinationswerkzeuge.

Die Zunahme dieser Werkzeugformen geht auf Kosten der nun seltener vertretenen Kleinformen. Die kleinen Steineinsätze (Rückenmesser, kleine Rückenspitzen, geometrische Kleinformen; *Abb. 108, 9–11, 14–19*) sind mit 51,1 Prozent vertreten, 8,4 Prozent weniger als in der unteren Schicht. Allgemein ist ein ausgeglicheneres Verhältnis zwischen »häuslichen« Geräten – Kratzern, Sticheln, Bohrern, retuschierten Abschlägen und gezähnten Stücken – und »Waffen« festzustellen; das gleiche gilt für die Knochen- und Geweihgeräte. Diese Schicht ist außerdem durch eine größere Variabilität der Werkzeug- und der Grundformen gekennzeichnet. Dies könnte auf eine stärkere Vielfalt der hierfür erforderlichen Arbeiten hinweisen. Besonders gilt dies für die Stichel, die in fast allen Formen vorkommen – ausgenommen einige zeitlich und räumlich eng begrenzte Typen. Die Stichel wurden stark benutzt und aufgebraucht; man stößt auf viele Bruchstücke. Sie wurden auch außerhalb der Höhle benutzt, wie aus der im Vergleich zu den Sticheln großen Zahl der Stichelabfälle hervorgeht.

Die gute Qualität des verwendeten Feuersteins erlaubte die Herstellung guter Klingenkratzer; daumennagelförmige oder dicke, meist kleine Kratzer, die sonst an den Fundstellen in Asturien und Kantabrien so häufig sind, kommen hier nicht vor. Man könnte das Vorherrschen von kleinen Spitzen mit geradem Rücken anstelle der Formen mit gebogenem Rücken mit dem guten Rohmaterial erklären, das einen sorgfältigeren Abbau der Kerne und die Herstellung regelmäßiger Klingen erlaubte. Zu den Steinfunden aus dieser Schicht gehört schließlich eine Sandstein-Platte, die, wie ein ähnliches Stück aus Schicht VII, auf einer Fläche einige eingeritzte Striche trägt.

Insgesamt zeigen die Steinartefakte, daß es sich in Schicht VI von Ekain um die Hinterlassenschaft einer zeitlich begrenzten, spezialisierten Besiedlung handelt, die für das Spät- und Endmagdalénien in Kantabrien typisch ist.

Die Geräte aus Knochen und Geweih zeigen im oberen und unteren Teil der Schicht VI deutliche Unterschiede. Aus dem unteren Schichtteil (VIb) gibt es keine Harpunen, im oberen Teil (VIa) sind sie dagegen vorhanden. Die Anzahl der Knochen- und Geweihgeräte ist begrenzt, ihre Formen sind jedoch aussagefähig. Die Stücke sind schlecht erhalten, oft zerbrochen und weisen häufig Feuerspuren auf.

Aus Schicht VIb gibt es zwei Geschoßspitzen mit rechteckigem beziehungsweise rundem Querschnitt, vier Spitzenbruchstücke von Pfriemen und zwei Bruchstücke von Glättern sowie schließlich zwei Hirschgeweihstücke mit Rillen, die bei der Entnahme von Geweihspänen entstanden.

Im oberen Schichtteil (VIa) wurden vier Harpunen gefunden, zwei davon als Bruchstücke ohne Fuß. Sie haben einen annähernd runden Querschnitt und nur eine Reihe von Widerhaken (*Abb. 108, 22–23*); der Abstand zwischen den einzelnen Widerhaken ist dabei verhältnismäßig groß. Außerdem entdeckte man vier Geschoßspitzen; eines dieser Stücke trägt eine Verzierung aus Winkelmustern (*Abb. 108, 24*). Hinzu kommen ein zugespitztes, keilförmiges Artefakt sowie fünf nicht genauer bestimmbare Exemplare. Ein Hirschgeweihstück trägt schmale parallele Grate, die von der Herstellung von Nadeln stammen.

Die Knochen- und Steingeräte dieser Schicht lassen sich problemlos in das Spät- und Endmagdalénien Kantabriens einordnen. Der Charakter der Funde spricht für einen zeitlich begrenzten Aufenthalt, der in erster Linie der Jagd galt. Doch sowohl die Stein- als auch die Knochengeräte weisen auf eine etwas längerfristige Anwesenheit des Menschen hin, die über einen einfachen und kurzfristigen Jagdaufenthalt hinausging.

Die Untersuchung der Jagdbeutereste macht einen saisonalen Aufenthalt wahrscheinlich – allerdings nicht so deutlich und eindeutig wie in der unteren Schicht VII. Die gefundenen Knochen zeigen, daß die Tiere nicht vollständig zur Höhle gebracht wurden wie in Schicht VII. Dies ist verständlich, denn als sich die tiefere Schicht VII bildete, wurden viele Hirschkälber erlegt, die man mühelos vollständig transportieren konnte. Dagegen ist ein erwachsener Steinbock – und zu dieser Zeit wurde vor allem dieses Tier gejagt – erheblich schwerer und schwierig zu transportieren. Die Tiere wurden deshalb am Tötungsplatz zerlegt, und nur ausgewählte, fleischreiche Teile gelangten in die Höhle. Das Rumpfskelett – Wirbelsäule und Rippen – blieb nach der Entfernung des Fleisches am Jagdplatz zurück.

71,1 Prozent der Huftierknochen stammen vom Steinbock. An zweiter Stelle steht der Hirsch mit 20,9 Prozent. Ferner sind Gemse, Ren, Wildrind und Reh in geringen Anteilen vertreten; Knochen vom Pferd fehlen in dieser Schicht völlig.

In der Schicht enthaltene Fischwirbel deuten darauf hin, daß im Urola-Fluß auch Lachse gefangen wurden. Hieraus ergeben sich Hinweise für die Jahreszeit der Besiedlung, denn auch heute noch kommen die Lachse in Kantabrien vom Meer in die Flüsse zum Laichen. Dies geschieht fast das ganze Jahr hindurch, vor allem aber zwischen Januar und Juni, besonders im Frühling. In Norwegen kommen die Lachse später in die Flüsse; und es ist anzunehmen, daß im Eiszeitalter auch in Kantabrien die Laichzeit später war als heute.

Die Mobilität der Menschen wird durch ortsfremde Gesteine wie Sandsteine des Trias unterstrichen, die 20 km von Ekain entfernt vorkommen. In Schicht VIa wurde eine aus sieben Bruchstücken zusammengesetzte Schieferplatte gefunden, deren Fragmente über den ganzen Fundplatz verteilt lagen und auf der drei Tiere – Steinbock, Hirsch und Pferd – sowie einige schwer zu interpretierende Striche graviert sind. Diese gravierte Plakette wird im nächsten Kapitel beschrieben.

Die oberen Schichten von Ekain (V-II) gehören nicht mehr in das Magdalénien, sondern in das darauf folgende Azilien, in dem sich Klima und Umwelt und damit auch die Lebensweise der Menschen deutlich veränderten.

DIE GRAVIERTE SCHIEFERPLATTE VON EKAIN

In der Schicht VIa des Fundplatzes im Eingangsbereich der Höhle wurden sieben Bruchstücke einer gravierten Schieferplatte gefunden, die sich wieder zusammensetzen ließen (*Abb. 109*). Die sieben Einzelteile der Platte waren über die gesamte Grabungsfläche verstreut. Ihre Lage gab wichtige Hinweise für die Zusammengehörigkeit der Schicht. Auf der Platte sind übereinander der vordere Körperteil eines Steinbocks, eines Hirsches und eines Pferdes graviert. Die Tiere sind in die Form der Platte eingepaßt. Der linke Teil der Schieferplatte fehlt allerdings, und es muß offenbleiben, ob die Tiere einst vollständig dargestellt waren.

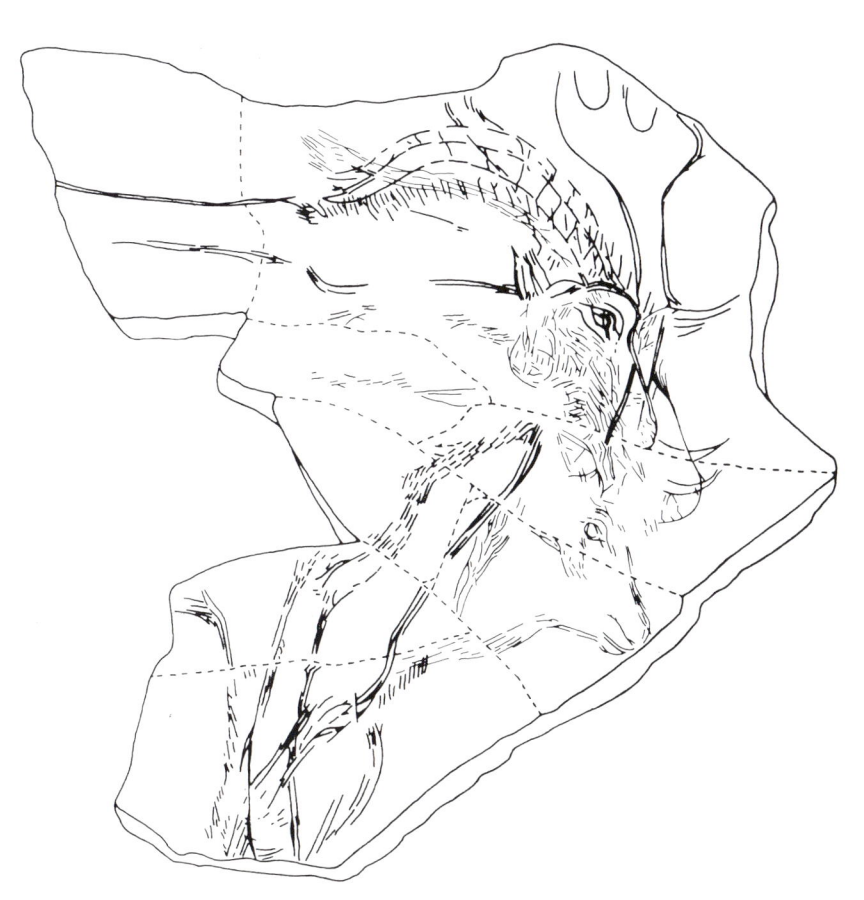 

Abb. 109 Die gravierte Schieferplatte aus Schicht VIa von Ekain

113

Der Steinbock

Der mit ziemlich tiefen Linien gravierte Steinbock ist die am besten sichtbare Zeichnung auf der Platte. Die geschwungenen Hörner lassen erkennen, daß es sich um eine Darstellung des Pyrenäen-Steinbocks handelt. Der Kopf ist mit vielen Details wiedergegeben; zu erkennen sind das sorgfältig gezeichnete Auge, die Ohren, die vorspringende Stirn und die beiden Hörner. Bei den Hörnern sind die Wachstums-Rippen mit Querstrichen angedeutet. Die Kontur der Hörner besteht aus unterbrochenen Linien, welche die durch die Wachstums-Rippen bedingte Unregelmäßigkeit wiedergeben. Nur die spitzen Enden der Hörner mit ihrem regelmäßigen Umriß sind mit durchzogenen Linien gezeichnet. Der Kopf des Tieres ist mit kurzen Schraffen unterschiedlicher Richtung modelliert worden. Der Bart ist nicht eindeutig; zwei kurze vertikale Striche unter der Bruchkante der Platte könnten ihn andeuten. Ebenso könnten drei annähernd parallele Striche vor der Schnauze, auch unter der Bruchkante der Platte, die ausgestreckte Zunge wiedergeben, wie es in der jungpaläolithischen Kunst mehrfach vorkommt. Die Rückenlinie wurde mit einfachen langen Strichen graviert. Der Widerrist ist jedoch deutlich angegeben. Die Rückenlinie endet vor der Plattenkante; sie könnte allerdings nur unterbrochen sein, wie es auch am Hals und am Widerrist der Fall ist. Die untere Halslinie, die Brust und die Vorderbeine sind sorgfältig mit vielen kurzen Schraffen dargestellt. Die lediglich im Ansatz vorhandene Bauchlinie endet kurz vor der Plattenkante; möglicherweise war die Zeichnung hier ursprünglich nicht vollständiger.

Der Hirsch

Der Hirsch wurde – ausgenommen das Geweih – mit feineren Linien geritzt als der Steinbock. Dargestellt sind der Kopf mit der Maulpartie und dem Auge, unter dem sich Schraffen befinden. Mit ähnlichen Schraffen ist die untere Halslinie ausgeführt. Im unteren Teil des Halses ist eine Gruppe tieferer Querschraffen graviert, durch die die Behaarung der Tiere in dieser Partie wiedergegeben wird. Hinter dem Geweihansatz scheint eine rhombenförmige Figur das Ohr anzudeuten. Das Geweih ist sehr sorgfältig gezeichnet worden, angegeben sind die Augsprossen, der Mittelsproß beider Stangen sowie die ausladende Krone. Die Kronenbildung ist beim Hirsch sehr variabel: Meist sind die Kronen weniger schaufelförmig als hier dargestellt; derartig ausladende Schaufeln, an denen die Endsprossen sitzen, kommen jedoch vor.

Ein Pferd (?)

Von dem Pferd wären Kopf, Mähne und Rücken sowie Hals, Brust und Vorderbeine gezeichnet. Der Kopf besteht aus einer Stirnlinie und der Maulpartie; die Ganaschenregion fehlt. Im oberen Teil der Stirnlinie sind Schraffen eingetragen. Die Mähne ist deutlich durch eine Leiste kurzer vertikaler Haarschraffen wiedergegeben, die bei den Pferdedarstellungen in der Höhle auch sonst vorkommen. Der Rücken ist mit einer Doppellinie ausgeführt, die bis zur Bruchkante der Platte führt. Hals, Brust und Vorderbeine sind durch ein Bündel tiefer gravierter Linien wiedergegeben. Diese Pferdedarstellung ist weniger gelungen als der Hirsch und der Steinbock. So liegt die Rückenlinie beispielsweise deutlich zu hoch.

Auf der Platte sind noch einige andere Linien zu erkennen – etwa im Bereich der Hörner des Steinbocks und der Pferdemähne –, die sich jedoch nicht zu weiteren Darstellungen zusammenfügen lassen. Die Überlagerungen der Linien lassen folgende Abfolge erkennen: Zuerst wurde anscheinend der Steinbock graviert, danach der Hirsch, bei dem der Kopf und das Geweih in unterschiedlicher Weise graviert wurden. Während das Geweih mit deutlichen und breiteren, durchgehenden Linien gezeichnet wurde, wurde der Kopf mit feineren, gestrichelten Linien ausgeführt.

Nach der Fertigstellung waren die Tiere ursprünglich wegen des hellen, beim Gravieren entstandenen Staubs gut sichtbar. Es ist das gleiche Prinzip wie bei den Schiefertafeln der Schulanfänger, auf denen die mit dem Griffel ausgeführten Schreibübungen durchaus erkennbar sind. Wie bei diesen Schiefertafeln konnten die Darstellungen leicht wieder abgewischt und an ihre Stelle ein neues, wiederum gut sichtbares Bild eingetragen werden. Das vorliegende Vexierbild, auf dem die Darstellungen schwer zu trennen sind, entstand in dieser Form, weil der helle Gravierstaub fehlte. Will man den Vergleich mit den Schiefertafeln der Schulanfänger nochmals bemühen, dann verhielt es sich so, als müßte man die Schreibübungen und Rechtschreibfehler auf den abgewischten Tafeln aus den durchgedrückten Ritzlinien rekonstruieren.

Eine ^{14}C-Datierung aus dem direkt darunterliegenden Horizont ergab ein C^{14}-Alter von 12 050 ± 190 BP; in Sonnenjahren entspricht dies etwa 12 000 v. Chr.

Die Höhle Altxerri

Die Entdeckung der Höhle

Die Entdeckung der Höhle Altxerri und ihres Höhlenheiligtums fällt in zwei verschiedene Phasen. In diesem Gebiet waren keine Höhlen bekannt, bis man im Jahre 1956 mit dem Bau der Straße von Orio nach Ubegun begann, die am Gehöft von Altxerri vorbeiführte. Für das Bauvorhaben benötigte man Material, das in einem provisorischen Steinbruch im Kalkstein des Beobategaña-Massivs unmittelbar hinter dem Gehöft gewonnen wurde. Die Sprengung einer Dynamitladung legte in diesem Steinbruch eine Öffnung von 1,0 m Breite und 0,80 m Höhe frei. Dahinter entdeckte man einen langen, breiten Höhlengang, der zunächst nur lokales Interesse erregte. Die neue Höhle war nur für einige junge Burschen aus den benachbarten Ortschaften Orio und Zarautz interessant, die sie aus Abenteuerlust besuchten. Glücklicherweise wurden die Steinbrucharbeiten bald beendet, da ausreichend Material gewonnen war.

Sechs Jahre später erfuhren Mitglieder der *Sociedad de Ciencias Aranzadi* in San Sebastian von dieser Entdeckung, und sie hörten davon, daß in dem Höhlengang Schächte vorhanden seien. Also begannen sie mit der Erkundung. Am 28. Oktober 1962 erforschten drei junge Leute aus Donostia (San Sebastian) – Felipe Aranzadi, Javier Migliaccio und Juan Cruz Vicuña – mit der notwendigen speläologischen Ausrüstung die Schächte der Höhle.

115 Meter vom Eingang entfernt stießen sie auf einen 10 m tiefen Schacht, und sie bereiteten die Speläologenleitern und das sonst zum Abstieg nötige Material vor. Dabei bemerkte Juan Cruz Vicuña an der Wand des Schachts einige schwarze Striche. Zunächst dachte man an eine natürliche Schwarzfärbung, doch bald wurde deutlich, daß hier ein 0,50 m langer Wisent in vertikaler Position, mit dem Kopf nach unten, gemalt war. Anschließend entdeckten die Speläologen weitere Darstellungsgruppen in anderen Teilen der Höhle.

Sie beschlossen, diese Entdeckung zunächst geheimzuhalten und José Migel de Barandiaran, den Leiter der Prähistorischen Abteilung der *Sociedad de Ciencias Aranzadi*, zu benachrichtigen. Dies geschah einige Tage später, am 10. November 1962. Am nächsten Tag begab sich Barandiaran zusammen mit den Entdeckern zur Höhle. Er bestätigte den ersten Befund und fand dank seiner Erfahrung viele neue Darstellungen, die die jungen Leute nicht gesehen hatten. Die Echtheit und das Alter vieler Bilder, die von einer Sinterschicht bedeckt oder von Rissen durchzogen beziehungsweise mit Abplatzungen versehen waren, welche sich erst nach der Anfertigung der Gravierungen gebildet hatten, stand von vornherein fest. Verschiedene moderne Graffiti an einigen Wänden, die von den Besuchern in den vergangenen Jahren stammen, gaben jedoch zu größ-

Abb. 110 Der ehemalige Steinbruch, bei dessen Betrieb die Höhle Altxerri entdeckt wurde, mit dem Einstiegsloch (X)

117

ter Vorsicht Anlaß, bevor man die Gesamtheit der Darstellungen als paläolithische Kunst anerkennen konnte. Zunächst erwirkte die *Sociedad de Ciencias Aranzadi* bei der Provinzregierung, daß eine Tür zur Sicherung der Höhle eingebaut wurde. Dies geschah am 24. November, und die Öffentlichkeit konnte nun über die neue Entdeckung informiert werden. Die Höhle erhielt den Namen des benachbarten Gehöfts, Altxerri, und man beschloß, den Besuch der Höhle auf ein unumgängliches Mindestmaß zu beschränken. Viele Darstellungen befinden sich an schwer zugänglichen Stellen oder sind in die Lehmschicht auf der Felswand gezeichnet; sie können daher durch Besucher leicht abgerieben werden. Die Prähistorische Abteilung beauftragte José Migel de Barandiaran mit dem Studium der Darstellungen; diese Arbeiten begannen am 26. November 1962. Zwei Jahre später veröffentlichte er in der Zeitschrift *Munibe* einen ersten Bericht über die Bilder in der Höhle. Einige Jahre später, 1976, veröffentlichte ich zusammen mit Juan Maria Apellaniz eine zweite Monographie, ebenfalls in *Munibe*.

Bei den von José Miguel de Barandiaran in der Höhle durchgeführten Arbeiten wurde auch der ursprüngliche Höhleneingang entdeckt, der nur einige Meter von der bei der Sprengung entstandenen Öffnung entfernt ist. Der alte Eingang wird durch eine große Stalagmitensäule fast versperrt, und davor liegt Gehängeschutt, der den Eingang verschlossen hat. Ohne die Steinbrucharbeiten wäre die Höhle unbekannt geblieben. Der alte Eingang wurde nicht geöffnet, sondern die Situation so belassen, wie wir sie vorfanden.

Während der Arbeiten von José Miguel de Barandiaran legte man im ursprünglichen Eingangsbereich eine kleine Grabungsfläche an, in der eine Siedlungsschicht entdeckt wurde. Sondagen im hinteren Höhlenteil, im Bereich der Darstellungen, erbrachten hingegen keine Funde; nur am Fuße der Darstellungsgruppen I und II stieß man auf eine Spitze und ein weiteres Artefakt aus Feuerstein (Abb. 111).

Der Fundplatz im Eingangsbereich wurde bisher aus verschiedenen Gründen nicht ausgegraben:

– Große, von der Decke gestürzte Felsbrocken würden eine Ausgrabung schwierig und kostspielig gestalten. Diese Blöcke müßten an Ort und Stelle zerlegt werden, da der einzige Zugang nach wie vor die kleine Sprengöffnung ist.
– Bei einer Ausgrabung müßte entweder der alte Eingang wieder geöffnet oder der heutige, künstliche Zugang erweitert werden. Niemand kann jedoch vorhersagen, in welcher Weise dies das Mikroklima in der Höhle verändern würde. Um die Verhältnisse möglichst unverändert zu belassen, verzichtete man auf eine Ausgrabung.

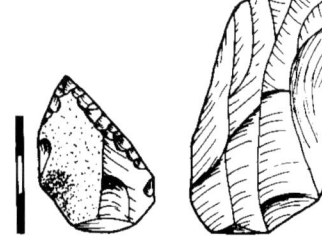

Abb.111 Steinartefakte aus der Höhle. Das linke Gerät wurde am Fuß der Darstellungsgruppe I, das rechte bei der Darstellungsgruppe II gefunden.
Nach J. M. de Barandiaran

Die Höhle enthält Gravierungen, die gut erhalten sind, und Malereien, die im Lauf der Jahrtausende jedoch stark gelitten haben. Die Höhlenwände sind an vielen Stellen sehr feucht. Dies hat den Malereien sehr geschadet; die Farbe ist oft verlaufen und vergangen und fast nicht mehr zu erkennen. Es ist unmöglich, die Höhle für das Publikum zu öffnen. Die fragilen, empfindlichen Darstellungen an den Höhlenwänden verbieten dies noch strenger als in Ekain. So kann Altxerri nur von anerkannten Spezialisten und deren Mitarbeitern besucht werden.

BESCHREIBUNG DER HÖHLE UND IHRER UMGEBUNG

Die Höhle Altxerri liegt in der Ostflanke des Berges Beobategaña auf dem Gebiet der Gemeinde Aia. Sie ist jedoch vom Küstenort Orio aus bequemer zu erreichen. Das heutige Einstiegsloch und der ursprüngliche Eingang öffnen sich in einer fast senkrechten Felswand 15 m über der Talsohle und 20 m über dem Meeresspiegel (*Abb. 110*). Heute liegt die Höhle 2,5 km von der Küste entfernt. Wie im einleitenden Kapitel bereits ausgeführt, lag der Meeresspiegel im Magdalénien jedoch etwa 60 m tiefer, so daß sich die Höhle damals etwa 6 km landeinwärts befand. Im Unterschied zu Ekain liegt Altxerri im Küstengebiet mit einem sanften Geländerelief. Die höchste Erhebung der Umgebung, der Berg Pagoeta, beträgt nur 700 m, auch gibt es hier keine schroffen Felswände wie in der Region um Ekain.

In der Nachbarschaft von Altxerri ist keine andere Fundstelle des Magdalénien bekannt. Der nächste Fundplatz, Erralla, liegt 11 km weiter südsüdwestlich. Nach Osten hin befindet sich der mehr als 20 km entfernte Fundplatz Aitzbitarte IV am dichtesten bei Altxerri.

Die Höhle bildete sich im gut geschichteten, von zahlreichen Diaklasen (Spalten) durchzogenen tertiären Kalkstein. Ihre Entstehung und Form folgt den Straten des Kalksteins. Die Höhlengalerien verlaufen parallel zu diesen Kalkbänken; dort hat das Wasser, das den Höhlenraum ausgewaschen hat, den geringsten Widerstand gefunden. Die Kalkbänke sind verhältnismäßig schmal, selten mächtiger als 0,40 m. Zwischen ihnen liegen lockere, konfus angehäufte Ablagerungen, in die das Wasser leicht eindringen konnte.

Die ehemals horizontalen Kalkbänke sind anschließend von der tertiären Gebirgsbildung (Orogenese) stark beansprucht worden. Es gibt gute Beispiele ihrer Faltung und kleine Verwerfungen in den breiten Schichtflächen (Oberflächen) der Kalkbänke. Die Faltungen und Spaltenbildungen (Diaklasen) sind meist an die einzelnen Kalkbänke gebunden und greifen nicht auf mehrere Straten über; sie wurden durch die festen Grenzen zwischen den einzelnen Bänken gedämpft und verlangsamt. Dies trug zum Absturz von Felsblöcken bei, die besonders im Eingangsbereich den Boden bedecken und ihn schwer passierbar machen. In anderen Teilen der Höhle führte der infiltrierte Lehm zu einer Einebnung des Höhlenbodens.

Diese Art der Entstehung führte dazu, daß sich Altxerri von den meisten anderen Höhlen des Baskenlandes unterscheidet, die sich meist im kompakten Urgonien-Kalk der Kreidezeit bildeten.

Die Darstellungen befinden sich sowohl auf den Stirnflächen als auch auf den Schichtgrenzen (Seitenflächen) der Kalkbänke. Wenn die Bilder auf den Stirnflächen angebracht wurden, so begrenzt dies ihre Größe, die an die Dicke der Kalkbank gebunden ist.

Hinter dem Schuttkegel, der den alten Eingang versperrt (Abb. 112–113), erstreckt sich die Höhle zunächst in einem 45 m langen, nach Westnordwest verlaufenden breiten Gang. Das Dach ist hoch und der Boden mit Versturzblöcken übersät. Am Ende dieser Partie sinkt das Höhlendach ab; es wird nun von stark gefalteten Kalkstraten gebildet, über denen sich eine obere Galerie öffnet, die die rote Malerei enthält.

Abb.112 Felstrümmer am Eingang der Höhle, die den Zugang zu den Siedlungsschichten erschweren

Nachfolgende Seiten:
Abb.113 Die Eingangshalle, Blick zum ursprünglichen Eingang

Abb.114 Die Eingangshalle, Blick zum Innern der Höhle

Abb.115 Plan und Profile der Höhle (Die Umzeichnungen der Darstellungen sind nicht maßstäblich)

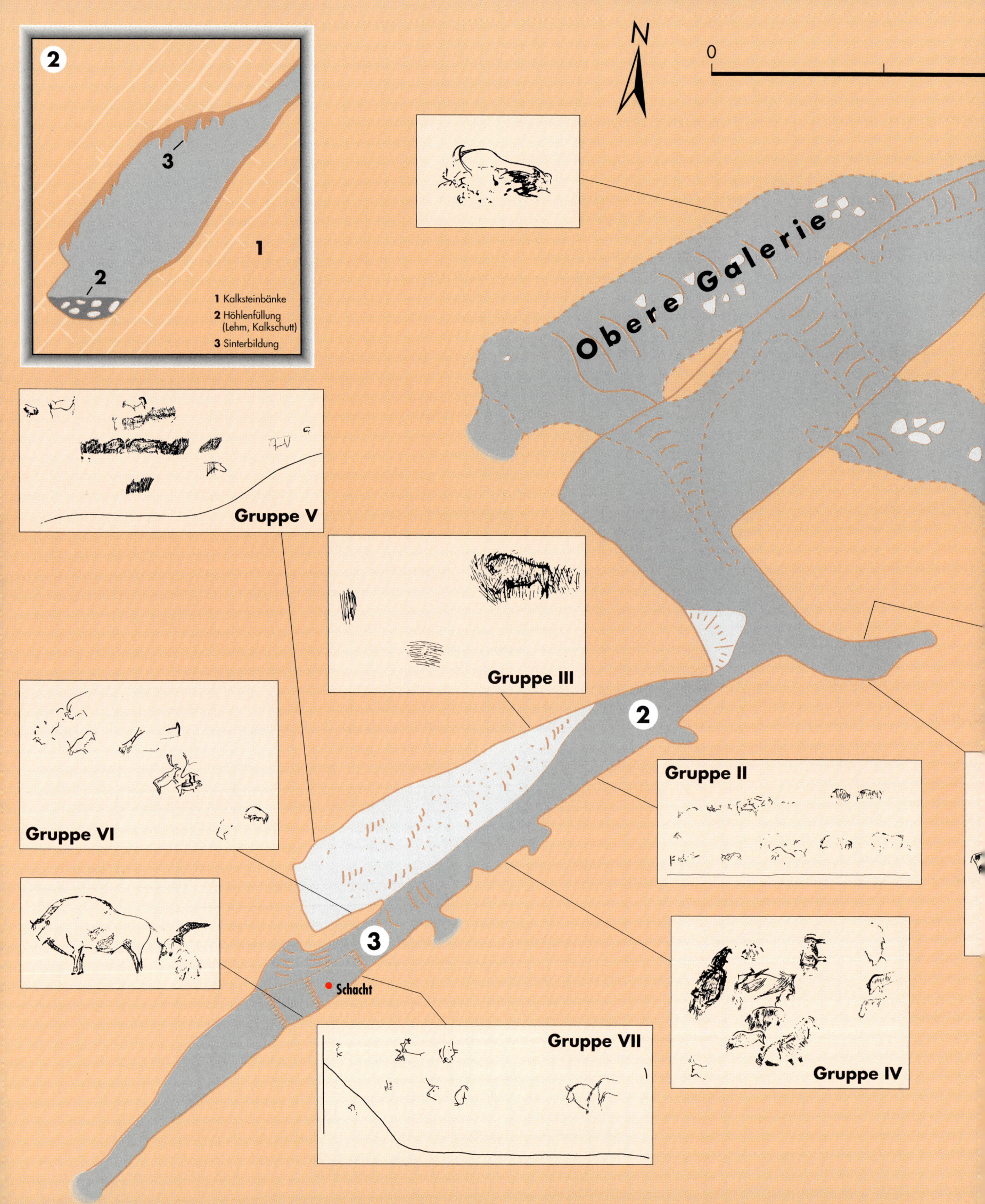

2

1 Kalksteinbänke
2 Höhlenfüllung
  (Lehm, Kalkschutt)
3 Sinterbildung

3

N

0

Obere Galerie

Gruppe V

Gruppe III

2

Gruppe II

Gruppe VI

3

● Schacht

Gruppe VII

Gruppe IV

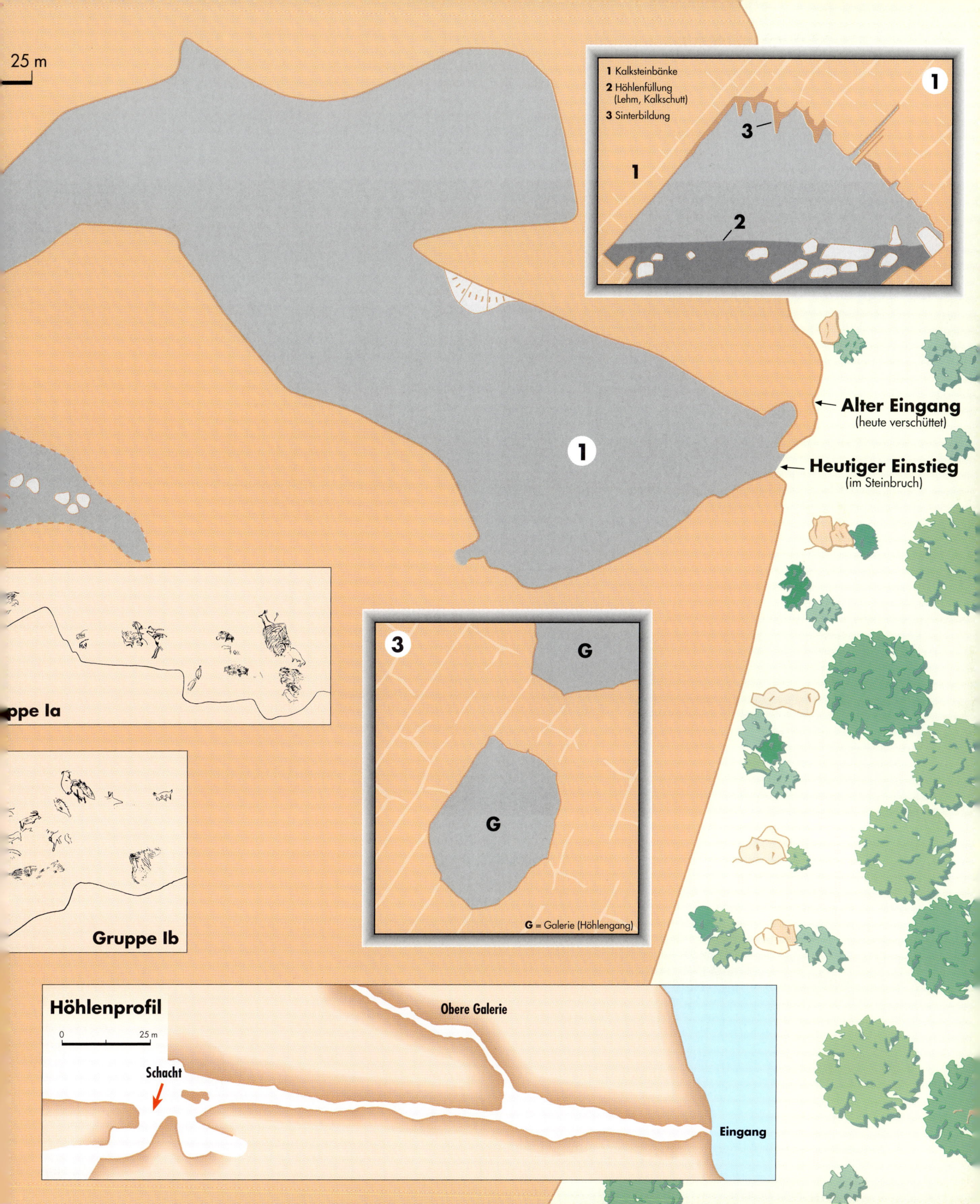

25 m

1 Kalksteinbänke
2 Höhlenfüllung
(Lehm, Kalkschutt)
3 Sinterbildung

1

3

2

1

← **Alter Eingang**
(heute verschüttet)

← **Heutiger Einstieg**
(im Steinbruch)

ppe Ia

Gruppe Ib

3

G

G

G = Galerie (Höhlengang)

Höhlenprofil

0   25 m

Obere Galerie

Schacht

Eingang

Der Hauptgang der Höhle ändert jetzt seine Richtung und führt etwa 50 m nach Westsüdwest. Der Höhlenboden ist annähernd eben, feucht und mit Felsblöcken bedeckt. Linkerhand befindet sich ein Schacht. Das Höhlendach sinkt erneut ab, der Gang knickt um und wird schmal. Nach einer Stalagmitensäule, die aus einem kleinen Schacht erwächst, wendet sich der Höhlengang erneut nach Westen. An dieser Biegung zweigt ein schmaler, 8 m langer Seitengang nach links ab; in ihm befinden sich die Darstellungen der ersten Gruppe.

Die ganze bisher zurückgelegte Strecke ist ziemlich feucht, der Seitengang selbst liegt heute trocken. Wir sind jetzt etwa 100 m vom Eingang entfernt. An beiden Wänden des Gangs befinden sich etwa 50 Darstellungen, weit überwiegend Gravierungen. Jose Miguel de Barandiaran hat die Bilder an der linken Wand des Seitengangs als Gruppe Ia, die an der rechten als Gruppe Ib bezeichnet.

Der Hauptgang der Höhle führt nach der Biegung weiter nach Westen und ist nun schmaler als zuvor. Die Galerie folgt der Richtung der Kalksteinbänke, auf denen sich die Darstellungsgruppen II–VII befinden. Dort gibt es viele gemalte Bilder, die zusätzlich graviert sind. Offensichtlich führte die Feuchtigkeit vieler Wände dazu, daß die Farbe heute vergangen oder völlig verschwunden ist. Dies gilt besonders für die Malereien der Gruppe II, die sich an der linken Höhlenwand, etwa 12 m von der Darstellungsgruppe I, befinden.

Gegenüber der Gruppe II liegen die Darstellungen der Gruppe III. Weiter höhleneinwärts, 4 m hinter der Gruppe II, befinden sich an der linken Wand die Bilder der Gruppe IV. Hier teilt sich die Galerie. Ein Arm führt in einen 10 m tiefen Schacht, der den Zugang zu anderen, tieferen Höhlengängen bildet. An der Schwelle dieses Schachts ist eine Anzahl von Darstellungen zu sehen, die zur Gruppe VII zusammengefaßt werden. Diese Bilder sind fast alle auf einer breiten Schichtfläche (Oberfläche) einer Kalkbank im linken Teil des Abstiegs angebracht. Dann folgt der senkrechte Abfall des Schachts.

Dieser Abgrund schien die Grenze des vom prähistorischen Menschen aufgesuchten Teils der Höhle zu sein; doch dann wurden auf dem Grund des Schachts zwei weitere Darstellungen entdeckt. Diese erst nach den erwähnten Publikationen entdeckten Bilder ließen erhoffen, daß auch die großartigen tieferen Galerien, welche die Menschen vom Boden des Schachts aus erreichen konnten, Darstellungen enthielten. Diese Hoffnung erfüllte sich jedoch nicht; die beiden Bilder am Grund des Schachts sind die einzigen Kunstwerke in diesem tieferen Teil der Höhle.

Über dem Abstieg zum Schacht liegt ein verhältnismäßig schmales Dach, über das man wie über eine Brücke gehen muß, um zu den Darstellungen der Gruppe V und VI zu gelangen. Man kommt mit einigen Schwierigkeiten von der Gruppe IV aus dorthin, indem man an der gegenüberliegenden (rechten) Wand entlangklettert.

Die Darstellungen der Gruppe V beginnen in dem Bogen, der den Zugang zu der genannten Brücke bildet. Sobald man sich hier befindet, kann man an der rechten, nördlichen Wand die Bilder der Gruppe V auf den Stirnflächen der hier durchbrochenen Kalkbänke betrachten. Die Darstellungen der Gruppe VI befinden sich auf den gleichen Kalkstraten, jedoch an der gegenüberliegenden linken (südlichen) Höhlenwand. Von hier aus geht es nicht weiter, da die andere Kante der Felsbrücke senkrecht in den Schacht abfällt.

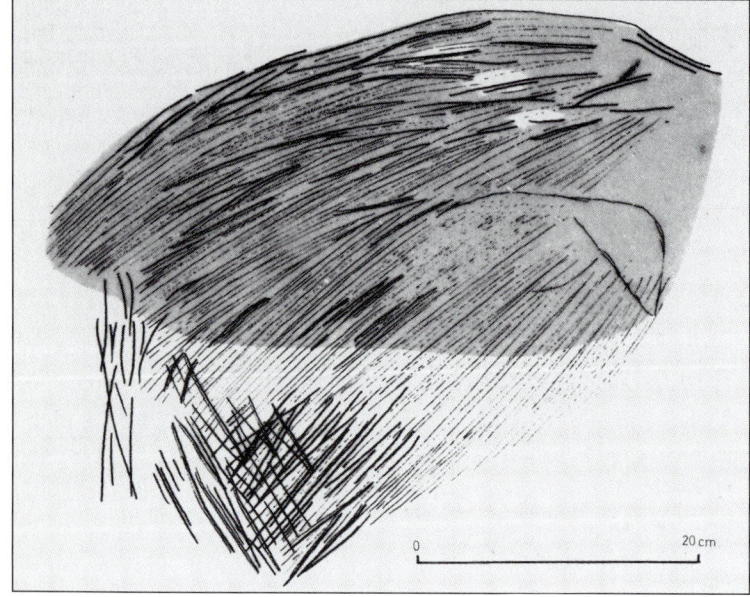

Abb.118 Einschnitt (Zeichen 1)

Abb.119 Schraffen I, 2, vielleicht die Darstellung eines Vielfraß. Die dunklere Fläche kennzeichnet die abgeschabte Oberflächenpartie.

Abb.120 Vielfraß (*Gulo gulo*)

126

DIE DARSTELLUNGEN VON ALTXERRI

Gruppe I

Nachdem man einen schrägen Stalagmitenvorhang passiert hat, der zu einem Schacht abfällt, gelangt man zu der ersten Darstellungsgruppe, die mehr als 50 Figuren enthält. Diese Bilder befinden sich in einem verborgenen Seitengang der Hauptgalerie, in den man nur einzeln eintreten kann. Die Darstellungen wurden in zwei Gruppen (Ia und Ib) eingeteilt. Gruppe Ia befindet sich links des Eingangs auf der linken Wand des Seitengangs, Gruppe Ib umfaßt die Abbildungen auf der rechten Wand.

Untergruppe Ia

1* Einschnitt (Abb. 118)   Tiefer, leicht schräger, 10 cm langer Einschnitt, der teilweise über eine abgeplatzte Felspartie hinwegläuft. Rechts davon eine Gruppe kürzerer, flacherer Linien, die den tiefen Strich teilweise berühren und schräg dazu stehen. Links des Einschnitts vier kurze, flache Linien ohne Kontakt mit dem tiefen Strich. Das Zeichen ist mit deutlichen, präzisen Linien gezeichnet; es leitet die Darstellungen ein.

2 Schraffen (Abb. 119)   Schraffen mit tieferen und flacheren Linien, teilweise von einem Gerät mit gezackter Spitze gezogen. Es scheint sich um ein behaartes, nach rechts gerichtetes Tier zu handeln. Solche »Haarschraffen« kommen in der ersten Gruppe der Darstellungen häufig vor, wie noch zu sehen ist. Rechts oben scheint sich ein Kopfprofil mit Stirn und Nasenregion abzuzeichnen; ein kurzer gemalter Strich könnte das Auge andeuten. Die »Haarschraffen« sind annähernd horizontal angeordnet. Nur hinten beziehungsweise unten verlaufen sie etwas vertikal. Die »Rückenlinie« ist 45 cm lang.

Es könnte sich um die Darstellung eines behaarten Raubtiers handeln. Wolfsartige Tiere (Caniden) scheinen auszuscheiden, da die für diese Tiere charakteristischen Ohren nicht angegeben sind. Für ein katzenartiges Tier (Felide) ist die Schnauzenpartie zu lang. Es bleiben die bärenartigen (Ursiden) und marderartigen (Musteliden) Tiere (Dachs, Vielfraß). Mit allergrößtem Vorbehalt könnte hier ein Vielfraß (*Gulo gulo*) abgebildet sein, wenn der Teil links unten mit zu der Darstellung gehört (*Abb. 120*).

3 Schwer zu bestimmendes Tier   Im rechten unteren Teil der beschriebenen Darstellung befindet sich die sehr summarische Gravierung des hinteren Körperteils eines nach links orientierten, schwer zu bestimmenden Tieres. Es ist eine ungeschickte, linkische Figur.

* Die Numerierung der Darstellungen weist mitunter Lücken auf. Dies hängt damit zusammen, daß wir die Numerierung der ersten Arbeit von José Miguel de Barandiaran beibehalten haben. Später zeigte sich jedoch, daß einige Figuren, besonders einfache Zeichen, in dieser Form nicht existierten und deshalb die entsprechende Nummer frei wurde. Außerdem habe ich hier einige kaum noch sichtbare Darstellungen nicht beschrieben. Wenn dagegen eine Nummer mit einem »a« versehen ist, so handelt es sich um eine neu entdeckte, in der ersten Arbeit noch nicht erkannte Figur.

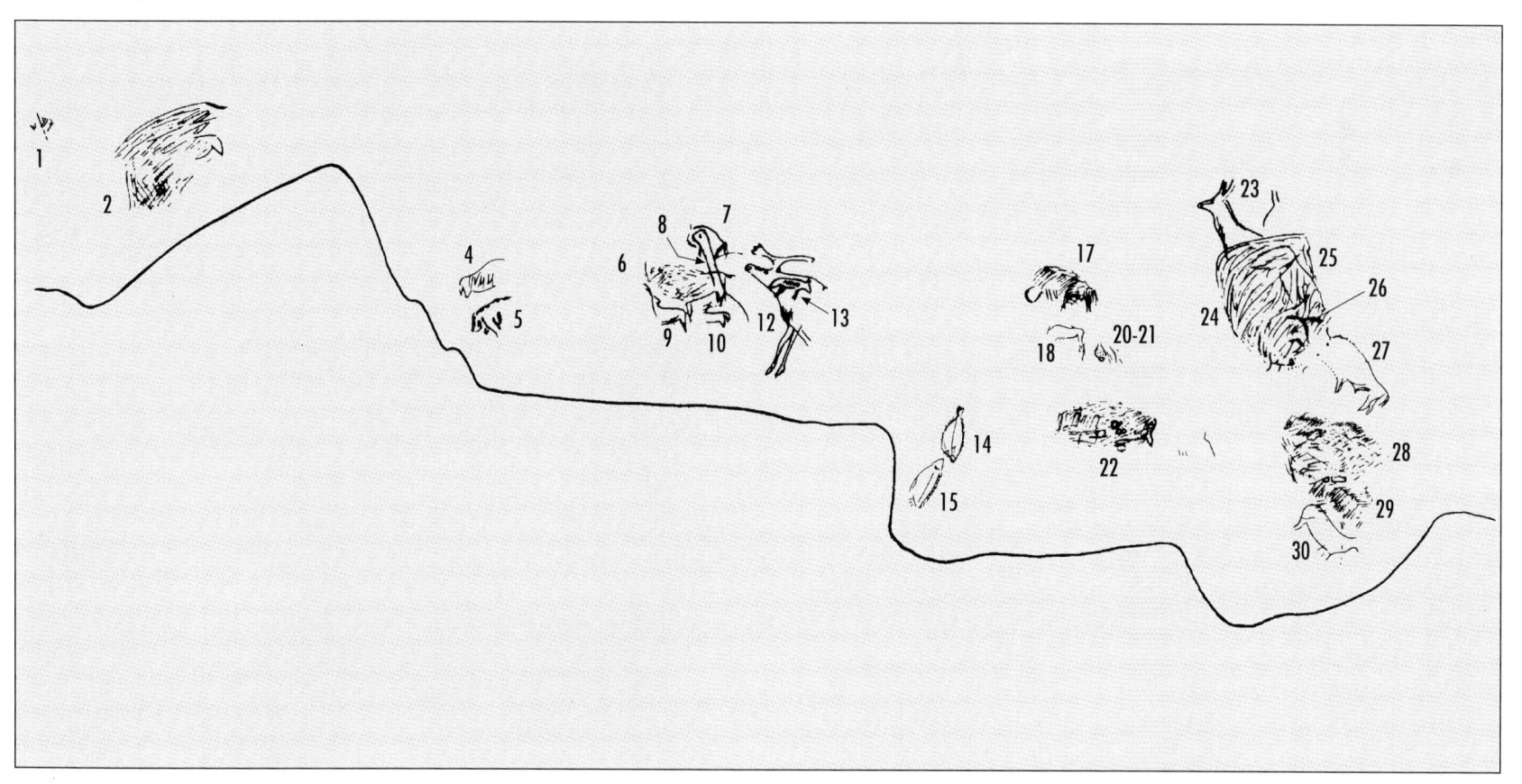

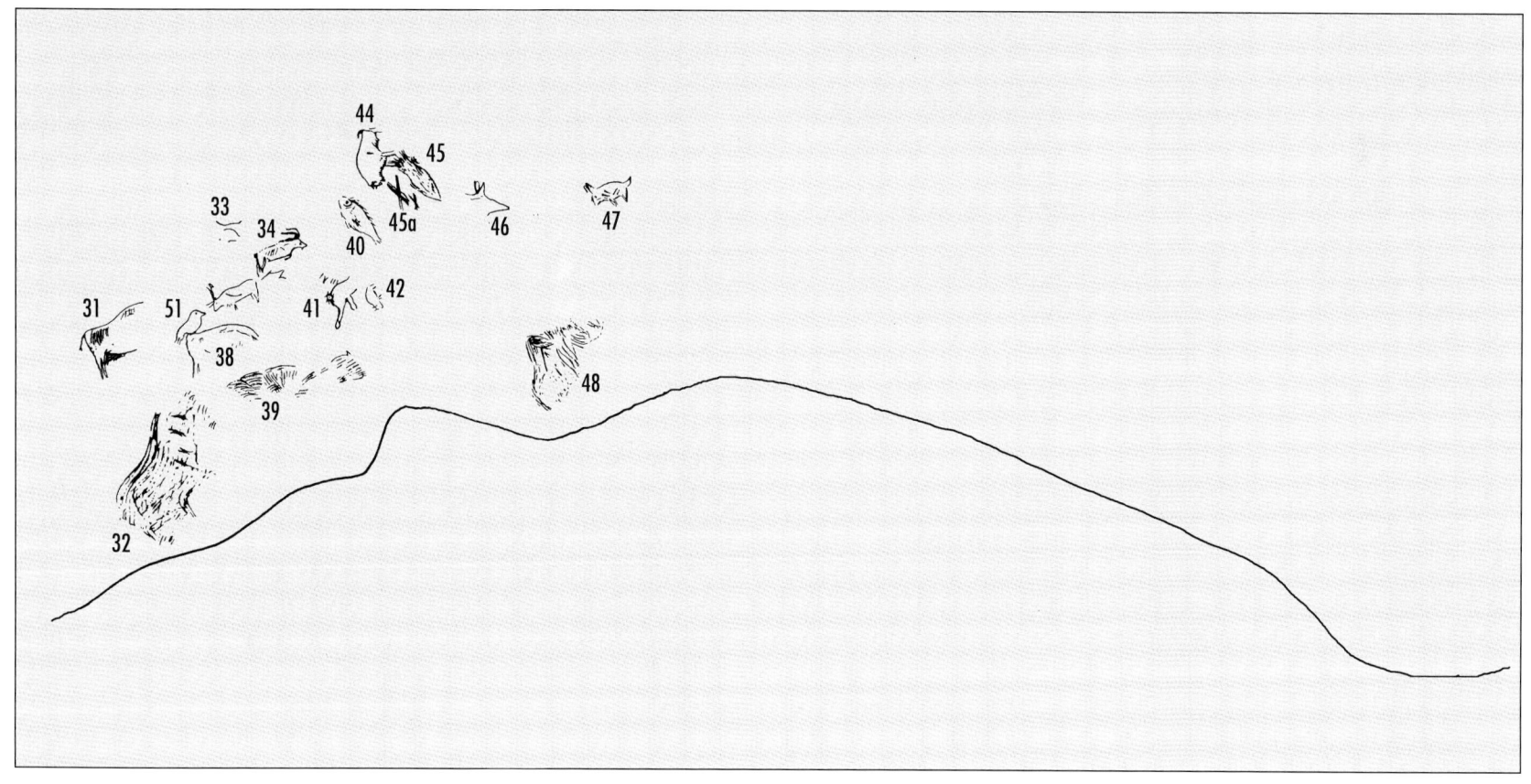

Vorhergehende Seite:
Abb.121 Blick in den
Seiteneingang mit der
Darstellungsgruppe I.
In der Mitte die Saiga-
Antilopen I, 23 über der
großen abgeschabten
(hellen), vielgravierten
Fläche (vgl. Abb. 141).

4 Wisent (Abb. 122) Etwas weiter rechts befindet sich auf der Stirnseite einer Kalkstrate die Gravierung eines nach rechts gerichteten Wisents. Erhaltene Länge 20 cm. Graviert wurden die Rückenlinie, der Schwanz, der hintere Körperteil, ein Hinterbein und die Bauchlinie. Der Schwanz ist in der Mitte unterbrochen. Innerhalb des Körpers ist ein Zickzackmuster graviert. Das spitz endende Bein zeigt eine Andeutung des Kniegelenks.

Die flache Gravierung wurde mit einem Werkzeug mit gezackter Spitze ausgeführt, die eine Mehrfach-Linie hinterließ. Vor allem am hinteren Teil des Tierkörpers ist der Lehm, der die Felswand bedeckt, abgeschabt. Dies erfolgte vielleicht mit der Hand oder mit einem Gerät, das keine Linien in den Lehm eingrub.

Derartige Abschabungen sind oft für die Darstellung der Figuren verwendet worden.

5 Wisent Unter der beschriebenen Darstellung befindet sich ein weiterer, nach links gerichteter Wisent. Der hintere Körperteil, die Bauchlinie und die Vorderbeine fehlen. Die gravierten Linien sind feiner als bei der vorigen Figur und sehr schwierig zu erkennen. Die Darstellung ist mit kurzen Strichen graviert worden; die gesamte Innenfläche ist abgeschabt. Die Körperproportionen des insgesamt kaum 20 cm langen Tieres sind plump.

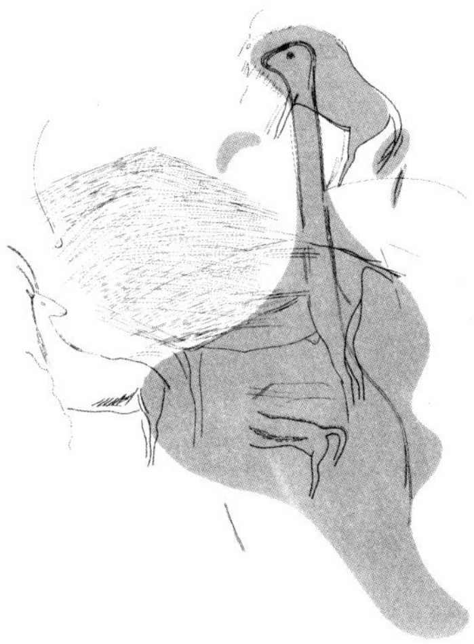

6 Wisent (Abb. 123 und 125) Es folgt eine Gruppe mit sieben gravierten, einander teilweise überschneidenden Figuren. Als erstes ist ein 40 cm langer Wisent abgebildet. Der hintere Körperteil mit dem abgestellten Schwanz, beiden Hinterbeinen und der Bauchlinie – das heißt die weniger dicht behaarten Körperteile – ist mit tieferen Umrißlinien gezeichnet; das Vorderbein ist flacher graviert. Der verbleibende Körperteil ist mit dichten, fein gravierten Schraffen bedeckt, die in expressionistischer Weise das dichte Fell im vorderen Körperteil wiedergeben, wie es besonders beim Winterkleid der Tiere ausgebildet ist. Hier scheint der Gedanke ausgedrückt: »Ein Wisent, das ist ein deutlicher Hinterkörper und sonst nur Pelz«. Deshalb können wir diese Schraffen als »Haarschraffen« bezeichnen.

Am Ansatz der Vorderbeine sind die Schraffen V-förmig angeordnet. In ihrem vorderen Teil befinden sich ein fein graviertes Auge und ein im selben Bereich ansetzendes langes Horn, das die Schraffen überschneidet. Im Genitalbereich ist ein sehr nach vorne gerückter Hodensack gezeichnet, der bei dieser Profilansicht des Tieres so nicht sichtbar ist.

7 Wisent (Abb. 123–125) Etwa 25 cm über dem beschriebenen Tier ist ein kleinerer (L 20 cm), nach links gerichteter Wisent graviert. Der hintere Körperteil mit dem abgestellten Schwanz, linkem Vorder- und Hinterbein und der Bauchlinie des vollständig dargestellten Tieres ist mit einem spitzen Instrument deutlich graviert worden. Der Buckel ist feiner und mit vielen kleinen Strichen gezeichnet, die die Mähne angeben. Am Kopf sind die Gesichtslinie, das Auge und ein Horn mit mittlerer Linienstärke graviert. Das Ohr fehlt, wie bei allen Wisenten dieser Gruppe. Die Kopfpartie, in der sich Auge, Ohr und der Ansatz des Horns befinden sollten, ist hier stets auf das Auge und den Hornansatz reduziert. Die Brustbehaarung (Wamme) ist mit kurzen Strichen wiedergegeben, die vom Kopf bis zum Ansatz der Vorderbeine führen. Fast die gesamte Innenfläche des Tierkörpers ist abgeschabt.

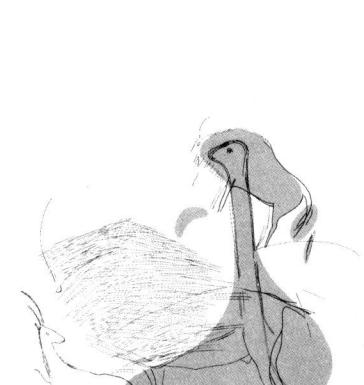

Abb.123 Die Darstellungen I, 6–I, 10. Die dunklere Fläche kennzeichnet die abgeschabte Oberflächenpartie.

Abb.122 Wisent I, 4

Abb.124 Wisent I, 7 und
anthropomorphe Darstellung
I, 8

Abb.125 Wandpartie mit
dem Wisent I, 4, dem kleinen Wisent I, 7, der anthropomorphen Darstellung I, 8,
dem Steinbock I, 9 und der
rinderartigen Tierfigur I, 10.
Vgl. Abb. 123.

8 Anthropomorphe Figur (Abb. 123–125)   Unter dem Buckel des beschriebenen Wisents befindet sich der Kopf einer menschenartigen (anthropomorphen) Darstellung. Im Stirnbereich scheint es Reste von weitgehend verschwundener Farbe zu geben. Das Auge ist graviert. Nach unten hin setzt sich der Körper mit zwei parallelen Linien fort. Noch weiter unten ist die rückwärtige Linie ausladend gezeichnet. Die Gravierung wurde mit einem Gerät mit gezackter Spitze ausgeführt, so daß eine Mehrfachlinie entstand. Die Abschabung der Lehmoberfläche entspricht im mittleren Körperteil des Anthropomorphen genau der Begrenzung der Darstellung, wird nach unten zu jedoch breiter und umfaßt ganz oder teilweise die Fläche der dort gezeichneten Tiere. Die Länge der Figur beträgt vom Kopf bis zum unteren Ende der »Rückenlinie« 50 cm.

9 Steinbock (Abb. 125, 126)   Unterhalb des Kopfbereichs von Wisent 6 ist ein nach links gerichteter Steinbock mit zurückgewandtem Kopf dargestellt. Die Länge beträgt vom Nacken bis zum Schwanz 10 cm. Die Kruppe, der kurze Schwanz, die Hinterbeine und die Bauchlinie sind mit deutlichen Linien graviert. Die übrigen Teile – Kreuzbereich, Hals, Kopf, das Auge und die Hörner – sind feiner graviert und schwer zu erkennen. Im Bauch ist eine Schraffengruppe gezeichnet, welche die in diesem Körperteil dunklere Fellzeichnung beim Steinbock wiedergeben könnte. Die Abschabung der Lehmoberfläche reicht in das Hinterteil des Tieres.

Abb.126 Steinbock I, 9

10 Rinderartiges Tier (Abb. 123 und 125)   Rechts des Steinbocks sind Hinterbeine, Bauch und Rücken eines rinderartigen Tieres (Boviden) graviert. Der lange, gebogene Schwanz schließt aus, daß es sich um ein hirschartiges Tier (Cerviden) handelt. Über der Rückenlinie ist eine Leiste kurzer Schraffen graviert. Aus ähnlichen Schraffen besteht ein leicht gebogenes Linienbündel innerhalb des Körpers. Die Darstellung ist 10 cm lang.

12 Rentier (Abb. 127)   Rechts von Wisent 6 ist der vordere Körperteil eines prachtvollen Rentiers mit deutlichen Linien graviert. Die Größe der Darstellung beträgt vom Geweih bis zu den Hufen 85 cm. Der Eindruck eines »sitzenden« Tieres entsteht dadurch, daß die Darstellung auf einer schrägen Strate der Felswand angebracht ist, deren Oberkante auch die Linie vom Kopf bis zum Widerrist bildet. Die Stangen des Geweihs sind darüber und parallel zur Rückenlinie des Tieres auf einer höheren, feinkörnigeren Strate im Kalkfels der Wand gezeichnet.

Der Kopf ist besonders sorgfältig dargestellt. Zwischen dem Auge und der Nasenregion ist eine Schraffenleiste graviert, die sich bei den Rentierdarstellungen in der Kleinkunst häufiger findet. Der Vorderkörper mit dem ausladenden Geweih, dem kurzen Ohr, der abgerundeten Schnauzenpartie und den langen Haarschraffen an der Brust stellt unverwechselbar ein Rentier (*Abb. 128*) dar. Beim Hirsch lädt das Geweih nicht in dieser Weise aus, ist das Ohr größer, die Schnauze spitzer und die stärker behaarte Wamme nicht vorhanden.

Der Bereich oberhalb der Geweihbasis und des Ohres liegt in einer vertieften Partie der Felsoberfläche. Die Beine und Füße sind sehr sorgfältig dargestellt. Die »Handgelenke« (fälschlich als »Knie« bezeichnet) und die Enden der Beine mit Fesseln und Hufen sind wiedergegeben. Die Bauchlinie scheint an ihrem vorderen Ansatz korrigiert worden zu sein; eine Linie überschneidet das linke Vorderbein, die zweite, hinter diesem Bein ansetzende Linie ist korrekt. Am Kopf des

132

Abb.127 Rentier I, 12 und
Fuchs I, 13

Abb.128 Rentier (*Rangifer tarandus*)

Abb.129 Rentierdarstellung
von Les Trois Frères (Ariège).
Wie in Altxerri ist die
Oberfläche der Wand teil-
weise abgeschabt und der
helle Felsuntergrund mit in
die Darstellung einbezogen
worden.

133

Vorhergehende Seiten:
Links Steinbock I, 9
(siehe auch Abb. 126)
Rechts Plattfische I, 14
und I, 15
(siehe auch Abb. 132)

Tieres und im oberen Rückenteil ist die Lehmoberfläche abgeschabt, wie wir es bereits von anderen Darstellungen von Altxerri kennen.

Die Darstellungstechnik dieses Rentiers hat eine gute Parallele in Les Trois Frères (*Abb. 129*). Auch dort wurde die braune Lehmschicht bis zur hellen Oberfläche des Felsens abgeschabt, um den Tierkörper zu modellieren.

13 Fuchs (Abb. 127 und 130)   Im Halsbereich des Rentiers ist ein Fuchs dargestellt (L 25 cm). Das vollständige Tier ist mit einem spitzen Gerät deutlich graviert worden. Die Ohren sind verhältnismäßig kurz. Im Inneren des Körpers ist eine breite, gebogene Schraffenleiste gezeichnet; am Ende des breiten Schwanzes sind Haarschraffen angegeben.

Auch wenn solche Darstellungen besonders in quantitativer Hinsicht keine exakten zoologischen Wiedergaben sind, legen die kurzen Ohren – der Eisfuchs (*Abb. 131*) hat kürzere Ohren als der Rotfuchs – sowie die Verbindung mit einem Rentier hier die Darstellung eines Eisfuchses nahe. Die Schraffenleiste im Körper könnte den Fellwechsel beim Eisfuchs im Herbst andeuten.

Die Halslinie des Rentiers überschneidet den Fuß des Fuchses, das heißt, der Fuchs wurde vor dem Rentier graviert.

Abb.131 Eisfuchs (*Alopex lagopus*)

Abb.130 Fuchs I, 13

14 Plattfisch (Abb. 132 und 133)   Rechts von dem beschriebenen Bildfeld sind auf einer Fels-partie, die selbst wie ein Fisch geformt ist, zwei Plattfische dargestellt. Der obere, vertikal und mit dem Kopf nach unten orientierte Fisch (L 30 cm) ist vollständig und deutlich graviert. Die feiner gravierten Längsflossen umgeben Bauch und Rücken als Schraffen. Am Kopf ist ein größeres Flossenpaar, am anderen Ende die Schwanzflosse deutlich wiedergegeben. In der Mitte des Fi-sches ist die Seitenlinie gezeichnet. Innerhalb der Ordnung der Plattfische gibt es drei Familien: die Schollen (*Platichtys flesus*), die Rotzungen und Steinbutts (*Lepidorombus* und *Scophtalmus*) so-wie die Seezungen (*Solea solea*). Die Darstellung in Altxerri entspricht am ehesten den Schollen (*Abb. 135*). Die Seezungen kann man ausschließen, denn sie haben eine stärker gerundete, weni-ger vorspringende Kopfpartie. Die Kiemenknochen sind durch die Haut nicht sichtbar, und die Schwanzflosse ist kleiner, so daß das hintere Ende stärker gerundet wirkt. Auf der anderen Seite haben die Rücken- und Schwanzflossen etwa die gleiche Größe, so daß die Schwanzwurzel ein wenig vorspringt. Die Pektoral- und Bauchflosse sind viel kleiner und rundlicher. Keines dieser Merkmale trifft für die beschriebene Zeichnung zu.

Abb.133 Plattfisch I, 14

Abb.134 Plattfisch I, 15

Abb.135 Scholle (*Platichtys flesus*)

Schwieriger ist es, zwischen den anderen beiden Familien zu unterscheiden. Der Steinbutt scheidet wegen seines rhombischen Körpers, seines an der Oberseite gerundeten Schwanzes und seiner gezackten Seitenlinie aus. Eine gewisse Ähnlichkeit besteht indessen mit der Rotzunge. Die großen Augen, die diese Fische charakterisieren, wären jedoch stärker betont worden. Die Abdominalflosse entspricht ebenfalls nicht der Rotzunge. So entscheiden wir uns für die Schollen mit dem gerundeten Abschluß der Schwanzflosse, den spitzen Enden der paarigen Flossen, der mehr oder weniger geraden Seitenlinie und spitzen Kopfpartie, auch wenn der rhombische Umriß der Rücken- und Analflossen nicht gut sichtbar ist. Im Unterschied zu Rotzungen und Steinbutt haben die Schollen die Augen auf der rechten Körperseite wie bei der Darstellung in Altxerri. Für die Wiedergabe dieser Art spricht schließlich, daß die Schollen Fische der Küstenregion sind, die nicht nur in den Brackwasserzonen der Flüsse, sondern auch im flachen Wasser leben. Heute gibt es Schollen in dem Flüßchen unterhalb der Höhle.

15 Fisch (Abb. 132 und 134)   Dem beschriebenen Fisch gegenüber ist das unvollständige Bild eines zweiten Plattfisches gezeichnet, der einige Unterschiede zum ersten Fisch aufweist. Die Kopfpartie ist spitzer. Die Darstellungstechnik und Dimensionen sind ähnlich, die zoologische Bestimmung demnach auch.

16 Kreuzförmiges Zeichen Zwei kurze Striche, die sich schräg überschneiden.

17 Wisent *(L 30 cm)* In die Darstellung wurden Felsvorsprünge mit einbezogen, denen die Schulter- und Beckenkontur des Tieres hinzugefügt wurden. Der Rest des Tieres verschwindet unter den Fellschraffen, die den dichten Pelz im vorderen Körperteil ähnlich wie beim Wisent Nr. 6 wiedergeben. Hier ist auch der hintere Körperteil in der gleichen Weise mit Schraffen bedeckt. Eine tiefere Doppellinie gibt die Bauchlinie an. Zwischen den Beinen ist mit kräftigen Linien ein geometrisches Zeichen graviert. Vor dem Wisent ist ein breites Oval gezeichnet, dessen Umriß größtenteils mit flachen mehrfachen Linien graviert ist.

18 Wisent *(Abb. 136)* Unterhalb des beschriebenen Tieres befindet sich ein kleinerer, in einer anderen Technik gezeichneter Wisent mit langen Hinterbeinen. Die Hufe sind deutlich wiedergegeben; der vordere Körperteil ist unvollständig. Außer dem Buckel sind ein Horn sowie die behaarte Wamme dargestellt. Die Gravierung ist mitteltief und mit einem spitzen Gerät ausgeführt.

19 Gewelltes Band *(Abb. 136)* Rechts unterhalb des Wisents ist mit breiten mehrfachen Linien ein gewelltes Band graviert.

20 Birnenförmiges Zeichen *(Abb. 136)* Es handelt sich um eine Art Beutel, in dem elf kreisförmige Zeichen graviert sind. Die Gravierung ist deutlich und mit einem spitzen Gerät ausgeführt. Die Bedeutung bleibt unklar. Vielleicht gibt es eine Verbindung mit dem gewellten Band (Nr. 19) und den folgenden Linien (21).

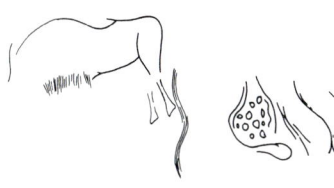

Abb. 136 Wisent I, 18, gewelltes Band I, 19, birnenförmiges Zeichen I, 20 und gravierte Linien I, 21

139

21 Gravierte Linien (Abb. 136) Es handelt sich um eine Anzahl gewellter oder gebogener Linien, die wie die Zeichen zuvor mit spitzem Gerät und deutlichen Linien graviert wurden.

22 Wisent (Abb. 137) Auf der gleichen Strate des Kalkfelsens, aber tiefer als die zuvor beschriebenen Figuren, ist ein nach links gerichteter Wisent graviert (L 45 cm). Die Darstellungstechnik entspricht jener des Wisents Nr. 6. Erneut handelt es sich um Schraffenbündel, die auf die Form des Tierkörpers bezogen sind. Die oberen Schraffen folgen der Rückenlinie. Die Rückfront, das Hinterbein und die Bauchlinie sind mit einer deutlichen Linie graviert. Wie bei den Wisenten Nr. 6 und 17 verschwindet der Kopf unter den Felsschraffen.

Innerhalb dieser Darstellung gibt es vier Löcher in der Felsoberfläche, von denen zumindest zwei künstlich erscheinen. Sind es Zeichen der Zerstörung des Tieres oder einer Verwundung?

Abb. 137 Wisent I, 22

Tiefer in der Felsnische und höher an der Wand sind folgende Figuren dargestellt:

23 Saiga-Antilopen (Abb. 138 und 141) Deutliche, mit sicherer Hand und einem spitzen Gerät ausgeführte Gravierung. Dargestellt sind Kopfpartie, Hals und der Beginn des Körpers eines Tieres, wohl einer Saiga-Antilope. Am Ansatz der Hörner ist die Zeichnung mit mehreren Linien korrigiert. Das Auge ist durch schräge Striche angedeutet, der untere Teil des Halses durch Schraffen modelliert. Die Länge von der Spitze der Hörner bis zum Kreuz beträgt 30 cm.

Das abgebildete Tier scheint eine männliche Saiga-Antilope (die weiblichen Tiere haben keine Hörner) in einer typischen, vertikalen Sprunghaltung darzustellen (vgl. Abb. 139 und 140). Die Form der kurzen, schrägen und nicht verzweigten Hörner schließt die Darstellung eines Hirsches, Wisents, Auerochsen, Steinbocks oder einer Gemse aus. Unter den horntragenden Tieren dieser Zeit bleibt demnach nur die Saiga-Antilope. Die Form der Hörner entspricht diesem Tier am meisten, auch wenn sie leicht nach vorne gebogen sind, während die Hörner der Saiga-Anti-

140

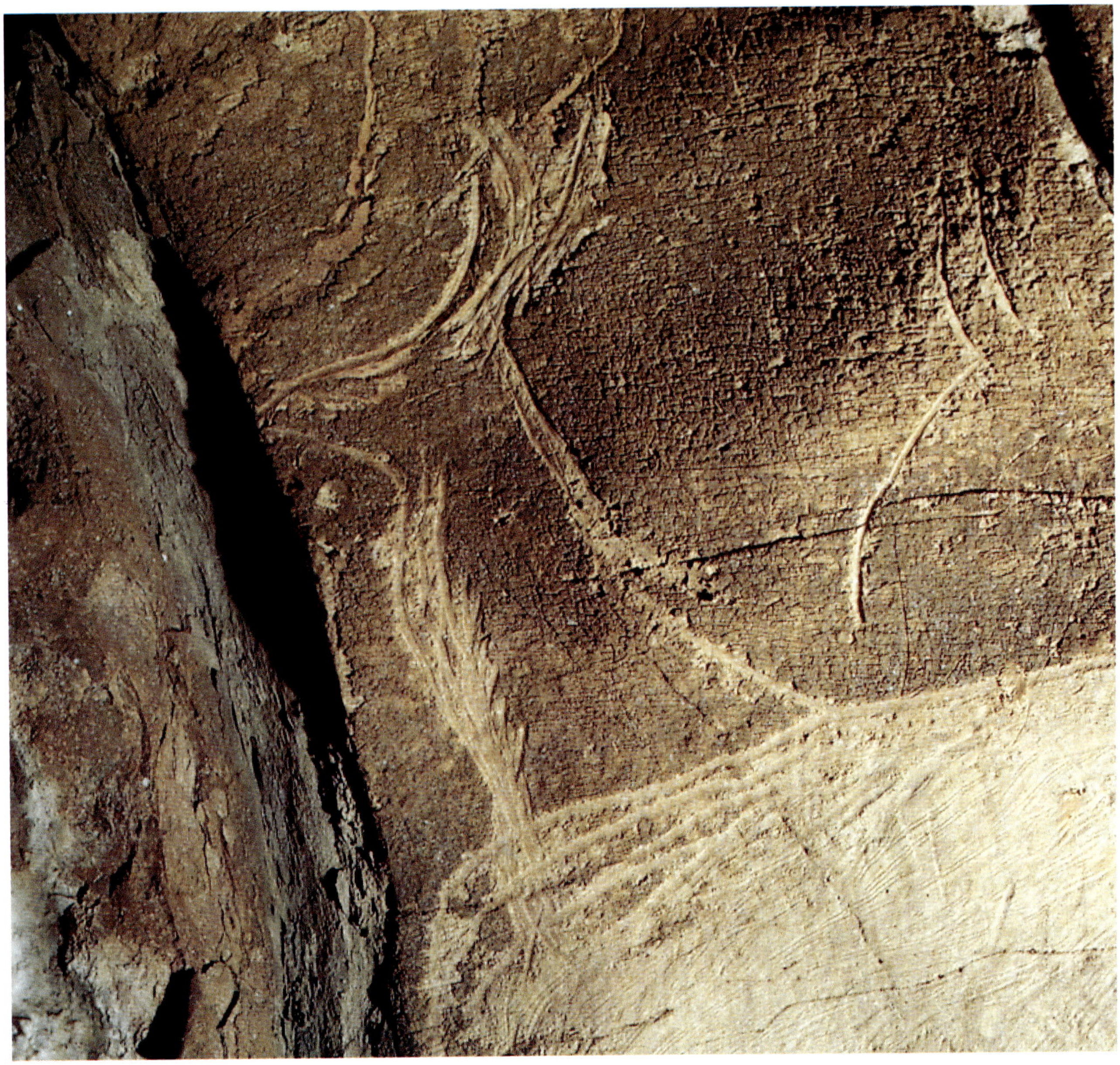

Abb. 138 Saiga-Antilopen I, 23

Abb. 139 Saiga-Antilopen (*Saiga tatarica*)

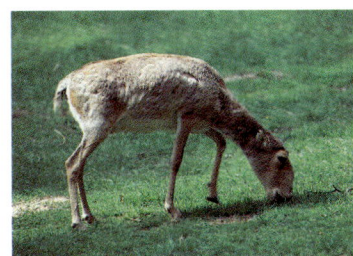

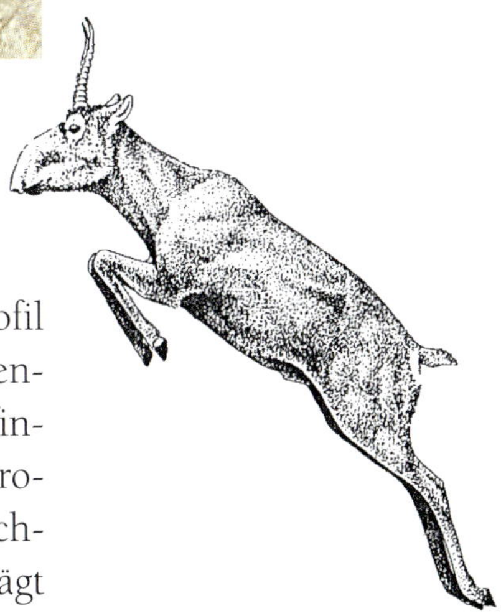

Abb. 140 Springende Saiga-Antilope (*Saiga tatarica*)

lope eher nach hinten und nur im oberen Teil nach vorne weisen. Das konvexe Schnauzenprofil entspricht ebenfalls der Saiga-Antilope. Sie hat kurze Nasenlöcher, hinter denen die Schnauzenpartie rüsselartig aufgewölbt ist. Dieser »Rüssel«, an dessen Ende sich die Nasenöffnungen befinden, vergrößert sich mit dem Alter. Die Ohren sind breit und kurz, so daß sie kaum über das Profil des Kopfes hinausstehen und oft nicht zu sehen sind. Die Schraffen im Hals könnten das dichte Fell wiedergeben, das das Tier, besonders das männliche Tier, an dieser Stelle im Winter trägt und das wie eine Mähne ohne herabhängenden Bart aussieht.

Rechts von diesem Tier ist das einfache Kopfprofil einer zweiten Saiga-Antilope graviert (*Abb. 138 und 141*). Es sind nur die Gesichtslinie und ein Horn dargestellt. Isoliert wäre das Tier schwer zu bestimmen, doch in der Nachbarschaft der beschriebenen Saiga-Antilope stellt wohl auch diese einfache Zeichnung dasselbe Tier dar. Das gewölbte Nasenprofil und das Horn weisen ebenfalls auf eine Saiga-Antilope hin. Die Gravierung ist mit deutlichen Linien und einem spitzen Gerät ausgeführt worden.

Abb.141 Saiga-Antilopen I,
23, Wisent I, 24, unbestimmtes Tier I, 25 und gemaltes
Pferd I, 26 sowie rechts
unten Wisent I, 27

24 Wisent *(Abb. 141 und 142)*   Die dichten Schraffen unterhalb der Saiga-Antilopen stellen einen vertikal angeordneten Wisent – mit dem Kopf nach unten und dem Rücken auf der linken Seite – dar. Das Tier ist mit Schraffen und teilweise mit Umrißlinien abgebildet worden. Die Schraffen beschränken sich nicht auf den vorderen Körperteil, sondern bedecken das gesamte, vertikal angeordnete Tier einschließlich der Beinpartie. Im unteren Teil der Darstellung bildet der gebogene Felsuntergrund eine Kante, durch die das Gesichtsprofil des Tieres wiedergegeben wird. Darüber sind das Auge und die Hörner, darunter die Nasenpartie und der untere Teil der Schnauze graviert. Wenn diese Felskante etwas weiter oben genutzt worden wäre, wäre ein Gesichtsprofil wie beim Wisent Nr. 27 entstanden. Die Schraffen wurden mit einem Gerät mit gezackter Spitze graviert, die Mehrfachlinien hinterließ.

25 Schwer zu bestimmendes Tier *(Abb. 141 und 142)*   Rechts von dem beschriebenen Wisent sind die Hinterbeine und der Rumpf eines schwer zu bestimmenden Tieres graviert. Es ist ebenfalls vertikal angeordnet, jedoch im Unterschied zum Wisent mit dem Rücken nach rechts orientiert. Die Darstellung wurde mit einem spitzen Gerät graviert.

26 Pferd *(Abb. 141 und 142)*   Im unteren Teil dieser Darstellungsgruppe, im Bereich der Kopfpartie des Wisents Nr. 24, befindet sich der hintere Körperteil eines Tieres mit breitem, bogenförmigem Schweif, wohl ein Pferd. Die nach links gerichtete Figur ist mit schwarzer Farbe gemalt. Außer vereinzelten Farbspuren, die wir erwähnt haben, ist dies die einzige Malerei unter den Darstellungen der Gruppe I.

Abb. 142 Schraffenzone mit Wisent I, 24, unbestimmtes Tier I, 25 und gemaltes Pferd I, 26

27 Wisent (Abb. 141 und 143)   Auf derselben Strate des Kalkfelsens wie die zuvor beschriebenen Figuren, aber hinter einer Biegung der Felswand, tiefer in der Nische, befindet sich ein nach links gerichteter, vollständig und mit vielen Details dargestellter Wisent (L 35 cm). Für die Gesichtslinie wurde eine Felskante benutzt. Die Schnauzenpartie, Nasenöffnung, das Auge und das Horn sind dann als gravierte Linien hinzugefügt worden; das Ohr wurde nicht abgebildet. Das Horn ist gekonnt als eine Wellenlinie wiedergegeben, die geschwungen und richtig schräg nach vorn und dann leicht zurück führt; die untere Biegung geht nach hinten, die obere nach vorn. Eine zweite, in der Mitte des Horns sichtbare Linie könnte eine Verbesserung, vielleicht aber auch die Andeutung des zweiten, rechten Horns sein, das bei einem sonst strikt im Profil dargestellten Tier kaum sichtbar ist (*vgl. Abb. 144*).

Das Auge ist ein kleiner Kreis, der von einem größeren Kreis umgeben ist; dieser könnte die weniger behaarte, hellere Partie um das Auge andeuten. Das Ohr befindet sich bei dieser Kopfhaltung etwas unterhalb des Hornansatzes, unweit des Auges, und wäre dreieckig – doch es ist nicht wiedergegeben.

Maulpartie, Auge und Horn sind deutlich graviert. Die Mähne im vorderen Rückenteil und an der Wamme ist mit feineren, kurzen Schraffen angegeben. Der Ansatz der Vorderbeine ist richtig dargestellt. Der restliche Tierkörper ist mit einer einfachen, glatten Linie gezeichnet, das männliche Geschlechtsteil ist deutlich abgebildet. Die Beine enden in Spitzen, der Schwanz ist abgestellt. Eine gravierte Linie vom Ansatz der Vorderbeine in den Körper hinein könnte die unterschiedliche Fellzeichnung andeuten, die beim Wisent in dieser Partie oft auftritt. Dies könnte auch für eine weitere, vom Geschlechtsteil zur Leistenpartie laufende Linie gelten.

Die Gravierung hat die Lehmschicht, die die Felsoberfläche bedeckt, entfernt; so wurde eine besondere Wirkung der Zeichnung erzielt.

Abb.143 Wisent I, 27

Abb.144 Wisent (*Bison bonasus*)

Abb.145 Schraffenfeld I, 29 und Hirschkuh (?) I, 30

28 Größeres Schraffenfeld Unterhalb der Beine des beschriebenen Wisents 27 befindet sich eine Schraffenzone. Die Linien sind mit einem Gerät mit zackiger, mehrfacher Spitze gezogen. Wenn man die weitgehend in Schraffen aufgelösten Wisente 17, 22 und 24 betrachtet, so könnte es sich auch hier um die Darstellung eines Wisents handeln. Die Anordnung der Schraffen ähnelt jener bei den genannten Tieren. Im unteren Teil der Darstellung befinden sich zwei Löcher in der Felsoberfläche (Zerstörung des Bildes?) wie beim Wisent 22.

29 Schraffenfeld (Abb. 145) Unterhalb der beschriebenen Figur befindet sich eine weitere, mit einem ähnlichen Gerät angebrachte Schraffenzone aus zwei parallelen Schraffengruppen, die winklig, in Fischgrätenform, aneinanderstoßen. Verbirgt sich in dieser Schraffenzone auch eine stilisierte Tierdarstellung?

30 Hirschkuh (?) (Abb. 145) Unmittelbar unter der Schraffenzone 29 ist ein nach rechts gerichtetes Tier dargestellt, eine mit feinen Linien und spitzem Gerät gravierte Figur (L 30 cm). Das Tier ist fast vollständig; es fehlen nur die Gesichtslinie und die Unterenden der Beine. Im Hals- und Brustbereich sind zwei in den Tierkörper hineinführende Linien gezeichnet. Bei diesem Tier handelt es sich wohl um eine Hirschkuh.

Untergruppe Ib

An der rechten Wand des kleinen Gangs befinden sich folgende Darstellungen:

31 Wisent Am Ende der rechten Wand der Nische ist ein nach rechts gerichteter Wisent dargestellt (L 35 cm). Wiedergegeben sind der hintere Körperteil und der Rücken mit dem Buckel; Kopf, Mähne und Vorderbeine fehlen. Der hintere Körperteil zeigt viele Details: So sind die Füße mit Hufen und Knien sorgfältig gezeichnet. Eine teilweise doppelte Linie gibt den Schwanz wieder. Unter der Linie des Buckels sind feine vertikale Einritzungen zu sehen, ähnlich wie beim Gesichtsteil des Rentieres (Nr. 12) und anderer bereits beschriebener Darstellungen. An der Rückfront, im oberen Teil des rechten Beines und an der Bauchlinie sind Reste von Farbe erhalten.

Die Rückenlinie des Tieres nutzt eine Felskante aus. Anscheinend wurde für die Darstellung ein zweizinkiges Gerät mit einem spitzen und einem zackigen Arbeitsende benutzt. Im Winkel zwischen Bauch und linkem Hinterbein sind parallel zur Körperkontur feine Linien graviert.

32 Schraffenfeld Tiefer, nur wenige Zentimeter über dem Felsboden, ist an einer schwer erreichbaren und nicht zu photographierenden Stelle ein Schraffenfeld graviert, das an die Wisentdarstellungen 17, 22, 24 und 28 erinnert.

33 Gewellte Linien Über dem Eingangsbogen zur engen Endzone des kleinen Gangs sind zwei gewellte Linien graviert. Sie wurden deutlich ausgeführt, mit einem Gerät mit zackiger Spitze, die eine Mehrfachlinie hinterließ. Unterhalb dieser Wellenlinien befinden sich weitere, kürzere und feiner gravierte Linien.

34 Steinbock (Abb. 147 und 149) Unterhalb und etwas rechts der gewellten Linien ist ein nach rechts gerichteter männlicher Steinbock graviert (L 25 cm). Die Hörner, die bei den Böcken viel größer als bei der Geiß sind, zeigen deutlich, daß es sich um einen Pyrenäensteinbock und nicht um einen Alpensteinbock handelt. Dies belegt, daß sich diese beiden Arten bereits damals deutlich unterschieden. Die Hörner des Alpensteinbocks bilden einen einfachen Bogen in einer einzigen Ebene; die Hörner des Pyrenäensteinbocks laufen hingegen auseinander. Nach einem deutlichen Bogen sind sie annähernd horizontal und enden dann in einer aufwärts gebogenen Spitze (*Abb. 146*). Die Hörner sind nur in einer Ebene angegeben. In der Profilansicht sind jedoch die beiden unterschiedlichen Biegungen der Hörner zu erkennen; zunächst sind sie nach rückwärts und am Ende aufwärts gebogen. Obwohl dies die übliche Hornform des Pyrenäensteinbocks ist, gibt es auch Beispiele von einfach gebogenen Hörnern, die von ihrem Ansatz an nach oben hin auseinanderlaufen.

Abb. 146 Pyrenäensteinbock (*Capra pyrenaica*)

Das in Altxerri dargestellte Tier enthält viele Details: Die auf zurückgebogene Linien reduzierten Vorderbeine zeigen das Tier im Sprung (*vgl. Abb. 148*). Am Kopf sind das Ohr und das besonders große Auge eingetragen. Der Rücken des Tieres ist in drei verschiedenen Techniken graviert: Die vordere Partie mit der dichten Mähne ist mit kurzen, annähernd vertikalen Schraffen gezeichnet. Der Mittelteil ist durch kürzere, doppelte Schrägschraffen wiedergegeben, und der hintere Teil des Rückens ist mit kurzen schrägen Linien schraffiert. Der Schwanz ist kurz und abgestellt, wie es beim Steinbock oft der Fall ist. Der Schwanz, die Beine, der Bauch, die untere Halslinie mit dem Bart, der Kopf sowie die Innenzeichnung sind mit breiten Linien und einem Gerät mit gezackter Spitze graviert worden. Eine von der Leistengegend zur Bauchlinie laufende Linie könnte die Fellzeichnung angeben, ähnlich wie bei dem Steinbock 9. Unter dem Schwanz ist parallel zu den Beinen eine zusätzliche Linie gezeichnet. Hier könnte es sich um eine erste Version der Rückfront handeln, die anschließend korrigiert wurde.

Im Bereich dieser Darstellung ist die Felsoberfläche mit Lehm bedeckt, der durch die Gravierung bis zur hellen Oberfläche der Felswand entfernt wurde. Hierdurch erhält das Bild eine besondere Wirkung.

Abb.147 Wandpartie mit u. a. Steinbock I, 34, Fisch I, 40, Wisent I, 44 und Fisch I, 45

Abb.148 Springender Steinbock

Abb.149 Steinbock I, 34 und Winkelzeichen I, 35

35 Zeichen (Abb. 149)   Unter dem Steinbock ist ein teilweise winkliges Zeichen angebracht, dessen Verbindung mit der erwähnten Linie unterhalb des Steinbockschwanzes zufällig erscheint.

36 Rentier (Abb. 150)   Links vom Steinbock ist mit feinen Linien ein nach links gerichtetes Rentier gezeichnet (L 25 cm). Das Vorderbein wirkt unorganisch, als sei es später und ungeschickt zur Vervollständigung des Tieres hinzugefügt worden.

Die Zeichnung zeigt typische Merkmale des Rentiers. Der Kopf ist tiefer geneigt als bei anderen Cerviden, insbesondere beim Rothirsch, dessen Kopfpartie aufgerichtet ist. Hinsichtlich der Körperhaltung unterscheidet sich das Ren vom Hirsch etwa in der Weise wie der Wildesel vom Pferd.

Die fein gravierte Rückenlinie zeigt den vorspringenden Widerrist des Rentiers; sie endet in einem kurzen Schwanz. Die Rückfront ist mit feineren Linien graviert. Die Mähnenschraffen im Brustbereich unterstreichen die zoologische Bestimmung als Rentier. Am Kopf sind das Auge, das Ohr, die rundliche Schnauze und das Geweih gezeichnet. Die rundliche Schnauzenpartie entspricht ebenfalls dem Rentier und nicht dem Rothirsch, der eine spitze Schnauze hat. Das Geweih ist einfach skizziert und weniger typisch. Tatsächlich sind die Stangen stärker nach hinten gebogen

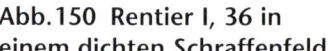

Abb.150 Rentier I, 36 in einem dichten Schraffenfeld

und haben an ihrer Rückseite einen kleinen Rücksproß, der in der Zeichnung fehlt. Darüber folgen ausladende Sprossen in variabler Form und Zahl. Die Form des Geweihs variiert beim Ren stärker als beim Rothirsch, und selbst die beiden Geweihstangen ein und desselben Tieres können unterschiedlich ausgebildet sein. Jedenfalls entspricht die Form des Geweihs mit seiner leichten Rückwärtsbiegung und dem Fehlen eines Mittelsprosses mehr einem Ren als einem Rothirsch.

Die Bauchlinie und das Hinterbein mit dem angedeuteten Knie sind mit einer ähnlichen Linienführung wie der Rücken gezeichnet. Innerhalb des Körpers führt eine Bogenlinie vom Kreuz zum Bauch, die den jahreszeitlichen Farbunterschied des Fells angeben könnte.

38 Wisent Unterhalb des Rentiers ist ein nach rechts gerichteter Wisent gezeichnet (L 50 cm). Es sind der Rumpf und die Hinterbeine wiedergegeben, während der Kopf, die Vorderbeine und der Schwanz fehlen. Die Darstellung entspricht den anderen, bereits beschriebenen Wisenten, insbesondere die Art und Weise, in der die Schraffen im vorderen Körperteil angeordnet sind. Sie bedecken hier jedoch nicht den gesamten Körper, so daß man sie nicht als typische »Fellschraffen« auffassen kann. Vielmehr sind im Körper feine schräge Schraffen graviert, die die Körpermodellierung an Schulter, Bauch und Kruppe andeuten. Vor den Schraffen der Kopfpartie befindet sich ein kleines, anders orientiertes Linienbüschel, das die Hörner angeben könnte. Ein Teil des Rückens wird durch eine Kante der Felswand gebildet.

Auf der Kruppe des Tieres sitzt ein Vogel, den José Miguel de Barandiaran in seiner Erstpublikation nicht erkannte und für den wir die letzte Darstellungsnummer in dieser Gruppe, 51, vergeben haben, unter der die Figur beschrieben wird.

39 Schraffenfeld Rechts und etwas tiefer als das beschriebene Tier begegnet uns ein weiteres Schraffenfeld, das mit einem Gerät mit zackiger Spitze graviert wurde. Im Zentrum des Schraffenfelds laufen die Linien zu einem Loch in der Felswand hin zusammen. Am linken und rechten Rand sind die Schraffen annähernd horizontal. Eine figürliche Darstellung war hier wohl nicht beabsichtigt.

Abb.151 Fisch I, 40

40 Fisch (Abb. 151) 20 cm rechts des Steinbocks ist ein vertikal angeordneter Fisch, den Kopf nach oben, graviert (L 27 cm). Es dürfte sich um ein Exemplar der Familie *Sparidae*, vielleicht um eine Brasse, handeln. Das große Auge, die breiten Rückenflossen und die eingezogene, breite Schwanzwurzel passen gut zu diesem Fisch. Der Schwanz der Dorade ist gespalten, wie es bei dieser Zeichnung zwar nicht wiedergegeben ist, aber die Dorade läßt sich dennoch nicht völlig ausschließen. Der Künstler hat auch die Seitenflossen nicht deutlich gezeichnet; die beiden mit der Basis der Kiemen verbundenen Linien könnten jedoch die Brustflossen und die beiden Linien darunter, die über die Silhouette des Fisches hinabreichen, die Bauchflossen andeuten. Die feinen Schraffen aus kurzen Linien, die hinter den Kiemen eingetragen sind, könnten den dunklen Fleck angeben, den die Dorade in dieser Region aufweist. Im unteren Körperteil sind Längsschraffen gezeichnet, mit denen der Lehm auf der Felsoberfläche entfernt und die Plastizität des Tierkörpers wiedergegeben wurde. Für die Darstellung einer Dorade spricht schließlich, daß dieser Fisch an der Küste und im Mündungsbereich der Flüsse vorkommt.

Abb.152 Menschenartige
(anthropomorphe) Figur I,
41

41 Anthropomorphe Figur (Abb. 152) 20 cm rechts vom Steinbock 34, auf einer tieferen Strate der Felswand, ist eine menschenähnliche (anthropomorphe) Figur ohne Kopf dargestellt (H 23 cm). Graviert sind der Rumpf und die Beine. Im mittleren Körperteil ist ein großes Glied angegeben. Dieses Detail sitzt zu tief, um einen Arm darzustellen, und zu hoch für einen erigierten Penis, obwohl das verdickte Ende an die Vorsteherdrüse erinnert. In der Gesäßpartie sind zwei konzentrische Kreise gezeichnet, deren Außenrand mit kurzen Schraffen besetzt ist. Es könnte sich um die Wiedergabe des behaarten Schließmuskels handeln.

Die Rückseite und das Bein wurden mit einer gezackten, der vordere Körperteil mit einer glatten Spitze gezeichnet. Über dem Rücken des Anthropomorphen sind sieben schräge Linien graviert. Die äußersten beiden Linien sind länger und wurden mit einem spitzen Gerät aufgetragen. Die anderen fünf Striche wurden mit einer zackigen Spitze graviert; zwei dieser Linien laufen nach unten hin zusammen.

42 Wisent (Abb. 153) Rechts von dem Anthropomorphen wurde ein kleiner, nur 12 cm langer Wisent graviert. Das Tier ist vertikal – mit dem Kopf nach unten und der Wiedergabe der linken Körperseite – gezeichnet. Es ist eine sehr einfache, fast vollständige Figur, der nur die Zeichnung des Schwanzes fehlt. Vom Vorderbein ist lediglich der obere Ansatz wiedergegeben, und am Hinterbein fehlt das untere Ende. Am Kopf sind das Auge und beide Hörner eingetragen. Die Darstellung befindet sich in einer kleinen Vertiefung der Felswand und wurde außer am Buckel mit einer feinen Linie und einem spitzen Gerät graviert. Die Bauchlinie ist im hinteren Teil doppelt gezeichnet.

44 Wisent (Abb. 154 und 155) Dicht bei dem Fisch Nr. 40, aber auf einer anderen Strate des Kalkfelsens, ist ein mit dem Kopf nach unten angeordneter Wisent mit seiner linken Körperseite gezeichnet (L 30 cm). Das fast vollständig wiedergegebene Tier ist, der Position seiner Vorderbei-

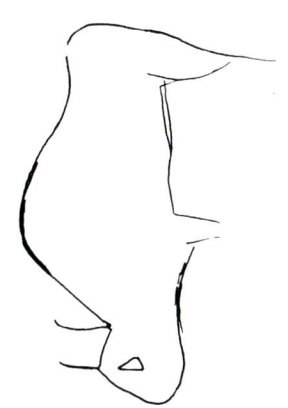

Abb.153 Wisent I, 42

Abb.154 Wisent I, 44

ne zufolge, schreitend abgebildet. Der untere Teil der Hinterbeine fehlt. Am Kopf sind die Gesichtslinie, Bart und Schnauze, das Auge und die Hörner eingetragen. Die Hörner sind nach vorne gerichtet, und das linke, vollständigere Horn ist in unüblicher Weise etwas nach unten gebogen (vgl. auch die Beschreibung des Wisents 27). Daher kommt es, daß der Mähnenansatz über den Hörnern liegt anstatt davor. Manchmal kann indessen aus einer bestimmten Perspektive eine solche Anordnung der Hörner beobachtet werden.

Die Gesichtslinie verläuft leicht konvex, wie es der Wirklichkeit entspricht. Der Bart ist deutlich angegeben, ebenso die Behaarung an der Wamme, die bis zum linken Vorderbein reicht (*vgl. Abb. 156*). Die Rückenlinie ist mit sicherer Hand gezeichnet. An der leichten Einbuchtung zwischen Kopf und Buckel ist die Linie korrigiert worden. Im Bereich der größten Körpermasse des Rumpfes ist die Lehmschicht auf dem Felsen abgeschabt worden, wie wir es bereits von anderen Darstellungen kennen. Der lange Schwanz weist oberhalb der Rückenlinie in einem Bogen nach vorn.

Das rechte, vorangestellte Vorderbein ist detailliert, mit der Gelenkbeuge, Huf und Fessel, gezeichnet. Eine Längslinie in diesem Vorderbein verleiht diesem Körperteil Plastizität. Das untere Ende des linken Vorderbeins stößt an den Schwanz des Fisches 45 und erlaubt keine Präzisierung. Die Hinterbeine sind nur mit zwei Bogenlinien skizziert. Die Bauchlinie ist richtig gezeichnet; die begleitenden Linien dienen zur Modellierung. Das Geschlechtsteil ist erneut deutlich angegeben.

Folgende Doppelseite:
Wisent I, 42
(siehe auch Abb.153)

151

Abb.155 Kopfpartie von Wisent I, 44 (um 90° gedreht)

Abb.156 Wisent (*Bison bonasus*)

Im Rücken des Tieres sind zwei gerade Linien eingetragen; eine im hinteren Teil des Buckels, die andere hinten am Schwanz. An der Stelle, an der die vordere Linie in den Körper eindringt, befinden sich Farbspuren – als sollte das aus der Wunde fließende Blut wiedergegeben werden.

Die Gravierung wurde deutlich und mit einer glatten, nicht gezackten Werkzeugspitze ausgeführt.

45 Fisch (Abb. 157) Unterhalb des Wisents ist ein vertikal angeordneter Fisch graviert (L 23 cm). Die Darstellungstechnik macht die zoologische Bestimmung schwieriger als bei den anderen Fischabbildungen. Es könnte sich um einen Salmoniden handeln. Die beiden Rückenflossen, die Form der Schwanzflosse und der Analflosse sind charakteristisch für die Familie der Lachsähnlichen (Salmoniden). Vor allem die hintere Rückenflosse erscheint jedoch zu groß für einen Salmoniden. Die bei diesen Fischen reduzierten Bauchflossen könnten durch den hinteren Teil der abgeschabten Fläche außerhalb der Bauchlinie des Fisches angedeutet sein.

Der Fisch wurde mit langen Schraffen und ohne deutlichen Umriß dargestellt. Die Linien wurden mit einer gezackten Werkzeugspitze angebracht. Kurze Schraffen finden sich nur als Abschluß der Schwanzflosse. Es sind weder Auge noch Kiemen angegeben. Diese Darstellungstechnik erinnert an einige Wisente der Gruppe Ia.

45a Haspelförmiges Zeichen (Abb. 157) Links vom Fisch und unterhalb des Wisents 44 ist ein Zeichen aus zwei sich kreuzenden Liniengruppen angebracht. Die Enden des größeren Zeichens bleiben unten offen und laufen oben in einer Spitze zusammen, so daß eine fischförmige Figur entsteht. Das kleinere Zeichen ist einfacher und besteht aus zwei Strichen, die sich an einem Ende kreuzen. Die Gravierung ist mit einer gezackten Werkzeugspitze und Mehrfachlinien ausgeführt.

154

46 *Tierkopf* (Abb. 158) Etwas rechts der beschriebenen Darstellungen, aber auf einer anderen
Strate des Felsuntergrunds, ist ein 20 cm langer, zoologisch schwer zu bestimmender Tierkopf
graviert. Obwohl Léon Pales davor gewarnt hat, alle unklaren Tierdarstellungen der Höhlenkunst
als Raubtiere (Carnivoren) zu bezeichnen, glauben wir, daß es sich bei dieser Abbildung mit lang-
gestreckter Schnauze und großen Ohren am ehesten um ein wolfartiges Tier (Caniden) (*Abb. 159*)
handelt. Es ist eine deutliche, klare Gravierung. Nur eines der Ohren wurde mit einer Mehrfachlinie und einem gezackten Werkzeugende gezeichnet.

Abb.160 Tier I,47

Abb.161 Schneehase
(Lepus timidus)

47 Tier (Abb. 160) Dicht bei den vorigen Figuren, tiefer unter dem vorspringenden Fels, ist ein pummeliger Tierkörper mit großen Ohren und breitem Schwanz gezeichnet (L 23 cm). Die Ohren und das große Auge sowie der Schwanz erinnern an einen Hasen (*Abb. 161*), aber der hintere Körperteil paßt schlecht zu diesem Tier. Die Schnauzenpartie endet offen, so daß man nicht sagen kann, ob sie abgerundet – wie bei einem Hasen – oder langgestreckt sein sollte. Ein stehender Hase hätte einen gedrungeneren hinteren Körperteil, ohne die hohen Hinterbeine unseres Tieres. Die gebogene Rückenlinie könnte wiederum zu einem Hasen gehören, aber dann paßt die winklige Stellung der Hinterbeine nicht dazu. Vorder- und Hinterbein enden schematisiert in einer Spitze. Rücken, Brust und Auge sind mit einer einfachen, deutlichen Linie graviert. Der Rest des Tierkörpers ist mit einer Mehrfachlinie gezeichnet. Im Körper sind einige Striche zu sehen, die ebenfalls mit Mehrfachlinien graviert sind und die Körpermodellierung angeben. Einige dieser Linien laufen zu den Beinen hin. Hinten im Körper und im Hinterbein ist ein Schraffenbündel graviert. Man kann aber nicht sagen, ob es sich hier um eine Andeutung des Schenkels beim Hasen handelt, da die Körperhaltung des Tieres unklar ist.

48 Schraffenzone Unter dem »Hasen« ist dicht über dem Boden an einer Felskante mit einer gezackten Werkzeugspitze eine konfuse Schraffenzone graviert. Teilweise laufen die Linien in einem Punkt zusammen. Eine Tierdarstellung ist nicht zu erkennen.

156

Abb. 162 Vogel I, 51

51 Vogel (Abb. 162)   Auf der Kruppe des Wisents 38 ist ein 17 cm langer Vogel dargestellt.
Rücken, Kopf und Hals werden durch natürliche Felskanten gebildet. Die Form dieser Felsvorsprünge hat den paläolithischen Künstler zu der Wiedergabe des Vogels inspiriert. Er hat dann den Vogel
durch die Gravierung des Auges, der Brust, der Bauchlinie, des hinteren Körperteils und des Schwanzes vervollständigt. Die parallelen Schraffen im Schwanzbereich symbolisieren die Federn. Der
»Trouvismus« der Darstellung ist offensichtlich, eine Artbestimmung des Vogels unmöglich. Auge
und Bauchlinie sind tiefer graviert, der Rest ist mit einer feinen Werkzeugspitze ausgeführt worden.

Gruppe II

Wenn wir den kleinen Höhlengang, der die 50 Darstellungen der Gruppe I enthält, wieder verlassen und der in westsüdwestlicher Richtung verlaufenden Hauptgalerie folgen, gelangen wir nach zwölf Metern in den Bereich der Darstellungsgruppen II und III und nach weiteren acht Metern zur Darstellungsgruppe IV.

Die Gruppe II befindet sich an der linken (südlichen) Höhlenwand. Die Darstellungen sind in zwei übereinanderliegenden Bildstreifen angeordnet, die durch einen Felsvorsprung voneinander getrennt sind. Im Unterschied zur ersten Gruppe herrschen hier die gemalten Bilder vor; ausschließlich gravierte Figuren sind selten. In einigen Fällen sind die Darstellungen graviert und gemalt. Diese Bilder befinden sich in einer sehr feuchten Partie der Höhle, und die Farbe ist größtenteils zerstört. Dies gilt besonders für den oberen Bildstreifen. Mit Mühe erkennt man noch Farbflecken, die zu Tierdarstellungen gehören. Ein Photographieren der Bilder ist praktisch unmöglich. Die Darstellungen des unteren Bildstreifens sind hingegen besser erhalten. Außerdem haben Besucher in der Zeitspanne zwischen der Entdeckung der Höhle und dem Erkennen der Darstellungen an einigen Stellen ihre Initialen hinterlassen, wie es leider üblich ist.

Der **obere Bildstreifen** umfaßt acht Darstellungen, darunter vier Wisente und möglicherweise einen Steinbock. Wir beschreiben hier lediglich die noch erkennbaren Bilder.

3 Wisent (Abb. 163) Nach links gerichtetes Tier (L 22 cm). Schlecht erhaltene Farbreste deuten den vorderen Körperteil mit den Vorderbeinen und der Bauchlinie sowie Kruppe, Rückfront und Schwanz des Tieres an. Soweit erkennbar, ist am Kopf der Bart angegeben; der Schwanz ist von der Rückfront getrennt.

4 Steinbock (?) (Abb. 163) 12 cm rechts von dem Wisent folgt eine nur auf 8 cm sichtbare Figur, die den Kopf, die Hörner und den Beginn der Rückenlinie eines Steinbocks darzustellen scheint. Mehr kann man hier nicht mehr erkennen.

5 Wisent Rechts des mutmaßlichen Steinbocks folgt die gemalte und gravierte Darstellung eines nach rechts gerichteten Wisents (L 60 cm). Der Kopf und der mit Farbe ausgefüllte Rumpf sind noch erkennbar. Die Behaarung der Wamme, Bauchlinie und Beine sind mit sehr feinen, kurzen Längsschraffen graviert. Die Beine sind V-förmig und ohne Andeutung der Hufe eingetragen. Zur Wiedergabe des Körpervolumens wurde anscheinend ein Felsvorsprung mit einbezogen.

Die gemalten Teile der folgenden Wisente 7 und 8 sind kaum noch sichtbar. Erhalten sind gravierte vertikale Linien in den Tierkörpern.

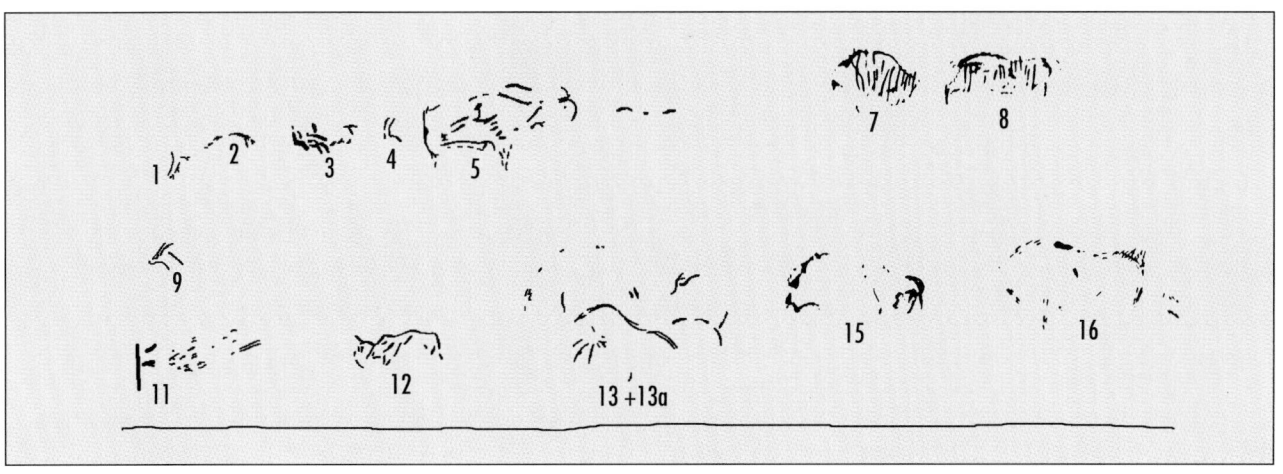

Darstellungsgruppe II

Abb.164 Die Wandpartie mit den Darstellungen der Gruppe II

159

Unterer Bildstreifen

9 Steinbock (Abb. 165) Die erste Darstellung des unteren Bildstreifens ist ein kleiner, äußerst fein gravierter Steinbock. Das Bild mißt von der Schnauze bis zum Ende der Hörner lediglich 8 cm. Es ist nur die Kopf-Hals-Partie des Tieres wiedergegeben. Am Kopf sind das Auge und die beiden Hörner eingetragen. Eines der Hörner ist am Ende gebogen, ein Kennzeichen des Pyrenäensteinbocks.

12 Auerochse (Abb. 167) 60 cm weiter rechts und etwas tiefer befindet sich die gemalte Silhouette eines Auerochsen. Das Tier ist nach links gerichtet und 30 cm lang. Die Gesichtslinie und das Auge sind mit einfachen Linien wiedergegeben, die Schnauze und die untere Halslinie sind hingegen nicht vorhanden. Die Hörner sind gut angesetzt und in typischer Weise nach vorne gerichtet (*vgl. Abb. 166*). Das Kreuz des Tieres ist mit der Rückenlinie dagegen weniger gut getroffen, doch sind zumindest im vorderen Teil des Rückens die Schulterkonturen angedeutet. Der Schwanz ist lang, eine Bogenlinie davor könnte zur Rückfront des Tieres gehören. Bauchlinie und Beine sind ebenfalls nicht vorhanden. Einige gravierte Linien laufen quer über den Körper des Tieres.

15 Wisent (Abb. 168) 1,50 m rechts vom Auerochsen befindet sich ein nach links gerichteter gemalter Wisent (L 50 cm). Erhalten sind der Kopf und der Anfang des Buckels sowie der hinterste Körperteil und der Schwanz. Die Mitte des Tieres ist von einem Stalagmiten überdeckt. Im vorderen Teil ist der Kopf mit Schnauze, Auge und Bart gekonnt wiedergegeben. Die Hörner sind nicht zu erkennen; einige Farbreste in der fraglichen Zone könnten Reste davon sein. Der hintere Körperteil ist flächig mit Farbe ausgefüllt.

Abb. 165 Feingravierter Kopf des Steinbocks II, 9

160

Abb.166 Auerochse
(*Bos primigenius*)

Abb.167 Auerochse II, 12

Abb.168 Wisent II, 15

161

Abb.169 Die Darstellungsgruppe III an der rechten (nördlichen) Höhlenwand mit rechts oben Wisent 1 und zwei Schichten tiefer rechts unten die Schraffen 2.

Darstellungsgruppe III

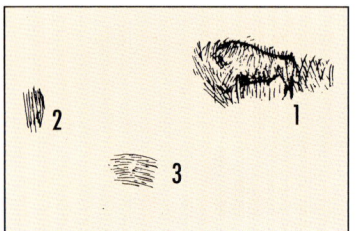

Gruppe III

An der rechten (nördlichen) Wand derselben Galerie befinden sich gegenüber der Gruppe II, doch höher an der Wand, über dem hier schräg ansteigenden Höhlenboden drei Darstellungen, die wir als Gruppe III bezeichnen (*Abb. 169*).

1 Wisent (Abb. 170)   Auf der Stirnseite einer bankförmigen Felsstrate ist ein Wisent gemalt und graviert, der diesen Teil der Galerie dominiert. Das Tier ist nach links gerichtet und 40 cm lang; die durch gravierte Linien abgeschabte Fläche ist 60 cm lang. Die Farbe im vorderen Körperteil ist schlechter erhalten als in der übrigen Tierdarstellung. Mit Farbe sind gekonnt die Rücken- und Bauchlinie, der hintere Körperteil mit dem Schwanz und die beiden voreinander gesetzten Hinterbeine gezeichnet. An den Beinen ist das Kniegelenk angegeben. Eine Farbfläche über der Bauchlinie modelliert die unterschiedliche Fellfärbung in diesem Bereich, ähnlich wie bei den gravierten Linien der Wisente in der ersten Gruppe, besonders bei den Wisenten 27 und 44. Die Darstellungstechnik, bei der ein graviertes Schraffenfeld den Hintergrund der Tierdarstellung bildet, andere gravierte Linien den gemalten Tierkörper begleiten und an einigen Stellen auch komplettieren, unterscheidet sich von den bisher beschriebenen Bildern. Wir finden sie erneut bei

162

den Wisenten der Gruppen IV und V. Am Buckel ergänzt die Gravierung die Malerei. Im vorderen Teil der Figur scheint die Gravierung die Darstellung zu vervollständigen und abzuschließen. Diese gravierten Linien sind anders gestaltet und weisen in eine andere Richtung als die gravierten Schraffen, die den Hintergrund der Figur bilden. Im Kopfbereich suggerieren die manchmal zickzackförmigen Linien in expressionistischer Weise die Behaarung, die Hörner und den Ansatz der Vorderbeine. Im hinteren Körperteil verlaufen die gravierten Linien regelmäßiger und annähernd vertikal. Die Schraffen wurden mit einem Gerät mit spitzem, nicht gezähntem Ende gezeichnet.

2 Schraffen (Abb. 169) 2,5 m links vom Wisent und auf einer tieferen Strate der Felswand befindet sich ein mit einer gezähnten Spitze und breiten, mehrfachen Linien graviertes Schraffenfeld aus vertikalen Linien, das an einer freien Stelle innerhalb einer hier befindlichen Sinterdecke angebracht ist.

3 Schraffen Zwischen den beschriebenen Darstellungen gibt es ein weiteres Schraffenfeld aus horizontalen Linien.

Abb.170 Wisent III, 1

Gruppe IV

Acht Meter weiter in der Hauptgalerie trifft man auf der linken Höhlenwand auf die Darstellungen der Gruppe IV. Einige der 14 Figuren dieser Gruppe sind mit feinsten Linien graviert, sehr schwierig zu erkennen und praktisch nicht zu photographieren. Alle Abbildungen sind auf der gleichen bankförmigen Strate der Felswand angebracht; zwei auf der Stirnseite, die anderen auf der ebenen Schichtfläche (Seitenfläche) der Felsbank.

1 Wisent (Abb. 171) Das Tier ist auf der Stirnseite der erwähnten schrägen Felsbank mit dem Kopf nach unten und der Wiedergabe der rechten Körperseite angebracht (L 50 cm). Es handelt sich um eine Komposition aus Malerei und Gravierung, die an die Darstellung des Wisents in Gruppe III erinnert. Die gewellte Felsoberfläche wurde zur Wiedergabe der Bauchregion und des Buckels mit in die Darstellung einbezogen. Die höchste Stelle des Buckels wird allein von der Felskante gebildet.

Obwohl die Farbe größtenteils verschwommen und vergangen ist, kann man noch ein vollständiges Tier erkennen. Der Kopf ist etwas erhoben, so daß das Horn nach rückwärts weist. Gesichtslinie, Schnauze, Auge und Ohr sind gemalt. Das Horn ist durch eine zunächst nach vorne und dann nach hinten gebogene Linie richtig wiedergegeben (siehe die Bemerkungen zum Wisent I, 27). Parallel zu dem gemalten Horn verläuft eine gravierte Linie. Hinter dem Horn beginnt die gemalte Rückenlinie mit dem betonten, richtig wiedergegebenen Buckel. Die Rückenlinie setzt sich zum einen in dem herabhängenden Schwanz, zum anderen in der Rückfront fort, die in das rechte Hinterbein mit angegebenem Kniegelenk übergeht. Davor ist ebenfalls perspektivisch richtig das linke Hinterbein gezeichnet. Die Bauchlinie ist gemalt und graviert; davor sind Farbreste zu sehen, die die ebenfalls getrennten, einzeln dargestellten Vorderbeine angeben.
Die gravierten Linien zeichnen das Tier frei nach, aber nicht so exakt wie am Horn und an der Bauchlinie.

2 Wisent (?) (Abb. 171) Oberhalb des beschriebenen Tieres und ebenfalls mit dem Kopf nach unten orientiert, jedoch mit der linken Körperseite abgebildet, folgt eine kleinere, nur 22 cm lange, schwieriger zu interpretierende Figur. Die Zeichnung befindet sich gleichfalls auf einer Schraffenzone, die gravierten Linien sind indessen nicht so deutlich der Darstellung zugeordnet. Es scheint sich um einen Wisent ohne Kopf, aber mit vollständigem Rücken und Beinen zu handeln. Im Inneren des Körpers befinden sich zwei Farbflecken.

7 Wisent (Abb. 172) Auf der Oberfläche (Schichtfläche) der bankförmigen Strate (nicht auf der Stirnseite) und höher als die beschriebenen Darstellungen ist ein weiterer Wisent gemalt. Das Tier ist mit dem Kopf nach unten und der linken Körperseite wiedergegeben (L 45 cm). Am Kopf ist die Farbe schlecht erhalten, und es sind keine Details zu erkennen. Besser – wenn auch nur stellenweise und unterbrochen – ist die Farbe am Buckel, noch besser der hintere Körperteil, die Bauchpartie und die Beine erhalten. Der Schwanz hängt herab, und es sind alle vier Beine gemalt. Die Bauchlinie ist gekonnt und mit einer Ausbuchtung im Bereich des Geschlechtsteils dar-

Darstellungsgruppe IV

Abb. 171 Wisente IV, 1 und 2
Abb. 172 Wisent IV, 7

gestellt, es fehlt jedoch das Haarbüschel am Penis. Im unteren Körperteil ist die Fellzeichnung des Tieres durch die dunkler gefärbte Bauchpartie angegeben. Im Körper des Tieres sind schräg nach unten führende und etwas gebogene Liniengruppen graviert. Ähnliche Linien begleiten den Buckel, und eine Schraffenleiste modelliert die Bauchpartie.

8 Wisent (?)   Einen Meter weiter rechts befindet sich eine kleine gemalte Figur, vermutlich ein Wisent, mit dem Kopf nach unten und von der linken Seite dargestellt. Die Farbe ist weitgehend vergangen. Die Kopfpartie ist unklar, und ein Großteil des Rückens fehlt. Die Vorderbeine sind auf eine schräg nach vorne weisende Linie, die Hinterbeine auf zwei kurze, V-förmige Linien reduziert. Das männliche Geschlechtsteil ist angedeutet. Von hier aus führt eine Linie zum Oberschenkel, wie wir es auch von anderen Wisenten kennen. Über dem hinteren Körperteil befindet sich ein Strich, dessen Bedeutung unklar ist.

9 Wisente (Abb. 173)   Unterhalb der beschriebenen Figuren sind auf einer anderen Bank des Kalkfelsens, 50 cm über dem Boden, zwei einander teilweise überschneidende Wisente abgebildet. Beide Tiere sind mit ihrer linken Körperseite und dem Kopf nach unten wiedergegeben. Die Darstellungen sind graviert und gemalt, wobei die Farbe nahezu gänzlich vergangen ist. Das unvollständigere Tier ist 50 cm lang, die dargestellten Teile des anderen messen ebenfalls 50 cm. Bei dem rechten, oberen Wisent zeigt die Farbe den hinteren Körperteil mit dem hinteren Teil der Bauchlinie, Schenkel und Rückfront, Schwanz und Bein mit angegebenem Kniegelenk. Andere Farbreste befinden sich im rückwärtigen Teil des Buckels. Der Rest der Darstellung ist graviert. Diese Gravierung bildet ein Schraffenfeld, ähnlich wie bei den bereits beschriebenen Tieren. Einerseits sind die Schraffen quer im Körper angeordnet, andererseits begleitet ein Linienbündel den Buckel des Tieres. Schließlich scheint ein isoliertes Linienbündel das Vorderbein anzudeuten.

Von dem zweiten Wisent sind nur der gravierte Buckel, zwei Farbflecken in Form eines V im vorderen Körperteil sowie die beiden detailliert gravierten Hörner vorhanden. Am linken Horn, das in seiner gewellten Form richtig gezeichnet ist (vgl. die Beschreibung des Wisents I, 27), gibt es Farbreste. Vom rechten Horn ist nur die Biegung des oberen Endes erhalten, die das Erscheinungsbild der Wisenthörner richtig wiedergibt.

10 Wisent (Abb. 174)   Unter der Figur 8 befindet sich ein gemalter, schräg und mit dem Kopf nach unten angeordneter Wisent, der dem Betrachter die linke Körperseite zuwendet (L 33 cm). Der Umriß ist gemalt; im hinteren Körperteil ist die Farbe weitgehend vergangen. Am Kopf sind das Auge und das nach rückwärts gebogene Horn zu erkennen. Der Buckel ist deutlich und durch einen breiteren Farbauftrag angegeben. Sichtbar sind auch die Wamme und die schlechter erhaltene Bauchlinie. Vorder- und Hinterbeine sind etwas nach vorne gerichtet, als scheute das Tier vor einem Abgrund. Der Körper ist zwischen Rücken- und Bauchlinie von feinen gravierten Schrägschraffen bedeckt.

11 Wisent   Unter dem beschriebenen Tier befindet sich ein weiterer, ähnlich orientierter gemalter Wisent (L 24 cm). Die Farbe ist fast vergangen; man kann den Kopf, Teile des Rückens,

Schwanz und Hinterbeine nur noch erahnen. Details sind nicht mehr auszumachen. Auch bei diesem Tier ist der Körper mit gravierten Schrägschraffen bedeckt.

14 Tierkopf (Abb. 175)   Unterhalb der Figuren 1 und 2 der Gruppe IV, aber auf der Schichtfläche (nicht der Stirn) der bankförmigen Kalkfelsstrate, befindet sich wenige Zentimeter über dem Boden die gemalte Kopf-Hals-Partie eines Tieres (L 20 cm), dessen Auge gemalt ist. Die zoologische Bestimmung dieses Tierkopfes bereitet Schwierigkeiten. Die spitze Schnauze und die kurze Kinnpartie schließen eine Pferdedarstellung aus. Es gibt weder Ohren noch Hörner; an ihrer Stelle befinden sich feine gravierte Linien, die schräg auf dem Kopf angebracht sind. Für eine Hirschkuh ist der Hals zu breit. Es könnte sich um einen Hirsch handeln, bei dem die Behaarung der Wamme eine größere Breite des Halses vortäuscht.

Abb. 173 Die gravierten Hörner des Wisents IV, 9

Abb. 174 Wisent IV, 10

Abb. 175 Tierkopf IV, 14

Gruppe V

Um zu den Darstellungsgruppen V und VI zu gelangen, muß man über eine Stalagmitendecke klettern, unter einem kleinen Bogen der gleichen Sinterbildung hindurchgehen und sich auf einen schmalen Steg zwischen zwei Schächten begeben. Die Gruppe V befindet sich an der rechten (nördlichen) Wand, die Gruppe VI an der gegenüberliegenden Südwand. Während sich die Darstellungen der Gruppe VI auf einer Schichtfläche des Kalkfelsens befinden, wird der Untergrund der Gruppe V von den Stirnseiten der Kalkbänke gebildet (*Abb. 176*). Auf einer solchen Stirnseite befinden sich die meisten Abbildungen. Gruppe V beinhaltet sieben Wisente, zwei Pferde, eine Gemse, einen Steinbock und einen mutmaßlichen Auerochsen sowie einige Schraffenzonen und ein Zeichen.

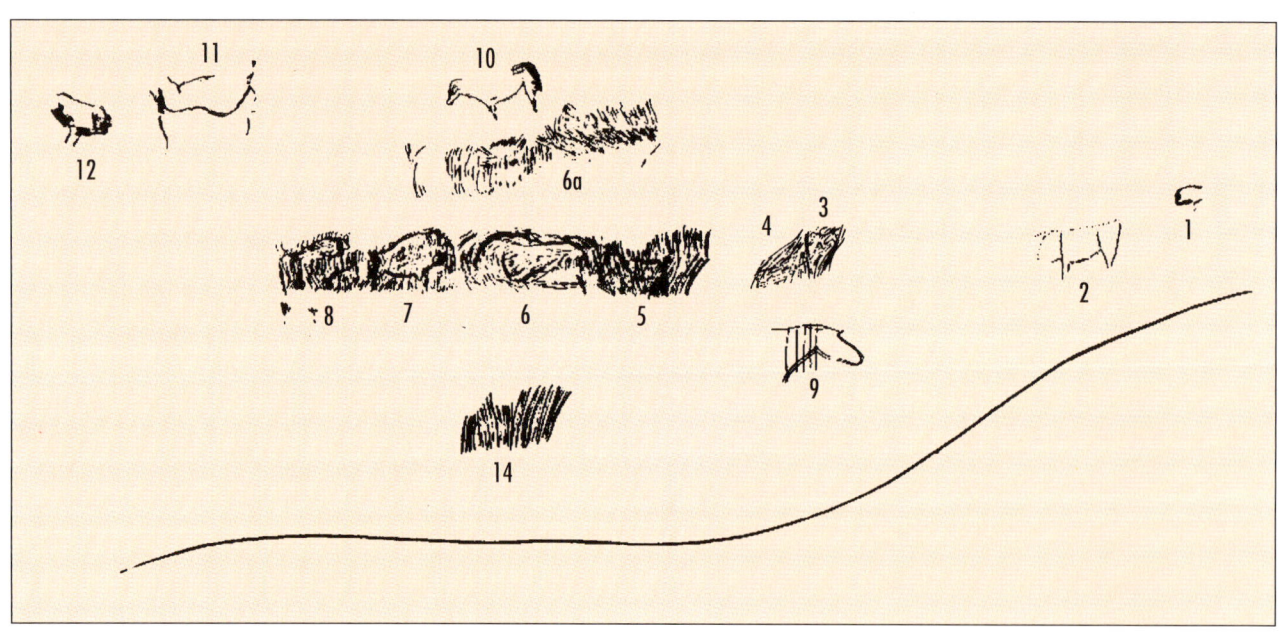

Abb. 176 Die Darstellungen der Gruppe V

168

1 Wisent (Abb. 177)   Die Darstellung befindet sich in dem engen Durchgangsbogen, der zur Gruppe V führt, auf einer Stirnseite der Kalkbänke. Es ist ein nach links gerichtetes, gemaltes Tier (L 25 cm). Die meiste Farbe befindet sich in der Kopfpartie, an der Wamme und am Beginn des Buckels. Das Auge oder die hellere Partie um das Auge herum ist wiedergegeben. Ein kleiner Vorsprung der Farbe im Stirnbereich könnte das Horn andeuten. Das nur aus einer Linie bestehende Vorderbein, die Bauchlinie und der hintere Körperteil sind schwächer gemalt; der hängende Schwanz ist deutlich von der Rückfront getrennt. Die Darstellung ähnelt sehr einigen Wisenten der Gruppe IV.

2 Wisent (Abb. 178)   20 cm von dem beschriebenen Tier entfernt, aber auf der Stirnseite einer anderen Kalkbank, befindet sich ein weiterer gemalter und gravierter Wisent, der außerdem die Kanten und Spalten des Felsuntergrunds mit einbezieht. Das Bild des Tieres wurde von der Felsformation inspiriert und ist lediglich vervollständigt worden. Die obere Kante der Kalkbank dient als Rücken; eine kurze, fein gravierte Linie begleitet ihn in seinem vorderen Teil. Eine entsprechende Linie vervollständigt Teile des Kopfes, an dem weder Auge noch Hörner eingetragen sind. Eine Diaklase (Spalte) der Kalkbank bildet die Rückfront und den Anfang des Hinterbeins; andere Spalten geben die vordere Beinlinie und den Schenkel an. Eine weitere Diaklase bildet die Schulterpartie und den oberen Teil des Vorderbeins. Zwischen den Vorder- und Hinterbeinen wurde die Bauchlinie gemalt; sie wird von feinen kurzen gravierten Linien wie am Rücken begleitet. Dies gilt auch für die untere Halslinie.

2a Schraffenzone   Wenige Zentimeter von der Figur 2 entfernt befindet sich eine Schraffenzone, die mit einem Gerät mit gezackter Spitze und entsprechenden Mehrfachlinien angefertigt

Abb.177 Wisent V, 1

Abb.178 Wisent V, 2

Abb.179 Steinbock (?) V, 3
und Auerochse V, 4

wurde. Sie ist viel präziser gezeichnet als die Schraffen in Gruppe I und auch in Gruppe V. Durch
die Schraffen kommt die helle Farbe des Felsuntergrunds unter der ihn bedeckenden Lehmschicht zum Vorschein. Es handelt sich um eine Serie paralleler Linien ohne jegliche figürliche
Darstellung.

3 Steinbock (?) (Abb. 179)   40 Zentimeter weiter links beginnt auf der Stirnseite einer Kalkbank ein Tierfries. Die erste Darstellung, eine kleine, auf einer gravierten Schraffenzone gemalte
Figur, ist wohl ein Steinbock. Das Tier ist einem Auerochsen (?, siehe unten) zugewandt, und beide befinden sich auf der gleichen Schraffenzone. Das nur 13 cm große Tier ist als Umrißzeichnung dargestellt. Das Auge ist angegeben, sonst gibt es jedoch so gut wie keine Details. Geschickt
werden jedoch der kurze Schwanz, die Leistenpartie, der Brustbereich, die Bauchlinie und die
Beinhaltung durch die Linienführung angedeutet. Zwei kleine Fortsätze auf der Stirn könnten
den Anfang der Hörner oder die Hörner eines Jungtieres angeben.

4 Auerochse (?) (Abb. 179)   Auf dem gleichen Schraffenfeld befindet sich, dem kleinen Steinbock zugewandt, eine weitere Figur. Die Farbe ist weitgehend vergangen, es könnte sich jedoch
um einen Auerochsen handeln (L 30 cm). Die Farbe ist nur an Kopf und Hörnern, an der
Rückenlinie und am Hals erhalten. Die Länge und Ausrichtung der Hörner sowie die Form der
Rückenlinie ohne Buckel sind die einzigen Gründe, die uns bewogen, hier an die Darstellung eines Auerochsen zu denken.

170

5 Gemse (Abb. 180) Auf der gleichen Stirnseite der Kalkbank befindet sich zwischen zwei Diaklasen (Spalten) und auf einem völlig mit Schraffen bedeckten Untergrund die gemalte Darstellung einer Gemse. Das nach links gerichtete Tier ist 22 cm lang. Auch hier ist die Schraffenzone viel größer als das Tier. Im Unterschied zu einigen Wisentdarstellungen haben die gravierten Schraffen hier jedoch keinen direkten Bezug zum Tierkörper und bilden nur den Hintergrund. Der Umriß des Tieres sowie die Modellierung von Kopf und Rumpf sind gemalt. Für die zoologische Bestimmung des Tieres als Gemse (*Abb. 181*) gibt es verschiedene Gründe: die Art des Hornansatzes auf der Stirn, die hakenförmige Rückwärtsbiegung der Hornspitzen, die im Vergleich zum Steinbock spitzere Schnauzenpartie und das Fehlen eines Bartes, der dunklere Farbstreifen vom Ohr bis zur Schnauze, die Farbgrenze zwischen Kehle und Hals, die durch eine vom Ohr in den Halsbereich verlaufende Linie angedeutet wird, die Mähnenschraffen am Kreuz sowie der insgesamt grazile Körperbau, der mehr einer Gemse als einem Steinbock entspricht. Die Farbzone im Körper könnte den Farbwechsel im Fell der Gemse in dieser Partie wiedergeben.

Abb.181 Gemse
(*Rupicapra rupicapra*)

Abb.180 Gemse V, 5

171

Abb. 182 Wisente V, 6 und 7

6 Wisent (Abb. 182–184) Im gleichen Fries und auf der gleichen Schraffenzone wie die Gemse, doch von dieser durch eine Diaklase getrennt, ist ein Wisent gemalt. Die gravierten Schraffen begleiten größtenteils die Körpermodellierung. Das nach links gerichtete Tier (L 50 cm) steht dem folgenden Wisent 7 gegenüber und ist so groß gezeichnet, wie es die Stirnfläche der Kalkbank erlaubt. Die im Schnauzenbereich weitgehend vergangene Farbe zeichnet den Umriß des Tieres. Ferner sind ein perspektivisch richtig angeordnetes Horn sowie Auge und Ohr angegeben. Am Buckel, an der Schulter und am Beginn der Beine ist die Farbe dichter, an Kruppe, Schwanz, Rückfront, Bauchlinie und Wamme dagegen weniger deutlich.

172

Die gravierten Linien gehen über die Farbe hinaus, besonders am hinteren Körperteil. Gravierte Linienbündel begleiten Buckel, Kruppe, Schwanz und Bauchlinie des Tieres und befinden sich auch am Kopf in ähnlicher Weise, wie wir es von den Wisenten der Gruppe I und III bereits kennen.

6a Schraffenzone Über dem beschriebenen Tier und zwischen diesem und dem Pferd 10, aber auf der Stirnseite einer anderen Kalkbank, befindet sich eine ausgedehnte Schraffenzone, die in derselben Technik und mit einem Gerät mit gezacktem Arbeitsende wie alle anderen Schraffenfelder in Altxerri ausgeführt wurde. Farbspuren oder figürliche Partien sind hier nicht vorhanden. Die Schraffenzone besteht aus zwei Teilen, deren Linien im linken Teil schräg nach links unten, im rechten Teil schräg nach rechts unten verlaufen.

7 Wisent (Abb. 182, 184 und 185) Gegenüber von Wisent 6 und innerhalb des gleichen Frieses, jedoch durch eine Diaklase getrennt, befindet sich ein weiteres Schraffenfeld, auf dem ein Wisent gemalt ist (L 35 cm). Auch hier begleiten die gravierten Linien große Teile der Malerei.

Die Farbe zeichnet den fast vollständigen Umriß des Tieres. Heute ist die behaarte Wamme am besten erhalten. Außer den mit einer gezackten Werkzeugspitze angebrachten Schraffen, die die gesamte Stirnseite der Kalkbank bedecken, gibt es hier auch andere gravierte Linien: So sind die Mähne und der Buckel mit kurzen einfachen Strichen graviert worden, die an der Mähne vertikal, am Buckel hingegen schräg verlaufen. Die Rückfront und Teile des Hinterbeins mit dem klar angegebenen Gelenk sind deutlich graviert, wie bei einigen Wisenten der Gruppe Ia, besonders bei den Tieren I, 6 und I, 22. Die Bauchlinie ist mit einer einfachen Linie, ausgeführt mit einem spitzen Gerät, eingetragen worden und am hinteren Ende zur Modellierung des Körpers dreigeteilt. Auch das Auge ist graviert worden.

Abb. 183 Wisent V, 6

Abb. 184 Die gegeneinander gerichteten Kopfpartien der Wisente V, 6 und 7

 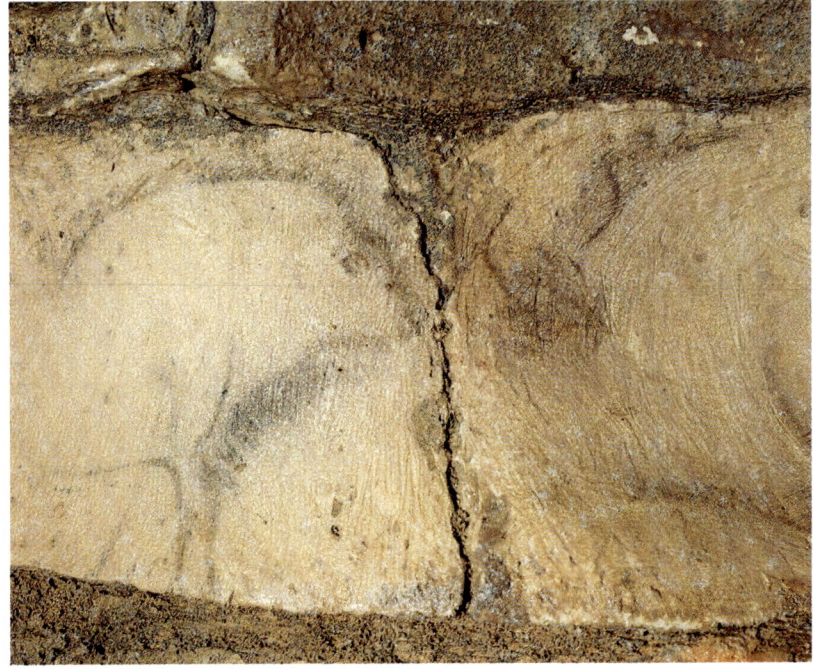

8 Wisent (Abb. 185)   Hinter dem beschriebenen Tier ist ein weiterer gemalter und gravierter Wisent in ähnlicher Größe abgebildet worden. Außer den mit einem Gerät mit zackiger Spitze gezeichneten Mehrfachlinien des Schraffenfelds enthält auch dieses Tier andere gravierte Linien. Es ist eine komplexe Darstellung, denn über der Kruppe des Tieres ist das Hörnerpaar eines in entgegengesetzter Richtung orientierten Wisents sichtbar. Hinter diesen Hörnern folgt eine Leiste kurzer Schrägschraffen, die die Mähne dieses Tieres anzeigen dürfte. Das erste, nach links gewandte Tier ist dann durch das heute dominierende, nach rechts gerichtete Tier überlagert worden. Die Farbe gehört zu diesem Tier; besonders Kopf, Rücken und hinterer Körperteil, die Wamme und das Vorderbein sind gemalt.

Über dem Rücken ist eine Serie kurzer tiefer Einschnitte zu sehen, deren Bedeutung unklar bleibt. Auch innerhalb des Körpers sind außer den Schraffen, die im hinteren Körperteil mit einem zackigen Gerät und vorne mit einer Spitze graviert wurden, solche besonders tiefen Linien angebracht.

9 Pferd (Abb. 186)   Auf einer tieferen Felsstrate, unterhalb der Figuren 3 und 4, ist die Kopf-Hals-Partie eines nach rechts gerichteten Pferdes graviert (L 35 cm). Die Darstellungstechnik unterscheidet sich von allen anderen Figuren dieser Gruppe. Die gravierte Umrißlinie von Kopf und Hals ist breit; die Ganaschenkontur zeichnet auch den Winkel zwischen Hals und Kopf. Nur das Ohr ist mit feineren Linien eingetragen. Die Unterbrechung der Gesichtslinie und die höher ansetzende Mähnenlinie sind treffend wiedergegeben. Unterhalb der Mähnenkontur verläuft eine weitere gravierte Linie mit unklarer Bedeutung. Der Hals wird von fünf Linien gekreuzt, die tiefer als der Pferdekopf graviert sind.

10 Pferd (Abb. 187)   In einem Strudeltopf aus weißem Sinter, an dessen Kante sich einige Stalagmiten befinden, und oberhalb des Frieses mit den Wisenten und der Gemse befindet sich die Malerei eines nach links gerichteten Pferdes (L 42 cm). Im Rückenbereich ist die Farbe weitgehend vergangen, sonst aber mehr oder weniger erhalten. Der Kopf ist flächig gemalt und enthält keine Details. Die Brustpartie ist betont, desgleichen der Ansatz des Vorderbeins, das ohne weitere Einzelheiten bis zum unteren Ende gezeichnet ist. Dagegen ist am Hinterbein das Gelenk gut wiedergegeben. Die Bauchlinie ist richtig gezeichnet, besonders ihr Ansatz in der Leistenpartie. Der breite Schweif hängt herab. Es gibt kein graviertes Schraffenfeld; der weiße Sinter des Untergrunds könnte hier den durch Schraffenzonen »geweißten« Fels ersetzen.

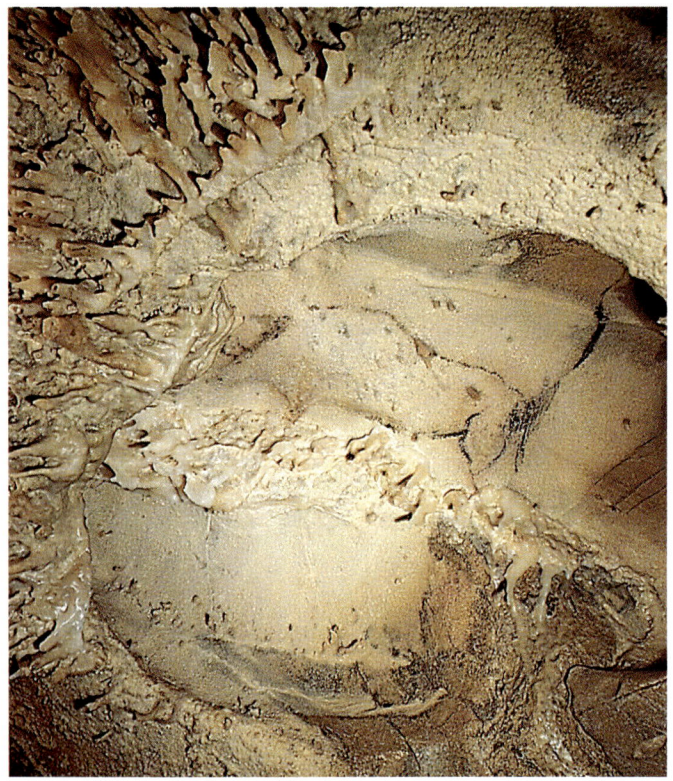

11 Wisent (Abb. 188) Ein Meter links vom Pferd ist in einem anderen, tieferen Strudeltopf ein Wisent gemalt (L 40 cm). Das Tier ist nach links gerichtet und im Verhältnis zu den anderen Tieren auf dem Kopf stehend orientiert – das heißt, wenn wir diesen Wisent vom gleichen Standort betrachten, so zeigt er mit den Beinen nach oben. Wenn man sich jedoch mit dem Rücken an die Felswand stellt, so ist das Tier korrekt ausgerichtet. Der Umriß ist gemalt, es fehlen der vordere Teil der Bauchlinie und die Wamme. Am Kopf sind Details der Schnauzenpartie, Teile der Gesichtslinie und beide Hörner auszumachen. Das linke, dem Betrachter zugewandte Horn ist in typischer Weise geschwungen; das rechte Horn bildet nur einen nach rückwärts gewandten Bogen. Der mächtige Buckel ist in seinem vorderen, stärker behaarten Teil intensiver gemalt. Der hintere Abfall des Buckels, die leichte Biegung der Kruppe und der anschließende hintere Körperteil mit der Rückfront, dem Schenkel, dem Ansatz des Hinterbeins und dem Schwanz sind richtig wiedergegeben. In der Schwanzregion vermischt sich die Darstellung mit einer darüber gemalten gewellten Linie. Der hintere Teil der Bauchlinie ist ebenfalls erhalten. Ein V-förmiges Zeichen könnte den Ansatz der Vorderbeine angeben. Gravierte Linien fehlen; da der Hintergrund durch den Sinter bereits weiß war, war eine Schraffenzone zur Aufhellung nicht notwendig.

12 Wisent (Abb. 189) Links der beschriebenen Darstellung, dicht unter dem Höhlendach, befindet sich ein gemalter, teilweise auch gravierter, nach rechts gerichteter Wisent (L 30 cm). Heute ist die Farbe verlaufen, und der hintere Körperteil fehlt. Der Kopf ist ein Farbfleck, in dem weder Auge noch Hörner auszumachen sind. Man erkennt jedoch die Andeutung des Bartes und die breiter gemalte Wamme. Vorhanden sind ferner die Vorderbeine und die Bauchlinie, über der ein weiterer großer Farbfleck zu sehen ist. Auch der Buckel ist besonders im vorderen Teil dicker gemalt. Einige gravierte Linien sind hinter der Kopfpartie graviert und laufen nach unten hin zusammen.

176

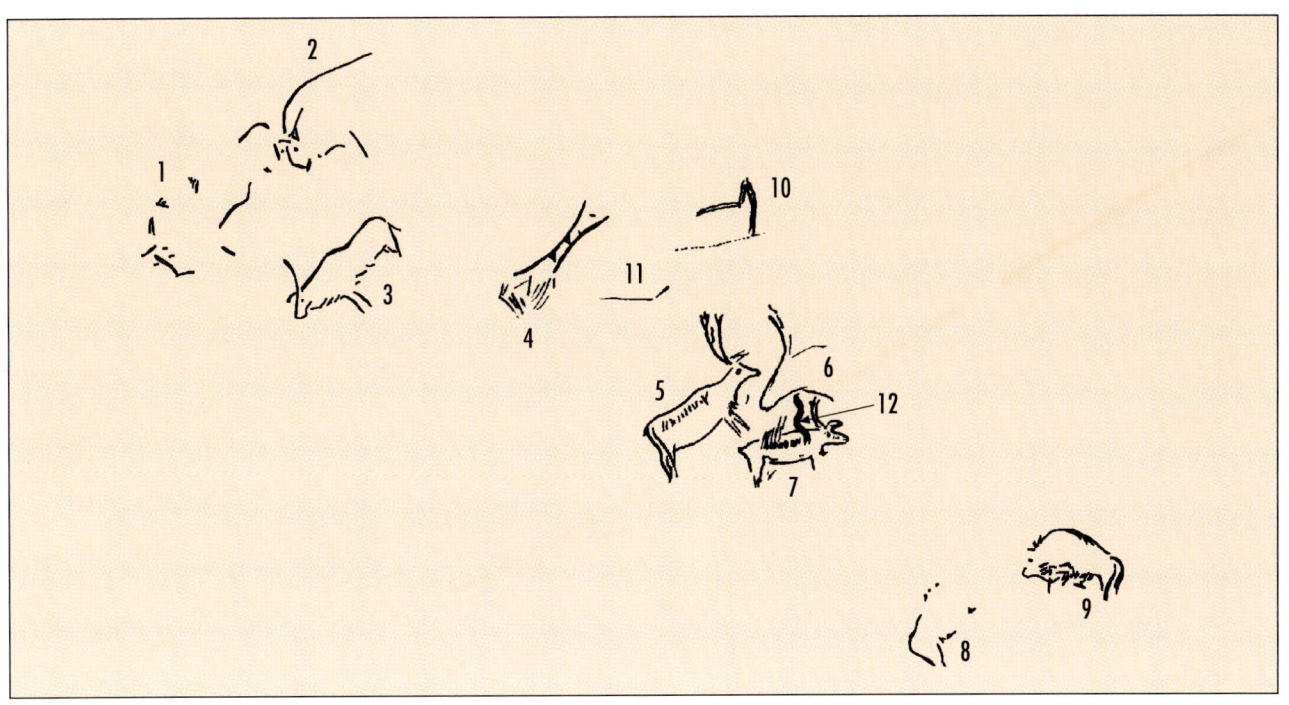

Gruppe VI

Die Gruppe VI der Darstellungen liegt der Gruppe V gegenüber auf den Schichtflächen (Oberflächen) der Kalkbänke, nicht auf deren Stirnseite. Diese Gruppe beinhaltet vier Rentiere, vier Wisente, eine Schlange und einige Zeichen.

Am äußersten östlichen Ende der Felswand, über dem ersten Schacht, befinden sich drei gemalte Figuren, die in ähnlicher Weise und nach links gerichtet angeordnet sind. Bei dem untersten Tier handelt es sich um ein Ren, bei den beiden oberen um Wisente. Im Bereich dieses Bildfelds ist die Wand sehr feucht, und die Malerei ist fast vollständig verschwunden. Dies ist sehr schade, denn es scheinen sehr gut gezeichnete Tiere gewesen zu sein.

1 Wisent Der Umriß des Tieres ist fast vollständig gemalt. Der Kopf und das Gesichtsprofil sind mit einer eleganten Biegung gezeichnet, welche die Stirnpartie von der Nasenregion absetzt. Unterhalb der Schnauze ist der Bart gemalt. Das Auge und die beiden nach vorne gerichteten Hörner sind – mit der bei dieser Kopfhaltung richtigen Biegung – ebenfalls angegeben. Ein Strich unter dem Horn scheint das Ohr anzudeuten. An der Bauchlinie ist das männliche Geschlechtsteil deutlich wiedergegeben.

2 Wisent Hinter dem ersten Tier ist ein weiterer, ähnlicher Wisent dargestellt. Kopf und Bart, Auge und Hörner, die Wamme, die vollständige Rückenlinie und ein Vorderbein sind gemalt erhalten. Die Mähne des Tieres ist durch einen dickeren Farbauftrag betont. Auf Höhe des Ohres

Folgende Seiten:
Links Wisent V, 11
(siehe auch Abb. 188)
Rechts Kopfpartie des
Rentiers VI, 7 und
schlangenförmige
Darstellung VI, 12

177

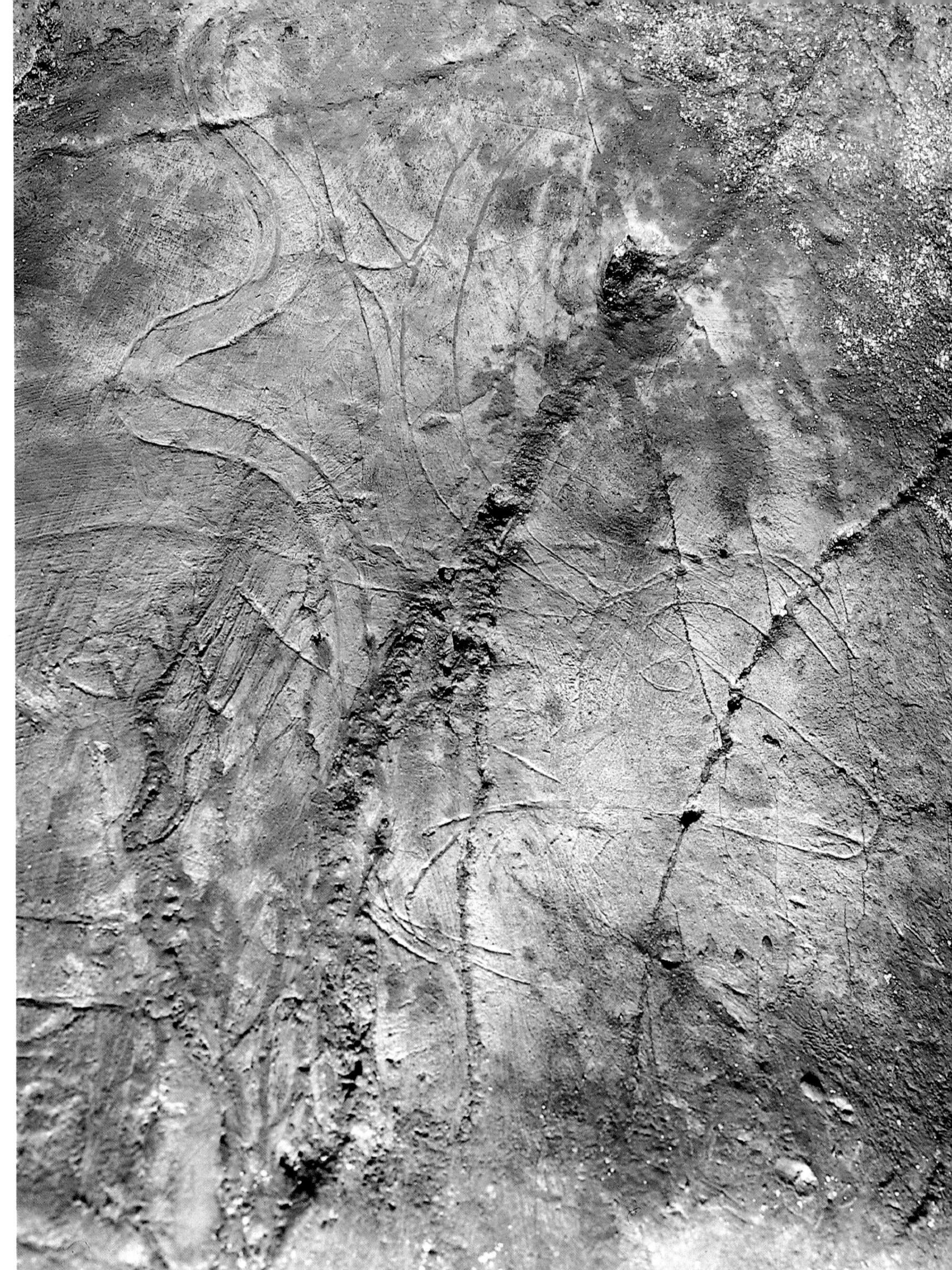

befindet sich ein Farbfleck, der sich in einer schräg nach hinten führenden Linie fortsetzt. Dadurch scheint die in dieser Partie liegende Mähne angedeutet (vgl. eine entsprechende Darstellung beim Wisent VII, 6).

3 Rentier Die Malerei zeigt deutlich die Silhouette eines Rentiers. Das mit einfachen Linien gezeichnete Geweih ist unverwechselbar, ebenso lassen die rundliche, kompakte Schnauze, die Behaarung im Brustbereich sowie die gesenkte Haltung von Kopf und Hals, die den Widerrist betont und ihn zum höchsten Punkt des Tierkörpers erhebt, keinen Zweifel an der Darstellung eines Rentiers. Das Auge ist als runder Farbfleck eingetragen. Die Linie der Kruppe setzt sich in einem kurzen Schwanz fort. Die Behaarung im Brustbereich ist durch einen dickeren Farbstrich angegeben. Beide Vorderbeine und ein Hinterbein mit der Leistenregion sind gezeichnet; ferner ist das männliche Geschlechtsteil angedeutet.

4 Zeichen Rechts von den beschriebenen Figuren befindet sich etwas höher ein gemaltes Zeichen, das an seinen Enden zahlreiche fein gravierte Linien besitzt.

5 Rentier (Abb. 190) Weiter nach rechts und tiefer als die beschriebenen Darstellungen sind drei gravierte Rentiere und eine schlangenförmige Figur angebracht. Das erste Rentier ist nach rechts gerichtet und etwas schräg angeordnet, mit leicht angehobenen Vorderbeinen (L 32 cm). Die Haltung des Tieres mit gesenkter Kopf-Hals-Partie und dem Widerrist als höchster Stelle des Körpers läßt keinen Zweifel daran bestehen, daß es sich hier um die Darstellung eines Rentieres (*Abb. 191*) handelt.

Am Kopf sind die Schnauzenpartie mit dem Maul und der Nasenöffnung, ein ovales Auge und beide Geweihstangen wiedergegeben; das Ohr ist nicht graviert. Die Geweihstangen beschreiben einen breiten, nach rückwärts gerichteten Bogen, wie es für das Rentiergeweih typisch ist. Ferner sind die Augsprossen und Sprossen an der Schaufel dargestellt.

Die gekonnt gezeichnete Rückenlinie endet in einem kurzen Schwanz. Im Brustbereich ist ein Schraffenbüschel graviert, das die für das Ren charakteristische behaarte Wamme wiedergibt. Die Vorderbeine sind einfache Linien ohne Details. Die Bauchlinie ist teilweise doppelt eingetragen, entweder um den ursprünglichen Verlauf zu korrigieren oder um den Unterschied in der Fellfärbung anzugeben. Auch das zweite Ren dieser Gruppe hat eine doppelte Bauchlinie. Die Hinterbeine und die Rückfront sind sorgfältig gezeichnet worden. Der Körper des Tieres enthält zwei Innenzeichnungen: Unterhalb des Rückens ist eine Serie kurzer Linien graviert, die die in der Ausdehnung variable, hellere Partie angegeben, welche die Rentiere je nach Jahreszeit hier besitzen. Tiefer, über der Bauchlinie, ist eine Doppellinie graviert, welche die dunklere Fellzeichnung des Rentiers an dieser Stelle andeutet. Die Gravierung ist recht tief. Das gesamte Tier befindet sich auf einer Fläche, in der, ähnlich wie bei den Darstellungen der Gruppe I, die Lehmschicht auf dem Fels abgeschabt wurde. Die Abschabung folgt genau der Rückenlinie sowie dem Kopf und Hals des Tieres, überschreitet nach unten zu jedoch die Konturen und bezieht das gesamte Rentier 7 mit ein.

Abb.190 Rentiere VI, 5 und 6

Abb.191 Rentier
(*Rangifer tarandus*)

Abb.192 Rentiere VI, 6–7 und schlangenförmige Darstellung VI, 12

Abb.193 Umzeichnung der Rentiere VI, 6–7 und schlangenförmige Darstellung VI, 12

Abb.194 Wisent VI, 9

6 *Rentier* (*Abb. 190 und 192*)   Rechts und etwas höher befinden sich die Kopf-Hals-Partie und das Geweih eines weiteren Rentiers. Das Geweih ist in einem weiten Bogen nach hinten gebogen und mit unterschiedlichen Linien – länger und kürzer, einander überlagernd oder nicht – gezeichnet. Die Schnauzenpartie ist kompakt, die Nasenöffnung angegeben und das Ohr nicht gezeichnet. Die Gesichtslinie wird in der Mitte von zwei Linien – eine außen, eine innen – begleitet. Die Form der Schnauzenpartie und des Geweihs weist auf ein Rentier hin.

7 *Rentier* (*Abb. 192 und S. 179*)   Unterhalb der beschriebenen Darstellungen befindet sich ein nach rechts gerichtetes, vollständiges Rentier (L 26 cm). Zahlreiche Details schließen bei der zoologischen Bestimmung jeden Zweifel aus: die allgemeine Körperhaltung, die Schnauzenpartie, das Geweih, die Wammenbehaarung, die Zickzacklinie im Körper, welche die Fellzeichnung wiedergibt, etc. Im Kopf ist das Maul als eine einfache Linie und das Auge als ein Kreis graviert. Zwischen Maul und Auge modellieren einige kurze Querstriche die Nasenregion, ähnlich wie beim Rentier I, 12. Das Ohr ist nicht wiedergegeben, die Schnauzenpartie ist gerundet. Am Geweih ist der nach vorne gerichtete, in einer Schaufel endende Eissproß so dargestellt, wie es dem Tier entspricht. Die in einem weiten, nach rückwärts gerichteten Bogen aufsteigende Geweihstange hat im Scheitelpunkt der Biegung die für das Rengeweih charakteristischen kleinen Rücksprossen. Es sind zwei Rücksprossen zu erkennen, als seien beide Geweihstangen dargestellt, obwohl nur eine Stange abgebildet ist. Die Schaufel am oberen Ende der Stange ist nicht gezeichnet.

Die im mittleren Teil unterbrochene Rückenlinie mit dem vorspringenden Widerrist ist perfekt ausgeführt und endet in einem kurzen, abgestellten Schwanz. Diese Schwanzhaltung ist beim Hirsch selten, beim Ren hingegen üblich. Die untere Halslinie ist im Brustbereich unterbrochen, um die Wammenbehaarung durch drei kurze, vorstehende Bogenlinien anzudeuten. Die unterste dieser Linien geht in das Vorderbein über, von dem nur die hintere Linie eingetragen ist, die in den Körper hineinreicht und mit ihrer leichten Biegung den Oberarm andeutet. Die annähernd gerade Bauchlinie verläuft stellenweise doppelt, um die Fellzeichnung anzugeben – ähnlich wie beim Ren 5 dieser Gruppe. Die untere Schwanzlinie geht in die Rückfront über, die sich im Hinterbein fortsetzt und dort im Gelenkbereich unterbrochen ist. Das Bein endet in einer Spitze. Die vordere Linie des Hinterbeins deutet in einem Bogen den Schenkel an und stößt dann an die zur Körpermodellierung gezeichnete innere Linie. Im oberen Körperteil ist parallel zur Rückenlinie ein Zickzackband graviert, wie wir es von dem Ren 5 kennen. Hier besteht es jedoch aus einer kontinuierlichen Linie, wobei die Werkzeugspitze stets in Kontakt mit dem Felsen war. Über dem Rücken und im hinteren Rückenteil sind gerade parallele Linien graviert worden, welche die Rückenlinie unterbrechen; ihre Bedeutung bleibt unklar. Die Darstellung wurde mit Linien mittlerer Tiefe und mit einem spitzen Werkzeug graviert. Mit Ausnahme des untersten Endes des Hinterbeins befindet sich das gesamte Tier auf einer abgeschabten Fläche, die jedoch, anders als beim Ren 5, in keiner Weise auf die Form des Tierkörpers bezogen ist.

Im und über dem Hals dieses Rentiers ist ein schlangenförmiges Gebilde gezeichnet, das als Nr. 12 dieser Gruppe beschrieben werden soll.

9 Wisent (Abb. 194) Tiefer und weiter rechts befindet sich auf einer anderen Schichtfläche des Kalkfelsens unmittelbar an der Kante eines der Schächte eine bemerkenswerte Wisentdarstellung, die das verfügbare Felsvolumen sehr gut ausnutzt (L 27 cm). Die Felsoberfläche modelliert die Rückenpartie, den Schulterbereich und die Beckenregion des nach links gerichteten Tieres. Die Gesichtslinie fehlt oder ist vergangen; das Auge ist als ein Fleck gemalt. Auf der Stirn ist eine nach rückwärts gebogene Linie gezeichnet, die Horn und Ohr darstellen könnte. Im Wammenbereich ist die Farbe dicker aufgetragen, wie wir es von anderen Wisenten bereits kennen. Vom Vorderbein ist nur ein Stück am oberen Ende vorhanden. Der Bauch besteht aus mehreren modellierenden Linien, deren oberste zum Hinterbein führt und dort die Leistenregion zeichnet. Das männliche Geschlechtsteil ist angegeben. Das vollständige Hinterbein ist mit zwei Linien dargestellt, die von der Rückfront beziehungsweise der Leistenpartie ausgehen und sich im Gelenkbereich vereinigen. Der lange Schwanz hängt herab und endet in Fransen wie beim Wisent I, 27.

12 Schlangenförmige Darstellung (Abb. 192 und S. 179) Aus dem Halsbereich des Rentiers 7 erhebt sich wellenförmig ein schlangenartiges Gebilde. Der Körper wurde mit zwei parallelen Linien gezeichnet, die am oberen Ende in einem Winkel enden, der den Kopf darstellen könnte. Dieses schlangenartige Wesen befindet sich gänzlich auf der abgeschabten Fläche, auf der auch die Rentiere 5 und 7 abgebildet sind.

Gruppe VII

Diese Darstellungsgruppe befindet sich auf dem Abhang desselben Schachts, der bereits bei der Gruppe IV beginnt, und direkt unterhalb der Gruppe VI über dem Schacht. Außer der ersten Figur wurden alle Darstellungen der Gruppe VII auf einer breiten, fast vertikalen Schichtfläche einer Kalkfelsbank angebracht.

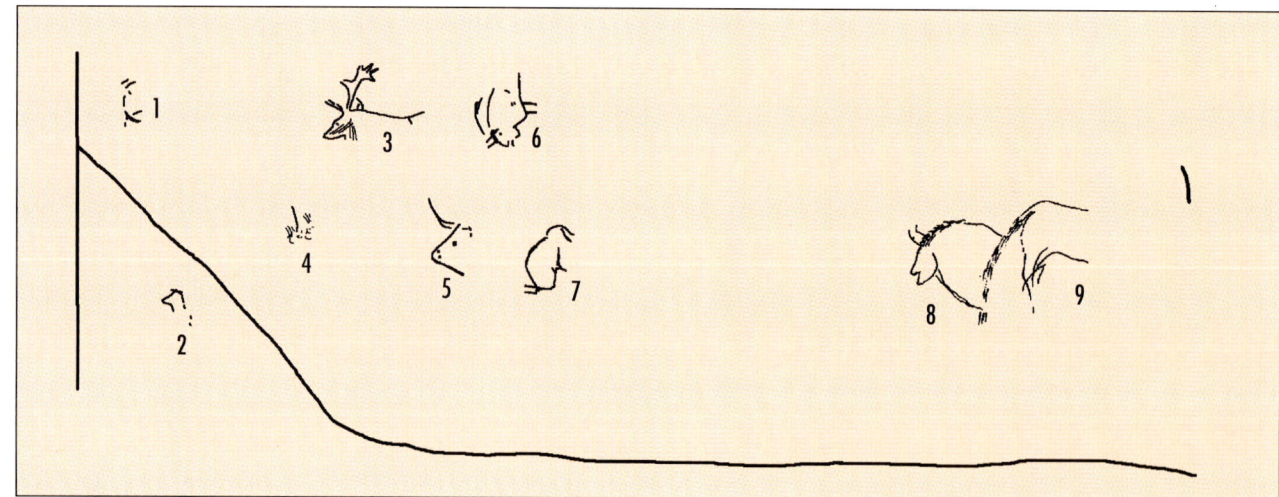

Darstellungsgruppe VII

184

Abb.195 Der obere Teil der Darstellungsgruppe VII mit Hirsch VII, 3, Auerochse VII, 5 und den Wisenten VII, 6–7

Abb.196 Hirsch VII, 3

1 Zeichen Links an der Schwelle zum Abhang des Schachts befindet sich ein gemaltes Zeichen (L 20 cm), das aus einer bogenförmigen Basis besteht, von deren Enden nach oben gerichtete gegabelte Linien ausgehen.

3 Hirsch (Abb. 195 und 196) Die erste Darstellung auf der großen Schichtfläche ist die Kopf-Hals-Partie eines Hirsches. Die Figur ist gemalt und am Kopf auch graviert. Die zoologische Bestimmung basiert auf der spitzen Schnauzenpartie und der Form des Geweihs, ist aber nicht zweifelsfrei. Mit einer Länge von 50 cm ist dieses Bild eine der größten Darstellungen von Altxerri. Gemalt sind der Kopfumriß, das Geweih, das Ohr und der vordere Teil der Rückenlinie. Die Gesichtslinie ist in Höhe des punktförmig gezeichneten Auges etwas ausgebuchtet. Ein gemalter Winkel innerhalb des Kopfes bezeichnet die Ganasche oder die Kehle; hier ist die Farbe vergangen. Auf dem richtig angesetzten, nur mit einer Stange wiedergegebenen Geweih sind die beiden

Abb. 197 Wisent VII, 6

Augsprossen mit ihrer zunächst nach unten und dann nach oben weisenden Biegung, ferner die nach vorne weisenden Mittelsprossen sowie die breite Krone mit vier Sprossen gezeichnet. Hinter dem Geweihansatz befindet sich das Ohr, das aus der Rückenlinie erwächst. Die Rückenlinie verläuft in einer breiten Wellenlinie, die zunächst den Hals, dann den Widerrist darstellt. Im unteren Teil des Kopfes sind mit einer gezackten Werkzeugspitze Mehrfachlinien graviert, die im Ohrbereich ansetzen und dann in zwei Bündeln zur Schnauze sowie zur Unterseite des Halses verlaufen.

5 Auerochse (Abb. 195) Unterhalb und etwas rechts vom Hirsch ist der Kopf eines Auerochsen gemalt. Die Farbe ist fast vergangen, es sind aber noch Details zu erkennen. Gemalt wurden die Gesichtslinie, die Schnauzenpartie, für die ein Felsvorsprung mit einbezogen wurde, die Unterkieferkontur, das runde Auge, das gebogene, richtig angesetzte Horn, welches zunächst nach vorn und dann nach oben weist, sowie das Ohr. Mit einer Länge von 22 cm von der Schnauzenpartie bis zum Ohr gehört dieser Kopf zusammen mit dem Hirsch 3 zu den größten Bildern der Höhle.

6 Wisent (Abb. 197) 50 cm vom Hirsch entfernt befindet sich ein gemalter Wisent, der mit dem Kopf nach unten und von der linken Seite gesehen dargestellt ist. Gemalt – beziehungsweise erhalten – sind der gesamte Vorderkörper und die Bauchlinie samt dem Geschlechtsteil. Die Hinterbeine und der hintere Körperteil fehlen. Das Tier ist schräg von vorn dargestellt, wie die Stellung der Vorderbeine und der Hörner sowie die Anordnung des Auges und des Kopfprofils zeigen (vgl. Abb. 156). Der Kopf ist sorgfältig ausgeführt worden; die Stirnmähne ist als Farbfläche sehr realistisch wiedergegeben. Eine Hälfte der Mähne fällt über die Stirn, die andere bildet einen Bogen über dem Auge. Das Auge ist, korrekt ausgerichtet, als Oval wiedergegeben. Aus der Stirnmähne erwachsen zwei am oberen Ende rückwärts gebogene Hörner; eine untere Biegung der Hörner ist nicht zu erkennen. Die Nasenöffnung ist in Form einer Bogenlinie oberhalb der Schnauze angedeutet, und der Bart ist gekonnt als ein einfacher Winkel gezeichnet. Die Wamme ist stärker gemalt. Darunter folgen die beiden getrennt ausgeführten Vorderbeine, die jeweils nur mit einer Linie dargestellt oder erhalten sind. Dahinter ist der Bauch als konkav bis zum Geschlechtsteil abfallende Linie gemalt. Die Rückenlinie beginnt mit einer dickeren Farbfläche, die

186

den breiten Buckel andeutet; diese Rückenlinie wird innerhalb des Körpers von einer zweiten Linie begleitet. In der Bauchregion ist noch der eine oder andere, fast vergangene Farbstrich erhalten.

7 Wisent (Abb. 198) 50 cm unterhalb des beschriebenen Tieres ist ein weiterer Wisent, ebenfalls mit dem Kopf nach unten und in der gleichen Stellung, gemalt. Der Umriß ist nahezu vollständig, aber die Farbe ist verblichen und stellenweise völlig vergangen. An der Wamme befindet sich wiederum ein dichter aufgetragener Farbfleck. Die Hörner sind in der gleichen Weise wie beim vorigen Wisent angesetzt. Der Rest des Kopfes ist fast völlig vergangen und läßt keine Details erkennen. Der Anfang der Rückenlinie ist ebenfalls weitgehend vergangen, der hintere Teil des Buckels ist jedoch dichter. Man erkennt ferner die Kruppe, den herabhängenden Schwanz, die Rückfront und den Beginn des Hinterbeins. Weitere Farbreste sind an der Wamme, dem auf eine Linie reduzierten Vorderbein und an der Bauchlinie zu sehen.

8 Wisent Zwei Meter entfernt, über dem Abgrund des Schachts, ist der vordere Körperteil eines nach links gerichteten Wisents graviert (L 45 cm). Am Kopf sind die Gesichtslinie, die Schnauzenpartie, das Maul, die Nasenöffnung und der Bart, der sich in der Kinnkontur fortsetzt, nicht jedoch das Auge graviert. Die von der Unterseite des Kopfes ausgehenden Linien könnten die Wammenbehaarung darstellen; die Vorderbeine fehlen. Über der Stirn sind beide Hörner zu

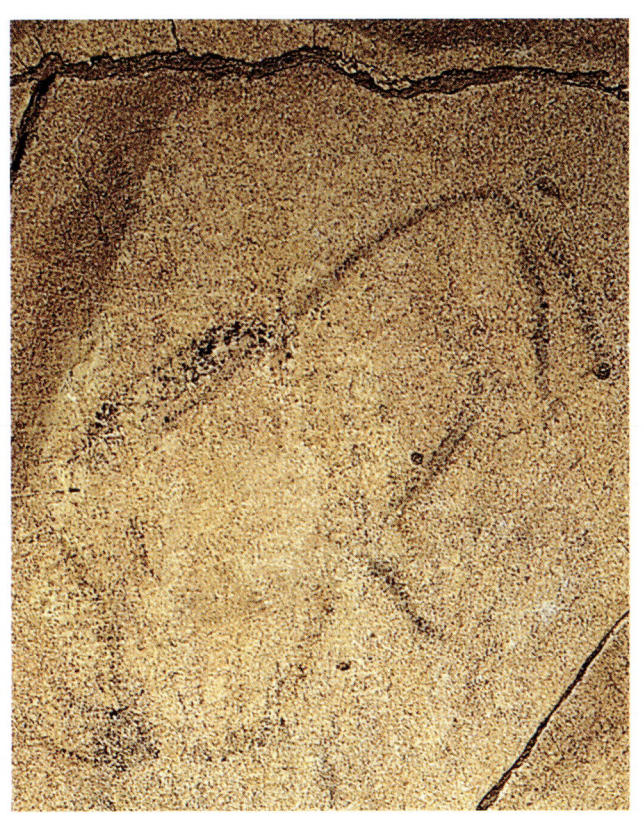

Abb. 198 Wisent VII, 7

Abb. 199 Pferd VII, 9

187

sehen. Während das rechte Horn gekonnt geschwungen ist, ist das linke, dem Betrachter zugewandte Horn oben abgeknickt, was wohl auf einen Ausrutscher beim Gravieren zurückzuführen ist. Zwischen den Hörnern beginnt eine Leiste aus längeren Längs- und Querlinien, welche die Stirn- und Rückenmähne angeben. Der Buckel ist dann mit einer einfachen Linie graviert. Die ganze Darstellung wirkt etwas ungekonnt.

9 Pferd (Abb. 199) Als unmittelbare Fortsetzung des Wisents ist der hintere Körperteil eines Pferdes graviert; sein langer Schweif begrenzt und beendet die Rücken- und Bauchlinie des Wisents. Mit einer Höhe von 75 cm zwischen dem Rücken und dem Ende des Schweifs ist es eine der größten Figuren der Höhle. Da es für den Künstler ganz unmöglich war, sich weiter nach rechts zu begeben, ist die Darstellung unvollständig geblieben. Trotzdem wurden Rücken und Kruppe des Pferdes graviert. Der Rücken endet in einem langen, buschigen Schweif; die Rückfront ist mit einer unterbrochenen Linie, die in die durchgehende Beinlinie übergeht, weniger gut gezeichnet. Besser ist das Kniegelenk getroffen. Im vorderen Teil der Hinterbeine befinden sich verschiedene Linien, vielleicht Verbesserungen, die sich schwer entziffern lassen. Die »richtige« Linie dürfte diejenige sein, die sich in der Bauchlinie fortsetzt. Die Darstellung endet vor den Vorderbeinen.

Die Wisente im Schacht

Die Darstellungen der Gruppe VII schienen das Ende des vom prähistorischen Menschen aufgesuchten Teils der Höhle zu bezeichnen. In den beiden Publikationen zur Wandkunst von Altxerri aus den Jahren 1963 und 1976 beendeten wir deshalb an dieser Stelle unsere Beschreibung. Zwar sind die Speläologen der *Sociedad de Ciencias Aranzadi* am Boden des Schachts auf den Beginn einer ausgedehnten Galerie gestoßen, doch wurden hier keinerlei Hinweise entdeckt, die auf die Anwesenheit des Menschen deuten könnten. 1982 war ich mit Hilfe der Speläologen an der Basis des Schachts unterhalb der Darstellungen der Gruppe VII und habe dort zwei Wisente entdeckt.* Dies schien ein Prolog zu neuen Entdeckungen zu sein, denn wenn der paläolithische Mensch bis zu dieser Stelle gelangt war, so konnte er auch die hier beginnende, horizontal verlaufende untere Galerie ausschmücken. Obwohl diese Galerie prachtvolle Wandflächen für Gravierungen und Malereien enthält, haben wir nichts entdecken können. Es gibt einzig und allein die beiden erwähnten Wisente am Anfang der Galerie, die hier erstmals beschrieben werden.

Die Darstellungen befinden sich auf derselben Kalkstrate, auf der auch die Figuren 3–9 der Gruppe VII angebracht sind. Diese Kalkbank verläuft annähernd senkrecht bis zum Grund des Schachts. Die Bilder sind 2 m über dem Boden angebracht; unglücklicherweise ist die Farbe fast völlig vergangen. Alle Linien außer bei den Tierdarstellungen sind natürlichen Ursprungs.

* An dieser Stelle sei Dr. Francisco Etxeberria und Herrn Carlos Galán, beide Mitglieder der *Sociedad de Ciencias Aranzadi* mit großer speläologischer Erfahrung, sehr herzlich dafür gedankt, daß sie uns den Zugang zu diesem Schacht und zum oberen Teil der Höhle mit dem roten Wisent (?), der noch zu beschreiben ist, einschließlich des Transports der Photoausrüstung erleichtert haben.

1 Wisent (Abb. 200 und 201) Das vollständige Tier ist nach links gerichtet und besitzt eine Länge von 60 cm. Am Kopf sind ein Horn und das Ohr wiedergegeben. Für die Darstellung der Schnauzenpartie scheint eine kleine, runde Kalkkonkretion an der Felswand mit einbezogen worden zu sein. Auch der Bart und die behaarte Wamme sind ausgeführt. Am Buckel ist die Farbe besser erhalten; sie war anscheinend in dieser Partie dicker aufgetragen, um die dichte Behaarung wiederzugeben. Rücken, Kruppe und Rückfront sind gekonnt gezeichnet. Der Schwanz ist, im heutigen Zustand der Bemalung, nicht mehr mit Sicherheit auszumachen; möglicherweise wurde zu seiner Darstellung eine linienförmige Sinterbildung vor dem Horn des zweiten Wisents

Abb. 200, 201 Der erste Wisent unten im Schacht

Abb. 202, 203 Der zweite Wisent unten im Schacht

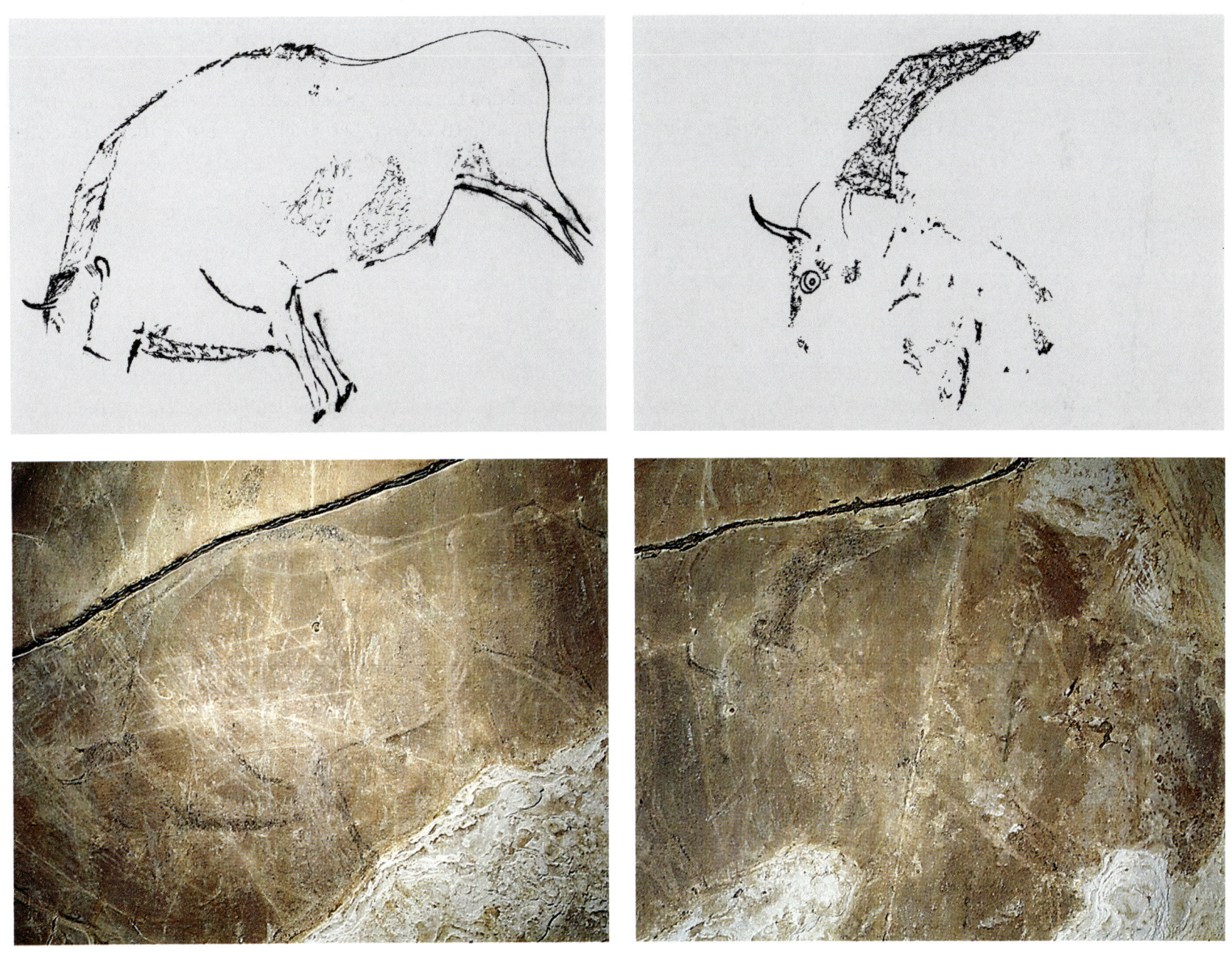

benutzt. Alle vier Beine sind abgebildet; ihre Anordnung erinnert an den Wisent IV, 7. An den vollständiger ausgeführten Vorderbeinen sind beide Hufe gezeichnet. Eine leicht gebogene Linie im Schulterbereich gibt die Körpermodellierung wieder. An der Bauchlinie ist das männliche Geschlechtsteil dargestellt. Auch die Hinterbeine sind getrennt gezeichnet; am linken Hinterbein ist das Knie zu erkennen. Darunter ist die Oberfläche der Felswand abgeplatzt, so daß die Unterenden der Hinterbeine nicht erhalten sind.

Die Farbe zeichnet den Umriß des Tieres. Dort, wo sie weitgehend vergangen ist, wie an der Bauchlinie oder im hinteren Körperteil, blieb noch ein Schatten der ursprünglichen Malerei erhalten.

2 Wisent (Abb. 202 und 203) Unmittelbar hinter dem beschriebenen Tier ist in der gleichen Weise der vordere Körperteil und der Buckel eines zweiten Wisents dargestellt. Der hintere Körperteil und auch die Vorderbeine fehlen; die Farbe ist noch schlechter erhalten als beim ersten Tier. Der Wisent ist ebenfalls nach links orientiert. Am Kopf ist ein vollständiges Horn mit einer typischen Biegung gezeichnet (vgl. den Wisent I, 27). Für das Auge wurde ein Loch in der Felsoberfläche genutzt. Am Buckel befindet sich mehr Farbe, wie wir es bei den Wisenten von Altxerri schon mehrfach gesehen haben.

Die Darstellungen in der oberen Galerie

Diese Darstellungsgruppe befindet sich in einer oberen Höhlengalerie, deren Zugang sich heute im mittleren Teil der Hauptgalerie, vor den Darstellungen der ersten Gruppe, öffnet (*Abb. 204*). Der Einstieg in diesen Bereich ist nur mit einer Leiter oder mit speläologischen Klettertechniken möglich. Die Galerie könnte früher einen anderen, heute unbekannten Eingang besessen haben. Auf einem breiten Absatz dieses Höhlenteils ist auf einer Schichtfläche des Kalkfelsens ein Ensemble roter, schwer zu interpretierender Malereien angebracht (*Abb. 205 und 206*). Zunächst erkennt man eine lange, geschwungene Linie, bei der es sich um den Rücken eines nach links gerichteten Wisents handeln dürfte. Mit einer Länge von drei Metern ist es die mit Abstand größte Darstellung in Altxerri.

Im vorderen Teil dieser Linie sind zwei Hörner dargestellt. Das kürzere Horn überragt die Rückenlinie und ist in weitem Bogen nach rückwärts gerichtet; es dürfte das rechte Horn sein, das – da nur sein oberes Ende sichtbar ist – übertrieben groß dargestellt wurde. Das andere, stärker gebogene Horn endet auf der gleichen Höhe wie das zuerst beschriebene, setzt unten jedoch viel zu tief und zu weit hinten im Körper des Tieres an.

Vor und unterhalb dieser Hörner ist eine Anzahl schwer zu interpretierender roter Striche und Flecken erhalten. Unter der Linie, die wir für die Rückenlinie eines großen Wisents halten, könnte sich eine weitere kleinere, ebenfalls nach links gerichtete und nur sehr schwierig zu erkennende Figur befinden. In diesem Fall befände sich unter der Rückenlinie eine große Farbfläche.

Nachfolgende Seite:
Abb. 204 Aufstieg und
Eingang zur oberen Galerie

Abb. 205, 206 Der rote Wisent (?) in der oberen Galerie

Auf dem Höhlenboden liegen am Fuß dieser Darstellungen kleine Holzkohle- und Knochenstücke. Bevor das Höhlenheiligtum von Altxerri erkannt und verschlossen wurde, sind einige dieser Fragmente aus ihrem ursprünglichen Fundzusammenhang entfernt und auf einen Stein gelegt worden. Unter den zoologisch bestimmbaren Knochen erkannte man die Fußwurzelknochen einer Gemse (zwei Kahnbeine, ein Fersenbein, ein zweiter und ein dritter Tarsalknochen). Die beiden Kahnbeine gehören zur gleichen Körperseite; folglich stammen diese Knochen von mindestens zwei Tieren.

Einige Meter von den Malereien entfernt ist ein Rückenwirbel vom Wisent mit seinem Dornfortsatz sicher absichtlich in eine Spalte der Felswand gesteckt worden (*Abb. 207*). Vorhanden ist nur noch der mit einer Sinterschicht bedeckte Teil des Wirbels in der Felsspalte. Jemand hat versucht, den Wirbel aus der Spalte herauszuziehen, und ihn dabei zerbrochen. Die helle Färbung der Bruchfläche belegt zweifelsfrei den modernen Bruch.

Abb. 207 Der Wisent-Wirbel in einer Spalte der Felswand

192

DAS VERHÄLTNIS DER JAGDTIERE ZU DEN TIERDARSTELLUNGEN

D er Titel dieses Kapitels verspricht mehr, als wir heute sagen können; er gibt somit eher Empfehlungen für zukünftige Arbeiten. Tatsächlich existieren in Kantabrien mehr als 50 Bilderhöhlen, aber Höhlen mit einem untersuchten paläolithischen Siedlungsplatz, dessen faunistische Reste studiert wurden, sind weitaus seltener. Deshalb können die hier gezogenen Schlußfolgerungen nur sehr begrenzt und vorläufig sein.

Einige der zahlreichen Bilderhöhlen enthalten kaum oder gar keine Tierdarstellungen, so zum Beispiel die Höhlen Sotarriza, Salitre, Los Santos, Santián und Fuente del Salín, um nur einige zu nennen. Andere weisen zwar mehr oder weniger Tierbilder auf, haben jedoch keinen archäologischen Fundplatz, oder er wurde noch nicht ausgegraben. Dies gilt für die Höhlen Buxu, Pindal, Hornos de la Peña, Covalanas, La Haza, Altxerri und viele andere. Schließlich gibt es wichtige Bilderhöhlen, in denen die Ausgrabungen andauern und die Auswertung der Funde noch nicht abgeschlossen ist. Diese Höhlen, wie La Viña oder Llonín, versprechen wichtige Informationen zu unserem Thema zu liefern

Wir müssen uns hier also auf jene Höhlen beschränken, in denen beide Bereiche – die Bilder und die Tierknochen der Siedlungsschichten – untersucht wurden. Damit sind unsere Vergleichsmöglichkeiten praktisch auf Ekain, Tito Bustillo, La Lluera und Santimamiñe reduziert.

Bilderhöhlen mit ausgegrabenem paläolithischem Fundplatz

Ekain (Abb. 208)

Die Darstellungen in Ekain scheinen sich über eine verhältnismäßig kurze Zeitspanne zu erstrecken. Die Bilder sind in derselben Technik, mit denselben Attributen und in ähnlichem Stil ausgeführt, und sie gehören in jedem Fall in das Magdalénien.

Der archäologische Fundplatz im Eingangsbereich der Höhle enthält Schichten des Älteren kantabrischen Magdalénien und des Jüngeren Magdalénien. Obwohl die Darstellungen in der Höhle aus dem Jüngeren Magdalénien zu stammen scheinen, wie die auf dem Siedlungsplatz gefundene, in einem anderen Kapitel beschriebene gravierte Schieferplatte, beschreiben wir hier die Tierknochen aus allen Magdalénienschichten. So können wir den Vergleich zwischen der Jagdfauna und den dargestellten Tieren mit größerer Sicherheit durchführen.

Im Älteren Magdalénien von Ekain (Schicht VII) dominiert unter der Jagdbeute mit Abstand der Hirsch, gefolgt vom Steinbock. Diese beiden Tierarten lieferten 94,2 Prozent der Knochen. Das Pferd ist nur mit 8 Prozent, die Rinder (Wisent beziehungsweise Auerochse) sind mit 1,1 Prozent vertreten. Im Jüngeren Magdalénien (Schicht VI) war der Steinbock die bevorzugte Jagdbeute, gefolgt vom Hirsch. Steinbock und Hirsch stellen zusammen 86,6 Prozent der Knochen. Das Pferd ist im ausgegrabenen Teil des Fundplatzes überhaupt nicht vertreten, und die Rinder (Wisent und Auerochse) machen gerade 1,3 Prozent der Knochen aus.

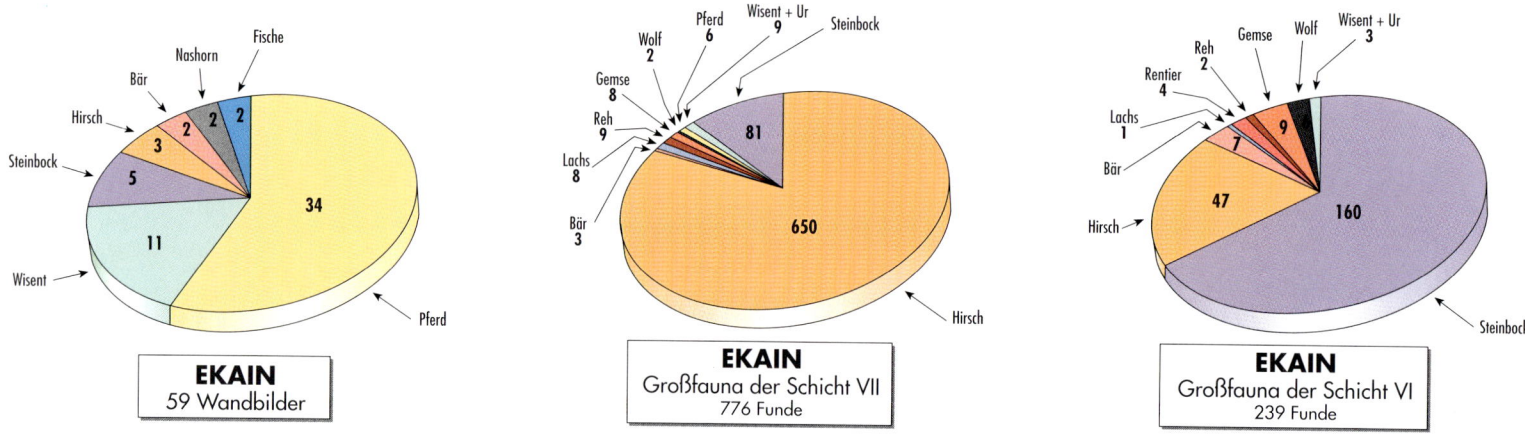

Abb. 208 Der Anteil der in Ekain dargestellten Tiere (links) und der in Schicht VII und Schicht VI durch Knochen nachgewiesenen Tiere

Die Darstellungen im Höhlenheiligtum zeigen hingegen eine völlig andere Verteilung der Tiere. Hier sind es 57,6 Prozent Pferde und 18,6 Prozent Wisente, während Hirsch und Steinbock nur 5,1 Prozent beziehungsweise 8,5 Prozent ausmachen. Im Magdalénien von Ekain herrschte also eine spezialisierte Jagd vor, sei es auf Hirsch oder auf Steinbock. Aber diese Tiere sind im Heiligtum weit seltener dargestellt als Pferd und Wisent, die ihrerseits wiederum nur selten gejagt wurden. Der Anteil der dargestellten und der gejagten Tiere ist hier geradezu entgegengesetzt.

Die beiden in der Höhle dargestellten Bären wurden als Braunbären (*Ursus arctos*) bestimmt. Die Knochen in den Magdalénienschichten stammen dagegen vom Höhlenbären (*Ursus spelaeus*).

Tito Bustillo (Abb. 209)

Tito Bustillo in Asturien ist eine weitere Höhle, bei der die Darstellungen des Heiligtums mit den Tieren des Siedlungsplatzes verglichen werden können. Der Fundplatz, der ebenfalls Magdalénienschichten enthält, wurde von A. Moure ausgegraben, der uns die Bearbeitung des Knochenmaterials anvertraut hat. Die reichsten Fundschichten (1a–1c) gehören in das Jüngere Magdalénien; eine untere Schicht (Schicht 2) ist vielleicht dem Mittleren Magdalénien zuzuordnen. Die Darstellungen des Heiligtums stammen ebenfalls aus diesem Zeitraum.

194

Der Vergleich zwischen den dargestellten Tieren und den Tierknochen des Siedlungsplatzes zeigt auch hier wesentliche Unterschiede. Der Fundplatz verweist auf eine deutliche Spezialisierung auf die Hirschjagd; an zweiter Stelle steht der Steinbock. Beide Tiere lieferten zusammen 90 Prozent der Knochen. An den Wänden der Höhle ist hingegen das Pferd am häufigsten dargestellt. Pferdeknochen kommen am Fundplatz jedoch in keiner Schicht mit mehr als 6 Prozent vor.

Hinzuweisen ist auch auf die Darstellungen des Rentiers, die in Tito Bustillo und Altxerri zahlreicher als in jeder anderen Höhle Kantabriens enthalten sind. Unter den 4279 bestimmten Tierknochen von Tito Bustillo gibt es jedoch keinen einzigen Rentierknochen. Die Vergleichszahlen der Tiere gestalten sich in Tito Bustillo jedoch anders als in Ekain. Unter den Darstellungen an den Höhlenwänden steht der Hirsch an zweiter Stelle, und der Steinbock kommt bei den Abbildungen und den Tierknochen in vergleichbaren Anteilen vor.

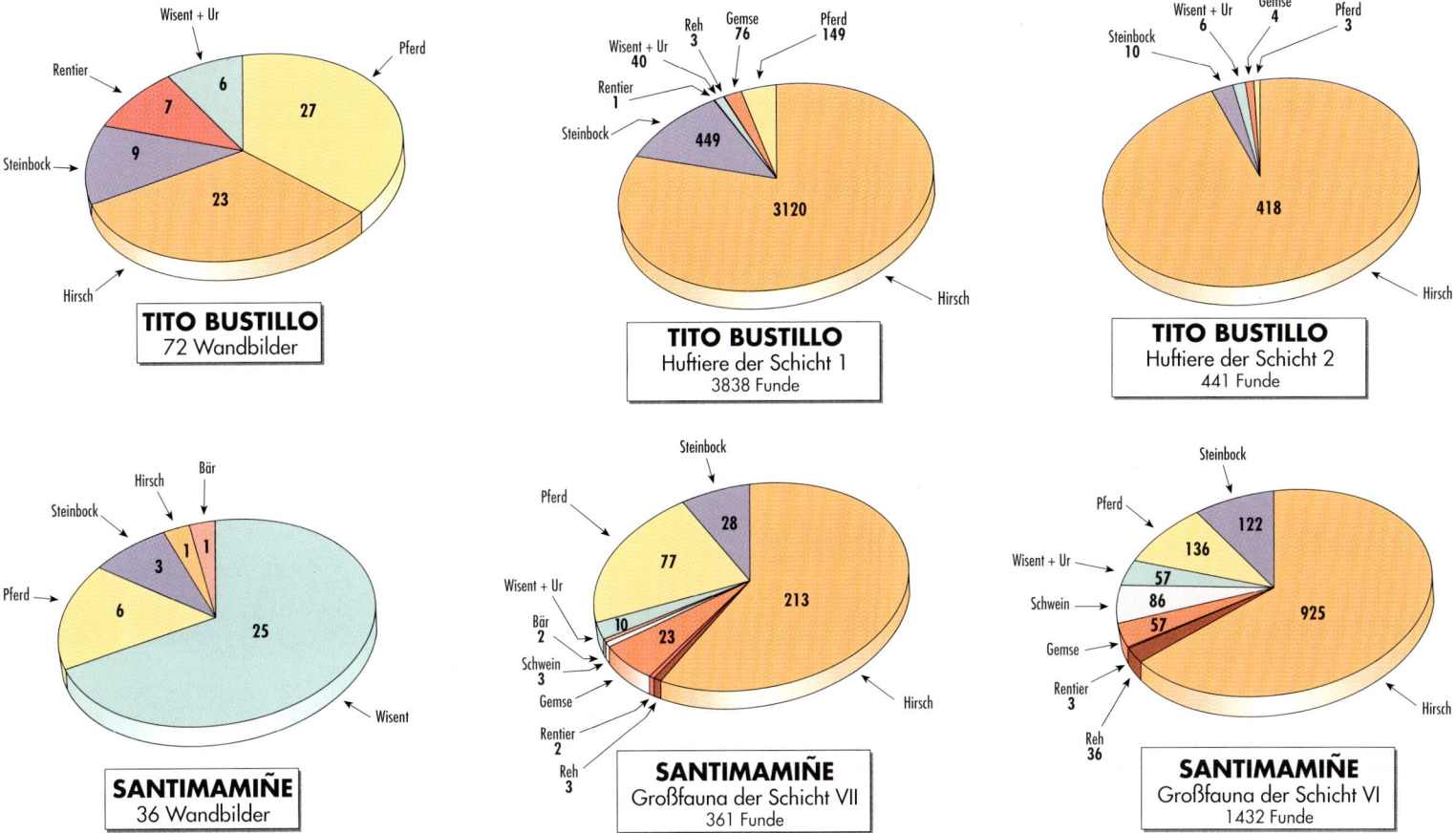

Santimamiñe (Abb. 210)

Santimamiñe ist ein weiteres Höhlenheiligtum, in dem die Tierknochen aus den Fundschichten bestimmt wurden. Der Fundplatz wurde von José Miguel de Barandiaran ausgegraben und die Fauna von P. Castaños untersucht. Unter den dargestellten Tieren befinden sich 25 Wisente, sechs Pferde, drei Steinböcke, ein Hirsch und ein Braunbär. Erneut ist ein Unterschied zwischen den Darstellungen im Inneren der Höhle und den Jagdbeuteresten des Siedlungsplatzes festzustellen. Dies gilt insbesondere für den Hirsch, dessen Knochen unter den Siedlungsresten am häufigsten sind, der jedoch nur einmal abgebildet ist. Im Unterschied dazu ist der bei den Darstellungen deutlich vorherrschende Wisent im Knochenmaterial kaum vertreten. Pferd und Steinbock kommen in der Höhlenkunst und in der Jagdbeute etwa gleich häufig vor.

La Lluera

Der kürzlich untersuchte Fundplatz La Lluera enthält an den Höhlenwänden bedeutende Darstellungen, die, dem Stil der Bilder zufolge, in einen älteren Abschnitt als die bisher besprochenen Beispiele gehören. Im Eingangsbereich der Höhle befindet sich ein von A. Rodriguez ausgegrabener Siedlungsplatz, dessen Knochenmaterial von uns (J. Altuna und K. Mariezkurrena) bearbeitet wird. Hier sind Hirsch und Gemse am besten vertreten, an dritter Stelle folgt der Steinbock.

Unter den Darstellungen kommt der Hirsch am häufigsten vor, des weiteren gibt es einige wenige Pferde und Auerochsen sowie Steinböcke. Die in der Jagdbeute häufige Gemse ist bei den Darstellungen nicht vertreten. Dieses regelmäßig gejagte Tier, dessen Knochen manchmal – so im Solutréen von La Lluera sowie in allen Schichten von Aitzbitarte IV und Amalda – häufiger als die des Steinbocks sind, ist in der Wandkunst so gut wie nie dargestellt worden.

Altxerri

Wir schließen in unseren Vergleich Altxerri ein, obwohl der Siedlungsplatz in dieser Höhle bisher noch nicht ausgegraben worden ist. Der Anteil der abgebildeten Tiere stellt sich hier jedoch anders dar als im Knochenmaterial aller anderen Magdalénienfundstellen des Gebiets. Die Wandkunst von Altxerri gehört in das Magdalénien, wahrscheinlich in eine spätere Phase. Die dargestellten Tiere sind, in der Reihenfolge ihrer Häufigkeit, folgende:

Wisent 52, Ren 6, Steinbock 5, Pferd 4, Hirsch 2, Auerochse 2, Gemse 1

Hinzu kommen ein Fuchs, ein Vogel, fünf Fische und eine Schlange. Es wurde bereits erwähnt, daß es in dieser Höhle einen archäologischen Fundplatz im Eingangsbereich gibt, der jedoch wegen der mit dieser Lage verbundenen Schwierigkeiten bisher nicht ausgegraben worden ist. Wenn wir aber das Ensemble der Darstellungen von Altxerri mit dem Knochenmaterial der zahlreichen Magdalénienschichten in Kantabrien vergleichen, so erhalten wir erneut einen Beleg dafür, daß der Anteil der dargestellten Tiere und ihr Vorkommen im Knochenmaterial einander widersprechen. Während des gesamten Zeitabschnitts waren Hirsch und Steinbock die am häufigsten gejagten Tiere; gelegentlich traten das Pferd und die Gemse als oft erlegte Beutetiere hinzu. Dies gilt jedoch nie für den Wisent oder gar für das Ren, die an den Höhlenwänden am häufigsten wiedergegeben sind.

Allgemeine Betrachtungen zur paläolithischen Kunst in Kantabrien und zur Tierwelt dieser Zeit

Wenn man nicht die einzelnen Fundplätze, sondern das gesamte Fundmaterial betrachtet, so läßt sich über die Art und Weise der Jagd im Jungpaläolithikum Kantabriens folgendes ausführen: Während des älteren Jungpaläolithikums (Aurignacien, Perigordien) ist die gleiche Situation wie im vorangegangenen Mittelpaläolithikum zu beobachten. Die Jagd richtete sich nach den jeweils gegebenen Möglichkeiten, das heißt, es wurden die in der damaligen Umwelt lebenden Huftiere erbeutet. Dabei ist andeutungsweise eine Spezialisierung der Jagd zu erkennen, die jedoch weit schwacher ausgeprägt ist als in den folgenden Abschnitten.

Während des Solutréen in der Mitte des Jungpaläolithikums tritt die Spezialisierung bei der Jagd deutlicher zutage. Jetzt gibt es Fundschichten, in denen der Hirsch deutlich dominiert und seine Knochen bis zu 70 Prozent oder mehr der Huftierknochen ausmachen. In anderen Fällen betrifft die Spezialisierung stets zwei Tierarten, den Hirsch und den Steinbock, den Hirsch und die Gemse oder auch die Gemse und das Pferd. Schließlich gibt es Fälle, in denen die Jagd vorwiegend drei Tieren gilt: Hirsch, Steinbock und Gemse; Hirsch, Steinbock und Pferd; Hirsch, Pferd und Wildrindern. Manchmal ist auch der Steinbock das häufigste Jagdtier. Wie es sich auch im einzelnen verhielt – der Lebensunterhalt, soweit er durch die Jagd bestritten wurde, basierte während des Solutréen in Kantabrien auf Hirsch, Steinbock, Gemse, Pferd und in geringerem Maße auf Wisent und Auerochse.

Im Magdalénien tritt die Jagdspezialisierung viel stärker in den Vordergrund; die für den Lebensunterhalt wichtigsten Tiere waren der Hirsch oder der Steinbock, je nach der Umgebung des Fundplatzes, zum Beispiel dessen Nähe oder Ferne zu steil abfallenden Felshängen. Häufig gibt es Fundplätze, an denen die Knochen von Hirsch oder Steinbock mehr als 80 Prozent aller Huftierknochen ausmachen. Pferd, Rinder und Gemse verloren für die Jäger des Magdalénien ihre Bedeutung als bevorzugtes Jagdwild.

Wenn wir die Anteile der Tiere in der Höhlenkunst Kantabriens betrachten, gelangen wir zu folgenden Zahlen:

Hirsch und Hirschkuh	31,0 Prozent
Pferd	24,0 Prozent
Wisent	22,0 Prozent
Steinbock	12,0 Prozent
Auerochse	7,5 Prozent
Rentier	2,5 Prozent
andere Tiere	jeweils weniger als 0,7 Prozent

Am häufigsten ist der Hirsch dargestellt, wobei die Bilder von Hirschkühen wesentlich öfter vorkommen als von männlichen Hirschen. Es folgen Pferd und Wisent, an vierter Stelle der Steinbock, schließlich der Auerochse und das Rentier. Diese Anteile sind in den einzelnen Regionen Kantabriens jedoch unterschiedlich ausgeprägt: Während im Westteil, in Asturien und Santander, die Darstellungen von Hirschkühen deutlich vorherrschen, dominieren weiter östlich, im Baskenland, die Wisente und Pferde. Allein in Santimamiñe, Altxerri und Ekain befindet sich nahezu die Hälfte aller Wisentdarstellungen in Kantabrien. Hingegen sind der Auerochse und der Steinbock im Westen häufiger vertreten.

Betrachtet man die Fundplätze im einzelnen, so läßt sich zwischen den an den Höhlenwänden dargestellten Tieren und den Resten der Jagdbeute fast nie eine Übereinstimmung, manchmal sogar ein Widerspruch beobachten. Ebenso verhält es sich, wenn man die Gesamtheit der Fundplätze in Augenschein nimmt. Niemals gibt es in den Schichten des Solutréen und Magdalénien eine solche Menge von Rinder- und Pferdeknochen, wie die Bilder von Rind und Pferd in der Höhlenkunst nahezulegen scheinen – im Gegenteil, unter der Jagdbeute ist der Steinbock am besten vertreten. Im Westteil Kantabriens ist beim Hirsch eine Übereinstimmung des Anteils im Knochenmaterial und bei den Darstellungen festzustellen, aber weiter östlich besteht hier ein deutlicher Gegensatz, denn in den Heiligtümern dieses Gebiets erscheint der Hirsch nur gelegentlich. In Santimamiñe, Ekain und Altxerri gibt es zusammen lediglich sechs Hirschdarstellungen, im übrigen Kantabrien jedoch 225 Bilder dieses Tieres.

Ergebnisse

Vergleicht man die Vorliebe des paläolithischen Menschen bei der Jagd und seine Auswahl bei der Abbildung der Tiere, so ergibt sich keine Übereinstimmung. Es ist also riskant, die Darstellungen der Kunst zur Rekonstruktion der damaligen Umweltverhältnisse heranzuziehen und hieraus auf gemäßigtere oder kältere Perioden zu schließen. Aber auch die Knochen der Jagdbeutereste können hierfür nur mit Vorsicht herangezogen werden, denn ihre Zusammensetzung ist unter anderem auch das Ergebnis einer durch den Menschen getroffenen Auswahl und Selektion. Hier ist die gleiche Behutsamkeit wie bei den Darstellungen notwendig. Tatsächlich jagte der Mensch jene Tiere, die in der Umgebung seines Siedlungsplatzes mehr oder weniger häufig vorkamen. Die geschilderten Spezialisierungen bei der Jagd betrafen weder seltene noch weiter entfernt lebende Tierarten. Hingegen konnte man an den Höhlenwänden auch Tiere darstellen, die man in weiter entfernten Gebieten beobachtet hatte.

Es gibt immer mehr Hinweise, daß zwischen weit voneinander entfernten Fundstellen direkte Verbindungen existierten. So fand J. Fortea in La Viña in Asturien 1991 einen kleinen, aus dem Zungenbein eines Pferdes »ausgeschnittenen« Pferdekopf (*Contour decoupé*; Abb. 211), der den in Isturitz im östlichen Teil des Baskenlandes entdeckten *Contours découpés* völlig gleicht. Bisher war Isturitz der westlichste Fundpunkt solcher Stücke. La Viña liegt 500 km weiter im Westen, und der neue Fund belegt somit für das Mittlere Magdalénien Verbindungen zwischen Euskalerria continental und Asturien.

Außerhalb unseres kantabrischen Gebietes kann man in diesem Zusammenhang auch auf die Höhle von Lascaux hinweisen. Dort war, wie überall in der Dordogne, das Ren das häufigste Jagdtier (88,7 % der Knochen). Unter den Darstellungen von Lascaux gibt es aber nur ein einziges Rentier gegenüber 88 Hirschen, die in dieser Gegend sicher selten waren.

Neue zoologische Untersuchungen des Knochenmaterials aus den Höhlen, in denen sich Heiligtümer befinden, sowie eine bessere Datierung der Darstellungen werden zur Lösung dieser Fragen beitragen. Solche Arbeiten werden gegenwärtig durchgeführt.

Abb.211 Pferdekopf als Contour découpé von La Viña in Asturien

199

LITERATURHINWEIS

Zum Baskenland*

AGUIRREAZKOENAGA, J. 1995. Nosotros los vascos. Gran Atlas histórico de Euskal-Herria. San Sebastián.

CABO, R., 1991. Spanien (Reiseführer Natur). München–Wien–Zürich, 28 ff.

DROUVE, A., 1993. Baskenland–Navarra, Moers

GARCIA DE CORTAZAR, F. und Lorenzo ESPINOSA, J. M. 1988. Historia del País Vasco. San Sebastián.

HELL, H. UND V., 1985. Nordspanien: Aragonien, Navarra und Baskenland, Nordkastilien, León mit Asturien und Galicien, Stuttgart, 34 ff., 63 ff.

INTXAUSTI, J. (Hrsg.) 1988. Euskal-Herria. Historia y Sociedad. San Sebastián.

SCHNIEPER, C. und R., 1995. Südliches Frankreich (Reiseführer Natur). München–Wien–Zürich, 203 ff.

* Gerne hätten wir unseren Lesern eine größere Anzahl deutschsprachiger Titel zum Baskenland genannt, doch wird die Region nur in wenigen Reiseführern, von denen wir eine Auswahl in das Literaturverzeichnis aufgenommen haben, behandelt.

Zum Magdalénien im Baskenland

ALTUNA, J. 1975. Lehen Euskal-Herria. Bilbao.

ALTUNA, J. 1976. El arte paleolítico en el País Vasco. In: »Euskaldunak. La Etnia Vasca«. San Sebastián.

ALTUNA, J. 1990. La caza de herbívoros durante el Paleolítico y Mesolítico del País Vasco. Munibe (Anthropologia-Arkeologia) 42, 229–240.

ALTUNA, J. 1995. Faunas de Mamíferos y cambios ambientales durante el Tardiglacial Cantábrico. In: A. MOURE-ROMANILLO und C. Gonzalez SAINZ, »El final del Paleolítico Cantábrico« (Santander), 77–117.

ALTUNA, J. BALDEON, A. und MARIEKURRENA, K. 1985. Cazadores magdalenienses en Erralla (Cestona-País-Vasco). Munibe (Antropologia-Arkeologia) 37, 7–206.

APELLANIZ, J. M. 1982. El arte prehistórico del País Vasco y sus vecinos. Bilbao.

ARRIBAS, J. L. 1990. El Magdaleniense Superior/Final en el País Vasco. Munibe (Antropologia-Arkeologia) 42, 55–63.

BARANDIARAN, I. 1967. El Paleomesolítico del Pirineo Occidental. Monografías Arqueológicas 3.

BARANDIARAN, I. 1971. Huesço con grabados paleolíticos en Torre (Oyarzun, Guipúzcoa). Munibe 23, 37–69.

BARANDIARAN, I. 1973. Arte mueble del Paleolítico Cantábrico. Monografías Arqueológicas 14.

BARANDIARAN, I. 1988. Historia General de Euskalerria. Prehistoria: Paleolítico. San Sebastián.

STRAUS, L. G. 1992. Iberia before the Iberians. The Stone Age Prehistory of Cantabrian Spain. Albuquerque.

UTRILLA, P. 1990. La llamada »Facies del País Vasco« del Magdaleniense Inferior Cantábrico. Apuntes estadísticos. Munibe (Antropologia-Arkeologia) 42, 41–54.

Zu Ekain

BARANDIARAN, J, M. de und ALTUNA, J. 1969. La cueva de Ekain y sus figuras rupestres. Munibe 21, 331–385.

ALTUNA, J. und APELLANIZ, J. M. 1978. Las figuras rupestres paleolíticas de la cueva de Ekain (Deva, Guipúzcoa). Munibe 30, 1–151.

ALTUNA, J. und Merino, J. M. (Hrsg.) 1984. El yacimiento prehistórico de la cueva de Ekain (Deba, Guipúzcoa). Sociedad de Estudios Vascos. Serie B 1, 1–351.

Zu Altxerri

BARANDIARAN, J. M. de 1964. La Cueva de Altxerri y sus figuras rupestres. Munibe 16, 91–141.

ALTUNA, J. und APELLANIZ, J. M. 1979. Las figuras rupestres paleolíticas de la cueva de Altxerri (Guipúzcoa). Munibe 28, 1–242.

Andere, im Text erwähnte Arbeiten

BREUIL, H. 1952. Quatre cents siècles d'art pariétal. Les cavernes ornées de l'âge du renne. Montignac.

CHAUVET, J.-M., BRUNEL-DESCHAMPS, E. und HILLAIRE, Chr. 1995. Grotte Chauvet. Altsteinzeitliche Höhlenkunst im Tal der Ardèche. Mit einem Nachwort von Jean-Clottes. Thorbecke Speläo 1, Sigmaringen.

CLOTTES, J. und COURTIN, J. 1995. Grotte Cosquer bei Marseilles. Eine im Meer versunkene Bilderhöhle. Thorbecke Speläo 2, Sigmaringen.

LEROI-GOURHAN, A. 1971. Prähistorische Kunst. Freiburg.

LORBLANCHET, M. 1996. Höhlenmalerei. Ein Handbuch. Thorbecke Speläothek 1. Sigmaringen.

NOWACK, J., PANOW, E., TOKARSKI, J., SZAFER, W. und STACH, J. 1930. The Second Woolly Rhinoceros (*Coelodonta antiquitatis* Blum.) from Starunia, Poland. Bull. internat. de l'Acad. Polonaise des Sciences et des Lettres, N° suppl. Krakow.

Rousseau, M. 1974. Darwin et les chevaux paléolithiques d'Ekain. Munibe 26, 53–56.

Žirnov, L. V. 1982. Vozvraščennye k žizni. Ekologija, ochrana i

ABBILDUNGSNACHWEIS